Octavio Paz

México y la modernidad

(Ensayo, 1)

Octavio Paz

México y la modernidad

Gustavo Leyva Martínez
Jesús Rodríguez Zepeda
Guillermo Flores Miller
Suzanne Islas Azaïs
Jorge Rendón Alarcón

CoNtRaStE

Primera edición, 2014
© Gustavo Leyva Martínez, © Jesús Rodríguez Zepeda, © Guillermo Flores
Miller, © Suzanne Islas Azaïs, © Jorge Rendón Alarcón
© Contraste Editorial, S. A. de C. V.
I. Ramírez 4, Chilpancingo, Guerrero, 39000
contrasteeditorial@hotmail.com
Diseño de portada: © Arq. Juan Carlos Rendón Alarcón
Imagen de la portada: © INFINITY-Fotolia.com
ISBN 978-607-96120-2-3

Índice

Presentación

A cien años del nacimiento de Octavio Paz (1914-1998), los problemas que él discutió desde el punto de vista de la historia y de la cultura de México siguen siendo muy semejantes. Nuestro país, también, sigue siendo profundamente complejo y desigual. De esta manera, nuestro acceso a lo que podría llamarse la modernidad sigue siendo un reto no sólo en cuanto a sus realizaciones, sino también incluso en cuanto a nuestra comprensión sobre sus contenidos deseables. De allí que la celebración del centenario de su natalicio nos ofrezca una nueva oportunidad para ocuparnos de esos temas de orden cultural y político que Octavio Paz expuso con profundidad y rigor. De lo que se trata, en sentido estricto, es de pensar nuevamente nuestra realidad cultural, social y política a través de su obra y, de ese modo, proseguir el diálogo de Paz con la historia de México y, a través de él, continuar en un diálogo con el propio Paz en el que se enlacen la reflexión sobre sus propuestas con la crítica a su pensamiento. La exigencia de crítica y libertad de pensamiento que él demandó como condiciones para llevar a cabo esa reflexión, de manera consecuente, son reclamos que hoy adquieren una nueva actualidad en función de la gravedad de nuestros problemas, sobre todo si hemos de llevarla a cabo en la perspectiva de la construcción de un Estado de derecho democrático. Crítica y libertad de pensamiento son hoy, además, condiciones indispensables para pensarnos a nosotros mismos en cuanto partícipes de la discusión inherente a la vida pública.

Es por lo anterior que un grupo de profesores y egresados del posgrado en Filosofía Política de la Universidad Autónoma Metropolitana (Unidad Iztapalapa) hemos querido asumir la efeméride como una oportunidad para estudiar la obra política y literaria de Octavio Paz. Y lo hemos querido hacer precisamente a partir de las premisas que el propio Paz consideraba fundamentales tanto para el ejercicio intelectual, como también para la acción en la vida pública: crítica y libertad de pensamiento definen en gran medida su trayectoria intelectual; crítica y libertad de pensamiento son condiciones indispensables que permiten situar el saber en la cultura y en la vida pública de manera efectiva, más allá de la estrechez de los grupos y de los muros académicos. Es la propia circunstancia política de México y la incapacidad que hemos tenido para normalizar nuestra vida propiamente constitucional —y que tiende a deslizarnos una y otra vez en los reiterados problemas del país muchos de ellos agravados con el tiempo—, lo que nos obliga hoy en día a una discusión abierta y comprometida con la vida pública.

Un tema toral que surge de ese compromiso con la crítica y la libertad de pensamiento es, por cierto, el problema de la modernidad, pues de lo que se trata con ello es de la manera en que nos situamos y nos pensamos frente a los retos de nuestro propio tiempo. Octavio Paz llevó a cabo esta tarea intelectual de la manera más rigurosa hasta el punto tal que una de las lecciones imperecederas de su obra es precisamente la de haber situado el debate cultural y político de México en un plano universal. Si nuestro libro ha de estar a la altura del debate protagonizado por Octavio Paz tiene entonces que buscar moverse en sus mismas coordenadas para reivindicar precisamente ahí la crítica y libertad de pensamiento que él vindicó. Si bien la obra de Paz en sus distintas facetas, el arte y la literatura, así como la sociedad, la política y aun la historia, se orientan por su interrogación sobre la modernidad, la respuesta que él ofreció se cimentó en su profundo y concienzudo conocimiento de la modernidad poética y literaria dentro de la cual él mismo localizó su propia obra. Se trata, sin embargo, de una visión del mundo a partir de la poesía profundamente compleja por las influencias bajo las que se configura su pensamiento.

De aquí, también, la peculiaridad e incluso el carácter controversial del contenido de su respuesta a propósito de la modernidad política, la historia y la sociedad mexicana. Si bien se trata de una obra que hace de la erudición virtud en función del rigor de sus conceptos, no se trata de una consideración de la modernidad exenta de controversias porque, al situarse en la tradición moderna de la poesía, la historia se presenta —como se discute en nuestro libro— postulando *un movimiento tendiente a reconquistar nuestro pasado, asimilarlo y hacerlo vivo en el presente.* Todo ello obedece, se insiste también aquí, al desasosiego como *aire de los tiempos* y a la exigencia de restitución radical interpretada como la reconciliación del yo y el *todo.* El origen de esta consideración *que coloca a la alteridad, a la discontinuidad y a la ruptura en el centro de la experiencia poética* puede rastrearse en la filosofía de Heidegger, lo mismo que en el surrealismo francés y en los representantes más destacados de la poesía moderna del romanticismo a las vanguardias.

El resultado de lo anterior, como buscamos también destacar, es una controversial concepción de la historia y de la modernidad política que reclama y apunta hacia la vuelta a nuestro verdadero *ser*. En este sentido, los esfuerzos de Octavio Paz se dirigen a aprehender la *identidad* de México en su remisión originaria a una otredad constitutiva. De esta manera viviríamos, según Paz, *el fin del futuro como idea rectora de nuestra civilización*: el progreso mismo carecería de significado porque la historia no supondría sino dos dimensiones, la de la autenticidad y la de la inautenticidad. De aquí que la verdad de la Revolución consista para Paz *en la insurgencia de la realidad mexicana,* y que el *zapatismo* sea *una vuelta a la más antigua y permanente de nuestras tradiciones.* De lo que se trata para Octavio Paz es de *reconquistar nuestro pasado, asimilarlo y hacerlo vivo en el presente,* y ello obedece precisamente a esa dialéctica histórica de la soledad hacia la comunión.

Como sostiene en *El laberinto de la soledad, esta voluntad de regreso, fruto de la soledad y de la desesperación, es una de las fases de esa dialéctica de soledad y comunión, de reunión y separación que parece presidir toda nuestra vida histórica.* De lo anterior que la modernidad no sólo resulte ambigua respecto de sus conquistas políticas sino, sobre todo, profundamente controversial a propósito de la conquista de nuestra autenticidad e identidad históricas. Su reiterada pregunta por sí mismo y por México se sitúa no en la historia misma —podríamos decir— sino más bien en *las creencias implícitas* de *un México enterrado pero vivo.* Esto explica el papel que otorga Paz, como se discute también aquí, a los mitos, fiestas y costumbres más que a las estructuras sociales, políticas y económicas y que la figura de la máscara le sirva para revelar aquello que le parece esencial en cuanto al sentido de nuestra historia. Como se discute en las páginas que siguen, todo intento de respuesta a la pregunta por México se encuentra con un pasado no reconciliado, con una escisión en el origen.

Esta consideración sobre la modernidad resulta, como decimos, profundamente controversial, hasta el punto tal que uno de los retos que nos sigue ofreciendo la obra de Octavio Paz sea precisamente el de la conceptualización misma de nuestras realidades. Aquí parece indispensable también tomarle la palabra cuando él sostiene que tenemos *que aprender a mirar cara a cara la realidad. Inventar, si es preciso, palabras nuevas e ideas nuevas para estas nuevas y extrañas realidades que nos han salido al paso.* Porque en definitiva como él afirma de manera categórica: *Pensar es el primer deber de la "inteligencia".* De esta manera la indagación sobre los presupuestos conceptuales de Octavio Paz, muy cercanos al desencanto político del siglo XX, exigen una nueva revisión a propósito de nuestra modernidad política. Conforme a esos presupuestos es posible mostrar ahora no sólo la complejidad sino, sobre todo, la imposibilidad para afrontar desde esos contenidos la modernidad propiamente política del Estado constitucional moderno. A ello habría de contribuir no sólo el particular *mensaje filosófico* con que se comprometió Octavio Paz, sino también el *aire de los tiempos* que frente al colapso de la nueva época buscaba *nuevos asideros a los que aferrarse y, con ello, reencontrar el sentido mismo de nuestra existencia colectiva.*

La reflexión en torno al problema de la modernidad en la obra de Octavio Paz es así uno de los temas en común de las colaboraciones que siguen. Se trata, en Paz, de una reflexión sobre la modernidad como época, pero también sobre el lugar de México en ese proceso cultural e histórico. Ello explica el título que hemos elegido para el libro y, como se verá, los autores hemos querido problematizar el punto de vista de Octavio Paz al respecto desde la filosofía, lo que nos parece constituye una de las características propias de nuestra obra. De lo que se trata es de volver a pensar los problemas que Octavio Paz postuló sobre todo a propósito de la modernidad, es decir, de afrontar en la nueva época nuestros problemas ancestrales y hacerlo a través de la consideración crítica de los mismos, con rigor y libertad de pensamiento. No se trata pues, por ello, de un acercamiento a la obra de Octavio Paz desde la comodidad de la consideración académica sino de situarlo donde él mismo se situó con compromiso y decisión: en la historia y en la vida política de México, de forma tal que la controversia misma resulta ineludible, sobre todo en función de la complejidad de nuestro propio proceso político.

Bajo esta consideración se destaca también la especificidad del ensayo histórico y político de Octavio Paz en su carácter de *conocimiento político* de las nuevas realidades políticas de México y del mundo, así como el alcance y la especificidad del mismo respecto del pensamiento liberal. En este sentido se considera, además, el tema de la libertad para mostrar la problematización de la misma a lo largo de su obra. Al respecto se subraya la manera en que nuestro autor vincula el ejercicio de la libertad a los comienzos de la tradición literaria en nuestra lengua y en la novela moderna: el *Quijote*. Se trata, en definitiva, de un homenaje desde la filosofía al más grande de nuestros poetas modernos, homenaje que, como no podía ser de otra manera, se funda también en el pensamiento crítico que el reivindicó.

Contraste Editorial

Octavio Paz: poesía, historia y política en el horizonte de la modernidad en América Latina

Gustavo Leyva Martínez[*]

> A la memoria de *Angelina*,
> a diez años de su dolorosa e inesperada muerte.

> *Il faut être absolument moderne.*
> *Adieu.*
> (*Une saison en enfer*, 1873-1875)
> Rimbaud

> *¿La modernidad es un nombre vacío? Temo que esto último sea cierto ... Nos llamamos «modernos» porque ignoramos nuestro nombre. Nunca lo sabremos, como no supieron el suyo los griegos de la edad clásica, los romanos de Marco Aurelio, los cruzados de Godofredo, los chinos de los Reinos Combatientes. Ninguna época conoce su nombre: la historia sólo nombra a los muertos. Nos bautizan a la hora de nuestro entierro.*
> *Unidad, modernidad, tradición*
> Octavio Paz

La obra de Octavio Paz (1914-1998) constituye sin duda uno de los hitos más espectaculares y ambiciosos en la literatura mexicana e hispanoamericana de la segunda mitad del siglo XX. En ella encontramos prosa y poesía, ensayo y crítica, reflexiones sobre política y literatura, lo mismo que sobre el arte y la sociedad, o en torno a la historia y la identidad que plantean una serie de preguntas centrales a la reflexión no sólo en Latinoamérica. Como lo señalaba Julio Cortázar, en la obra de Paz se encuentran "el canto y la reflexión analítica"[1] en una alianza similar a la que aparece en obras como las de Paul Valéry y T. S. Eliot, pero, con la excepción de Jorge Luis Borges, más bien infrecuente en el ámbito latinoamericano de los últimos cincuenta años. Se podría decir de la obra de Paz, por ello, lo mismo que él señalaba a propósito de la de Alfonso

---

[*] Universidad Autónoma Metropolitana (Unidad Iztapalapa)/Universidade Federal do ABC.

[1] Cortázar, 1982: 17.

Reyes: "su obra es historia y poesía, reflexión y creación", todo ello al mismo tiempo.

En el presente trabajo habré de dirigir mi atención al modo en que Paz comprende la localización del mundo hispanoamericano en el interior de la modernidad occidental así como a la relación que éste ha mantenido con ella, subrayando especialmente su convicción de que, en un mundo como el hispanoamericano que, en opinión de Paz, ha surgido prácticamente al margen y aun en contra de los logros que han caracterizado a la modernidad en el plano económico (una economía de mercado funcional), político (Estado de Derecho, democracia y derechos humanos), científico (crítica de las explicaciones míticas y religiosas del acontecer natural y surgimiento de la ciencia natural moderna) y moral (surgimiento de visiones éticas secularizadas sobre la base de una conciencia reflexiva que busca fundamentar las convicciones morales a partir de una práctica argumentativa en la que se elaboran y procesan razones a favor y en contra de determinadas decisiones y cursos de acción), ha habido solamente un espacio en el que en esta región del mundo pudo anclarse y desenvolverse la modernidad, a saber: en el plano estético o, si se quiere en forma aún más precisa, en el literario-poético. Esta es una de las ideas rectoras que animan la lectura de Paz que deseo exponer y sobre la cual deseo reflexionar críticamente en el marco de este trabajo. Una segunda idea que atraviesa la reflexión que a continuación presento, es la de que Paz parece pensar que, desde esa modernidad estética materializada en la poesía y expresada en la figura del poeta, sería posible desencadenar un proceso que permita —a través de la figura del poeta como intelectual crítico frente al poder del Estado— desencadenar uno de los presupuestos centrales para la modernidad política: la actividad crítica y la defensa de la libertad de individuo frente al Estado, uno de los soportes —desde luego, no el único— del Estado de Derecho y de la democracia en las sociedades modernas. El papel que asigna Paz a la modernidad estético-literaria y la posibilidad de conectar a ésta con un elemento central de la modernidad política para, desde ahí —en este caso desde la democracia y una cultura política conforme a ésta— poder incluso inducir procesos de modernización económica —liberalización de la economía de mercado de las ataduras patrimonialistas que la han sofocado desde sus inicios en el mundo hispanoamericano— aproxima a Paz a una forma de "soberanía estética" o, si se quiere decirlo en forma más simple, a una forma de *esteticismo* que es preciso interrogar. Las expresiones *soberanía estética* y *esteticismo* se vinculan histórica y conceptualmente con la comprensión del arte desarrollada por las vanguardias estéticas desde mediados del siglo XIX y en las primeras décadas del XX —especialmente el romanticismo en Alemania e Inglaterra al igual que el simbolismo y el surrealismo en Francia. Por un lado, en ellas se delinea, como se sabe, la idea de *autonomía* del arte en lo que se refiere a sus contenidos temáticos, recursos expresivos, técnicas y procedimientos que lo convierten en una esfera con una lógica de constitución, funcionamiento y valoración propia, como un ámbito de experiencia específico e irreductible a otros; por otro lado, en ellas se delinea al mismo tiempo una pretensión de *soberanía* que impulsa al arte a subvertir y disolver su diferenciación con relación a otras esferas de la acción, experiencia y valoración humanas (por ejemplo, la ciencia, la moral y la política) para buscar colocarlas en lo sucesivo bajo la lógica y principios de la experiencia y valoración estéticas.[2] Esta tentativa puede encontrarse ya en los grandes exponentes del *Frühromantik* alemán —especialmente en Hölderlin, Novalis y Friedrich Schlegel[3]—, en los poetas del romanticismo inglés —ante todo William Blake, William Wordsworth, Samuel Taylor Coleridge y John Keats— o en la comprensión y experiencia de la poesía ofrecida por Charles Baudelaire, Lautréamont y Arthur Rimbaud, al igual que en filósofos como Friedrich Wilhelm Joseph Schelling y Friedrich Nietzsche o, ya en el siglo XX, en la obra de escritores como Stéphane Mallarmé y Paul Valéry, lo mismo que en pensadores como Georges Bataille con su pretensión por asignar al arte una función moral, política y aun religiosa.[4] En virtud de esta "soberanía estética" o "esteticismo" se asignará ya no tanto a la explicación científica, sino más bien a la comprensión artístico-poética no sólo de la historia, sino incluso, también de la política, un lugar central. Ello abre sin duda perspectivas analíticas de comprensión que pueden ser en efecto muy fructíferas; no obstante, ello clausura y deja al mismo tiempo de lado —tanto en el plano de la historia como en el de la política— vías de reflexión —y, en el caso de la política, también de acción— que llevaron a Paz muy probablemente a una comprensión insatisfactoria tanto de la historia

---

[2] Cfr., a este respecto, por ejemplo: Heidegger, 1935-1936; Adorno, 1970; Derrida, 1967 y Menke, 1988 y 2011.

[3] Cfr., Frank 1982 y 1988 y Behler 1993.

[4] Cfr., Bataille, 1976.

como de la modernidad, al igual que a una visión limitada de la política en general y de la democracia en particular.

Para analizar el conjunto de problemas y complejos temáticos anteriormente mencionados haré un largo recorrido en aras de ofrecer al lector una comprensión lo más precisa posible de ellos. En este trabajo procederé en forma tanto reconstructiva —buscando con ello ofrecer una exposición y desarrollo lo más claro y completo posible de aspectos a mi entender centrales de la ambiciosa y diversificada obra de Paz— como crítica. Este segundo aspecto será más claro para el lector en las consideraciones finales que realizo en la última parte de este ensayo. Me dirigiré así inicialmente al modo en que algunos intelectuales y ensayistas mexicanos se plantearon en la primera mitad de este siglo el problema de Hispanoamérica —e incluso Iberoamérica— y su relación con la modernidad occidental europea. Para ello me centraré en el análisis de este problema sólo en tres pensadores cuya reflexión me parece importante para poder comprender mejor la del propio Octavio Paz, a saber: Alfonso Reyes, Samuel Ramos y José Gaos (I). A continuación me ocuparé ya del propio Octavio Paz procediendo en un triple movimiento: en primer lugar, me centraré en los problema de las relaciones entre la historia, la poesía y la otredad, tomando como hilo conductor las reflexiones planteadas en *El laberinto de la soledad* (1950), obra con la que el escritor mexicano alcanzó un reconocimiento internacional, focalizando mi atención en una caracterización general de ella, subrayando inicialmente dos ejes fundamentales que la recorren, a saber: el de la dialéctica ruptura/reconciliación, por un lado, y el de la relación entre historia, política y mito, por el otro (II). En tercer lugar, me ocuparé en forma un poco más específica de la manera en que Paz analiza las relaciones entre historia, mito y poesía en la modernidad, incorporando para ello los brillantes análisis realizados en *El arco y la lira* (1956) y *Los hijos del limo* (1974) (III). Finalmente, en cuarto lugar, me detendré en el modo en que Paz analiza la modernidad iberoamericana, enfatizando especialmente el papel que él asigna a la modernidad estético-literaria (IV). Para concluir realizaré unas consideraciones finales sobre algunos problemas que considero de importancia central en la reflexión de Paz, a saber: el de la ya mencionada relación entre mito, historia y política, por un lado, y el de la reconciliación entre la tradición y la modernidad en América Latina, para continuar pensando con —y quizá también más allá y aun contra— Paz hoy en día.

I. Pensar Hispanoamérica en el horizonte de la modernidad: Alfonso Reyes, Samuel Ramos y José Gaos

Una preocupación ha recorrido en forma persistente y definida al pensamiento hispanoamericano por lo menos desde el siglo XIX hasta nuestros días. Sus orígenes en el ámbito del ensayo pueden ser buscados ya desde *Facundo o Civilización y Barbarie* (1845) de Domingo Faustino Sarmiento. Se trata del modo en que se ha insertado el mundo hispanoamericano en el proceso de la modernidad europea y de las desigualdades, fracturas y escisiones que han caracterizado a América Latina en todos los órdenes a lo largo de su historia en el marco de ese proceso. En el caso específico de México podría citarse a este respecto el modo en que, ya en el siglo XX, Alfonso Reyes se planteó estos problemas en los años treinta en obras como *Capricho de América* (1933), *Notas sobre la inteligencia americana* (1936) y *El sentido de América* (1937). En efecto, en ellas se expresa la tentativa por comprender "la idea de América" a partir de la idea de Grecia en la vertiente ofrecida por el romanticismo en el marco de una tensión entre la nostalgia por la unidad perdida y el imperativo de reconquista de esa unidad proyectado ahora hacia el futuro.[5] En efecto, de acuerdo a Reyes América habría constituido en algún momento una unidad cultural y humana surgida en forma espontánea, natural, por encima de toda suerte de obstáculos impuestos por la geografía. En el momento de la llegada de los europeos esta unidad se había fracturado, siendo entonces que, según Reyes, se iniciaron los fenómenos de disgregación, de desgarramiento de la unidad originaria, en todos los puntos del Nuevo Mundo. La cohesión y unidad que a partir de ese momento se alcancen serán ahora ya no espontáneas y naturales, sino artificiales e impuestas: "Los grandes imperios americanos, dice

---

[5] La aproximación a y el estudio de la cultura griega clásica en Reyes debe ser entendida, por supuesto, en el marco de la oposición al positivismo por parte de la generación del *Ateneo de la Juventud*. Esta versión ciertamente transfigurada e idealizada presenta a la Grecia clásica como la encarnación de un ideal humanista que hace las veces de contrapunto a la educación científica y tecnológica enfatizada por el positivismo. El recurso a la fuente griega en Reyes no puede ser considerado por ello como una fuga ante la situación de México sino, por el contrario, más bien como una forma de seguir pensando en los problemas y alternativas que se presentaban a este país en el inicio del siglo XX.

Reyes, no son ya centros de cohesión, sino residencias de un poder militar que sólo mantiene la unión por la fuerza" (Reyes, 1933: 76). Y más adelante, refiriéndose a la historia de América, Reyes señalará:

> Asistimos a un juego cósmico de rompecabezas. Los tijeretazos de algún demiurgo caprichoso han venido tajando en fragmentos la primitiva unidad, y uno de los fragmentos en partes, y una de las partes en pedazos, y uno de los pedazos en trozos (Reyes, 1933: 77).

No obstante, Reyes apunta al mismo tiempo que en América Latina han surgido nuevamente el sueño de una organización coherente y armónica y el intento de restauración de la unidad perdida, en este caso de una América unida. Ello era particularmente notorio para él en el modo en que los próceres de las luchas de Independencia en Hispanoamérica concibieron sus empresas de liberación. Ellos se sentían animados, según Reyes, por un espíritu continental, se dirigían siempre por ello a "los americanos" de un modo general y sin distinción de pueblos. El caso de Bolívar y su sueño de la Grande América constituyen para él en este sentido un ejemplo significativo (Reyes, 1933: 76-77). En la tarea de reconstrucción de una unidad semejante han desempeñado, de acuerdo a Reyes, la *imaginación*, la *fantasía* y el *sueño* un papel relevante. Reyes asigna a ellos una fuerza operante y activa en la historia (Reyes, 1933: 75-77). Es la imaginación la que nos muestra, en efecto, que "aunque esa unidad primitiva nunca haya existido, el hombre ha soñado siempre con ella, y la ha situado unas veces como fuerza impulsora y otras como fuerza tractora de la historia: si como fuerza impulsora, en el pasado, y entonces se llama la Edad de Oro; si como fuerza tractora, en el porvenir, y entonces se llama la Tierra Prometida" (Reyes, 1933:77). Así, en la idea de América como unidad se articulan y entrecruzan hasta el grado de llegar a confundirse la imaginación y la ensoñación, la unidad perdida y la unidad recobrada en y a través de la fragmentación, el pasado perimido y el futuro anhelado, la memoria y el deseo, la Edad de Oro y la Utopía:

> ...hay que concebir la esperanza humana en figura de la antigua fábula de Osiris: nuestra esperanza está destrozada, y anda poco a poco juntando sus *disjecti membra* para reconstruirse algún día. Soñamos, como si nos acordáramos de ella (Edad de Oro a

la vez que Tierra Prometida), en una América coherente, armoniosa, donde cada uno de los fragmentos, triángulos y trapecios encaje, sin frotamiento ni violencia, en el hueco de los demás (Reyes, 1933: 77).

La revitalización de la imaginación y la fantasía propiciada por el sueño en torno a América no abarcó por supuesto solamente a los americanos, sino también a los propios europeos. América, recuerda Reyes, representó para los europeos un horizonte de esperanza. Es en torno a ella que surgieron las *utopías* en Europa (Thomas Moro), es en torno a ella que se articularon horizontes de *crítica* al viejo continente (el *bon sauvage* de Jean-Jacques Rousseau). "Los europeos, al aparecer América, se dieron a soñar... en ser mejores" (Reyes, 1937: 81). Tanto a americanos como a europeos América les aparece de esta manera "como un posible teatro de mejores experiencias humanas" (Reyes, 1937: 81).

La *idea* de América es así entendida por Reyes no al modo de una *idea* platónica sino más bien en el sentido de la *Ur-Pflanze* en el sentido de Goethe, planta de plantas, paradigma y arquetipo del reino vegetal (Reyes, 1933: 78).[6] Intentaré precisar en qué sentido

---

[6] Reyes se refiere aquí, por supuesto, al término introducido por Goethe en sus estudios sobre botánica y en el marco de su discusión con el sistema clasificatorio propuesto por Linneo: "La planta arquetípica (*Urpflanze*) se convierte en la más maravillosa de las criaturas del mundo y por la cual la naturaleza me envidia. Con este modelo y esta llave para ello se pueden inventar a continuación plantas al infinito que tienen que ser consecuentes, ello significa: que, aunque no existieran, podrían sin embargo existir y no son algo así como sombras y apariencias poéticas, sino que tienen una verdad y necesidad interna. La misma ley debe poderse aplicar al resto de los seres vivientes" (Goethe, *Italienische Reise*, II: 17-5-1787). Y todavía más: "la planta arquetípica ... ¡tiene que haber algo así! De lo contrario, en qué podría reconocer que ésta o aquella figura es una planta si no hubieran sido formadas todas según un modelo (*Muster*)" (Goethe, *Italienische Reise,* II, 17-4-1787). En el año de 1794 aparecen estas reflexiones en el marco de las conversaciones de Goethe con Schiller. Goethe se había ocupado de la pregunta de si no se podría concebir de otro modo a la naturaleza, a saber: en forma "actuante y viviente, viviendo e impulsando desde la totalidad en las partes [*aus dem Ganzen in die Theile strebend und lebendig*]" (Goethe, 1794: 250). Esta representación de la naturaleza debería, según Goethe, "surgir de la experiencia [*aus der Erfahrung hervorgehen*]." En el marco de estas consideraciones Goethe retoma nuevamente sus reflexiones sobre la

entiende Alfonso Reyes esta *Ur-América* en sus *Notas sobre la inteligencia americana* (1936). En ellas Reyes señala que no comprende a *América* como a una *civilización* —pues ello implicaría una consideración en términos *arqueológicos*— ni tampoco como a una *cultura* —lo cual, en su opinión, conduciría a borrar las diferencias que separan a América de Europa. Reyes hablará por ello de una *inteligencia americana,* de su visión de la vida y su acción en la vida (Reyes, 1936: 82). La *inteligencia americana* es interpretada como un *personaje* de un drama que, como todo *drama,* tiene, además, un *escenario* y un *coro.* El *escenario* no alude tanto a un espacio como a un tiempo o, mejor aún, a un ritmo. La nota esencial de este ritmo se define, según Reyes, por la "llegada tarde al banquete de la civilización europea", "saltando etapas, apresurando el paso y corriendo de una forma en otra, sin haber dado tiempo a que madure del todo la forma precedente" (Reyes, 1936: 82-83). Reyes señalará por ello que la inteligencia americana se siente prisionera en el interior de varios círculos de fatalidades concéntricas: la primera gran fatalidad es la del antiguo Sileno recogida por Calderón, la fatalidad de haber nacido; la segunda, la de haber llegado tarde a un mundo viejo del que los dioses se han ido, a un mundo que ya no es, pues, el de la antigüedad grecorromana; la tercera, la de haber nacido en un suelo que no es el foco de la civilización, sino una sucursal del mundo; la cuarta, la de formar parte de una cultura, la *latina* que, con el paso del tiempo, ha cedido el paso al dominio de la cultura *anglosajona* y, finalmente, la quinta y última, la de formar parte de un sector de la cultura latina prisionero de la decadencia, a saber, el hispano-lusitano (cfr., Reyes, 1936: 88-89).

La desigualdad del desarrollo y de los tiempos, parece querer decir Reyes, tanto en el plano de la articulación de la economía, como en el de la organización política, en el de la conformación del

---

metamorfosis de las plantas. Ahora él hablará de una "planta simbólica [*symbolische Pflanze*]" que no pertenece a ninguna experiencia sino que más bien representa una idea. Esta idea no puede coincidir con ningún objeto en la experiencia fáctica. Esta "planta arquetípica" o "planta simbólica" debe ser representada como una planta pensada que a su vez puede ser considerada como modelo del resto de las demás plantas. Así interpretada, la "planta simbólica" no podía ser encontrada en ninguna experiencia real, fáctica. Era más bien una idea que representaba a la vez un principio de la experiencia. No era un objeto singular, sino más bien una tarea infinita que se colocaba en un objeto.

cuerpo social al igual que en el desarrollo de la cultura son así rasgos esenciales de este *escenario*, de este *espacio*, de este *tiempo*, de este *ritmo* americano en el sentido arriba señalados. El problema esencial radicaba, de acuerdo a Reyes, en determinar si este *ritmo* debía o no adecuarse al *tempo* europeo. El *coro*, por su parte, se encontraba formado por las poblaciones americanas que, a su vez, se componen de elementos indígenas, ibéricos —conquistadores, misioneros y colonos—, africanos, al igual que de elementos provenientes de las inmigraciones europeas posteriores. Estos elementos se han mezclado en mayor o menor grado produciendo una gama que "admite todos los tonos" (Reyes, 1936: 83). De esta fusión, desde luego no exenta de conflictos y colisiones, ha surgido un *espíritu americano* (Reyes, 1936: 83). Inmediatamente después de la Conquista aparecen así en América los gérmenes de una *inteligencia americana*. Esta *inteligencia americana* asume sobre todo tres figuras: a) la figura del intelectual que expresa el anhelo de una *independencia cultural e intelectual* respecto de la metrópoli (Juan Ruiz de Alarcón en México); b) la figura del intelectual que toma partido por uno de los dos bandos en el conflicto entre *americanistas* e *hispanistas*, entre *modernistas* y *tradicionalistas* —es así que aparece contrapuesto Sarmiento (americanismo) a Bello (hispanismo)— y, finalmente, c) la figura del intelectual con la mirada dirigida ya no hacia la América luso-hispanoamericana ni tampoco hacia la península ibérica, sino más bien hacia Europa occidental —particularmente Francia— y hacia Estados Unidos. "De ambos, dirá Reyes, recibimos inspiraciones. Nuestras utopías constitucionales combinan la filosofía política de Francia con el federalismo presidencial de los Estados Unidos" (Reyes, 1936: 84). No obstante, precisará el mismo Reyes, de un modo general la inteligencia americana "parece que encuentra en Europa una visión de lo humano más universal, más básica, más conforme con su propio sentir" (Reyes, 1936: 84).

Reyes era de la opinión, además, de que la nota esencial de la *inteligencia americana* era su menor grado de *especialización* considerada en relación con la inteligencia europea. Este fenómeno no tenía que ver en absoluto con un pretendido atraso cultural, sino que, de acuerdo a Reyes, respondía más bien a la *estructura social* de las sociedades latinoamericanas que, por un lado, impedían al intelectual dedicarse de tiempo completo a una sola actividad y, por el otro, lo confrontaban con problemas sociales que en los países europeos habían sido en parte resueltos, cuando menos en sus formas más extremas (aunque Reyes no los menciona creo que podría pensarse en problemas como las profundas desigualdades sociales, el patrimonialismo político, la corrupción endémica, etc.). Es por lo anterior que la inteligencia americana, dirá Reyes, "está más avezada al aire de la calle; entre nosotros no hay, no puede haber torres de marfil" (Reyes, 1936: 86). El ocio literario de la inteligencia europea no puede ser encontrado en la inteligencia americana. El intelectual asumía en Latinoamérica por ello no sólo el papel de escritor o intelectual en el sentido estricto de la palabra, sino también, además, un papel civilizador, educador, en el sentido de la *Bildung*. La peculiar confluencia de la que surge la inteligencia americana, a saber, la confluencia entre América *y* Europa, le permite a ella poseer así una perspectiva que incorpora a la europea y que al mismo tiempo la supera: "En tanto que el europeo no ha necesitado de asomarse a América para construir su sistema del mundo, el americano estudia, conoce y practica a Europa desde la escuela primaria" (Reyes, 1936: 86). Reyes concluye de este modo señalando que la inteligencia americana ha alcanzado ya la mayoría de edad y que por ello tendrá que empezar a desempeñar un papel central en el drama en el que se halla la inteligencia mundial en su conjunto.[7]

Fue en esa misma década que estos mismos problemas aparecieron tratados en *El perfil del hombre y la cultura en México* (1934) de Samuel Ramos. En este ensayo Ramos busca ofrecer una productiva aplicación de la idea orteguiana resumida en la frase "Yo soy yo y mi circunstancia y si no la salvo a ella no me salvo yo" al caso especial de México, "cuya realidad —dirá Ramos en una obra publicada con posterioridad a *El perfil del hombre y la cultura en México*— y cuyos problemas eran completamente desconocidos para la filosofía".[8] El espectro analítico ofrecido por Ramos parece reducirse, sin embargo, especialmente al plano *psicológico*. En efecto, él mismo se refiere a este ensayo como a uno en el que intentó

> ... por primera vez explotar filosóficamente el pasado histórico de México a fin de explicar y aclarar los rasgos específicos de su vida presente que pudieran constituir una especie de *caracteriología del mexicano* y su cultura [énfasis mío] (ibid.).

---

[7] Sobre estos problemas en Reyes puede verse: Robb, 1965; Rangel, 1989; Martínez, 1992; Castañón, 2007 y Granados, 2012.

[8] Ramos, 1943: 174. Sobre el pensamiento de Ramos en general puede verse: Toscano Medina, 2002. Ver también: Leidenberger, 2012.

Se trata en particular de un análisis del sentimiento de fracaso y del pesimismo que resultan de la enorme desproporción entre lo que se quiere y lo que se puede hacer y, más específicamente, de los mecanismos *psicológicos* que determinan el complejo de inferioridad y los modos de compensación de un sentimiento semejante en el marco de una reflexión orientada por las ideas de Alfred Adler (cfr., Ramos, 1934: 90-92).[9] Así, Ramos se refiere ocasionalmente a su reflexión en forma directa como a una "interpretación sicológica" o, en forma indirecta, como a una exploración del alma mexicana (Ramos, 1934: 92), donde la relación que mantiene México desde la conquista de su independencia frente al mundo europeo se analiza en forma similar a la relación que mantiene el niño frente a sus mayores (Ramos, 1934: 118).[10]

La reflexión de Ramos parte así de la interrogación *filosófica* avanzada por Ortega en torno a la identidad[11] y se desarrolla como un análisis predominantemente *psicológico* aunque, es cierto, con apuntes extraordinariamente agudos sobre la *cultura* y la *historia*. En efecto, de acuerdo a él, y es en este punto que su reflexión abandona el terreno de la *psicología* y se desplaza al de la *historia*, el sentimiento de inferioridad posee "un origen histórico que debe buscarse en la conquista y colonización" (Ramos, 1934: 92). Sus manifestaciones más claras tienen lugar, sin embargo, a partir de la independencia "cuando el país tiene que buscar por sí mismo una fisonomía nacional propia" (Ramos, 1934: 92-93):

> Siendo todavía un país muy joven, quiso, de un salto, ponerse a la altura de la vieja civilización europea, y entonces estalló el conflicto entre lo que se quiere y lo que se puede. La solución consistió en imitar a Europa, sus ideas, sus instituciones, creando así ciertas ficciones colectivas... (Ramos, 1934: 93).

---

[9] "Lo que por primera vez se intenta en este ensayo, es el aprovechamiento metódico de las teorías sicológicas de Adler al caso mexicano" (Ramos, 1934: 117).

[10] Aun cuando su reflexión se refiere principalmente a México, Ramos mismo señalará que "la identidad del desarrollo histórico entre los países hispanoamericanos admite que las conclusiones obtenidas, al analizar un hecho acaecido en uno de ellos, sea válido para todos los demás" (Ramos, 1934: 134).

[11] Sobre Ortega y Gasset, ver abajo nota 16.

En virtud de los procesos de colonización y conquista de América, la cultura mexicana, y en general la latinoamericana, se constituyó, de acuerdo a Ramos, como una cultura *derivada* de la europea. Es en este sentido que, ya desde la colonia y, posteriormente, aún con mayor intensidad, en el México independiente, empezará a configurarse una actitud ambigua que va desde la imitación ciega de lo extranjero que impide el reconocimiento de lo propio hasta la exaltación histérica de lo propio reacio a toda suerte de penetración extranjera. Entre estas dos tendencias parece predominar, sin embargo, de acuerdo a Ramos, el impulso *mimético*, de *imitación* (cfr., Ramos, 1934: 94). El agente que lleva a cabo esta imitación es el mestizo y el modelo o país al que se imita por considerarlo como arquetipo de la civilización moderna es, sobre todo, Francia, en particular las ideas políticas francesas partiendo de las cuales el interés se generaliza a toda la cultura francesa (Ramos, 1934: 111).[12] Así Ramos se referirá a esa minoría ilustrada del México independiente que "en su empeño de hacerse culta a la europea se aproxima al descastamiento" en un movimiento de "fuga espiritual de su propia tierra" (Ramos, 1934: 97). Este *mimetismo* ha sido un rasgo peculiar de "la sicología mestiza" (Ramos, 1934: 98). La explicación de esta actitud mimética aparece suministrada inicialmente en el horizonte de la psicología al modo de un mecanismo psicológico de defensa que permite crear una apariencia de cultura que libera a aquél que no la posee del sentimiento deprimente de carecer de toda cultura (Ramos, 1934: 98). Este mimetismo se expresará, no obstante, en todos los órdenes: en el jurídico —y a este respecto Ramos recuerda que el modelo de las constituciones que se

---

[12] Aunque no puede menospreciarse la influencia sajona, lo cierto es que, según Ramos, los esfuerzos llevados a cabo a lo largo del siglo XIX en México orientados a adquirir una cultura científica, artística, filosófica y literaria se hallan bajo la impronta francesa (Ramos, 1934: 116). La cultura francesa representa en los tiempos modernos la supervivencia del espíritu clásico. Ella es una suerte de continuación moderna de la cultura clásica grecorromana, de la cultura del Renacimiento italiano y, sobre todo, dirá Ramos siguiendo en ello a E. R. Curtius, del ideal de universalidad (Ramos, 1934: 114). La influencia de Francia se explica, además, por la pertenencia común al mundo latino, mundo al que México y Latinoamérica en general pertenecen en virtud sobre todo de esa doble vertiente suministrada, por un lado, por la Iglesia católica y, por el otro, por el derecho romano (Ramos, 1934: 113).

sucedieron en el país a lo largo del siglo XIX fue tomado del de los Estados Unidos— en el político, etc. Así se produce un desdoblamiento de nuestra vida en dos planos separados: por un lado, el de la realidad y, por el otro, el de las instituciones y formas que, al ser completamente ajenas a esta realidad, terminan por convertirse en ficción (Ramos, 1934: 100). En virtud de estos procedimientos miméticos la historia de México termina por mostrarse como "un simulacro de la historia europea" (Ramos, 1934: 102).

A pesar de lo anterior, sin embargo, Ramos afirmará la pertenencia de México y, en general, de América Latina, al mundo europeo:

...la vida mexicana, a partir de la época colonial, tiende a encauzarse dentro de formas cultas traídas de Europa. Los vehículos más poderosos de esta trasplantación fueron dos: el idioma y la religión (Ramos, 1934: 103).[13]

Y, más adelante:

Tenemos sangre europea, nuestra habla es europea, son también europeas nuestras costumbres, nuestra moral y la totalidad de nuestros vicios y virtudes nos fueron legados por la raza española ["raza", *sic*]. Todas estas cosas forman inexorablemente nuestro destino y nos trazan inexorablemente la ruta... Tenemos el sentido europeo de la vida, pero estamos en América, y esto último significa que un mismo sentido vital en atmósferas diferentes tiene que realizarse de diferente manera (Ramos, 1934: 128-129).[14]

---

[13] Ramos menciona el papel que jugaron en este sentido los misioneros españoles como portadores y agentes de la "conquista espiritual" de México (Ramos, 1934: 103).

[14] No hay pues, en Ramos, espacio para una crítica al mundo europeo desde el horizonte abierto por las culturas indígenas precolombinas. Aún más, Ramos afirma que la inmutabilidad y rigidez que se observan en la organización social y política lo mismo que en la cultura mexicanas poseen una fuente en la inmutabilidad de los pueblos indígenas que poblaban el Valle de México antes de la llegada de los españoles. La pasividad del indígena no es solamente un resultado del sometimiento impuesto por el conquistador. "Se dejó conquistar tal vez porque ya su espíritu estaba dispuesto a la pasividad. Desde antes de la conquista los indígenas eran reacios a todo cambio, a toda

Los portadores de esta cultura latinoamericana en el sentido arriba señalado de pertenencia europea han sido, sobre todo, las clases medias de las ciudades. Esta clase media cuya forma de vida se ha desarrollado y continúa desarrollándose conforme a los modelos europeos y en donde los valores europeos se han anclado socialmente a la vez que se han modificado, ha sido el "eje de la historia nacional", el motor de las transformaciones sociales y políticas (Ramos, 1934: 129). Es allí que ha surgido una cultura, denominada por Ramos la "cultura criolla," resultado en parte de la imitación pero también de la asimilación. Es en esta distinción entre imitación y asimilación en donde se encuentra la alternativa que propone Ramos para escapar a los dilemas impuestos por la imitación y el complejo de inferioridad que han sido constitutivos del "perfil del hombre y la cultura en México". El carácter derivado de la cultura mexicana no debe articularse más a partir de la lógica de la imitación —derivación de carácter mecánico que ha predominado hasta ahora— sino que tiene que asumir ahora la forma de la asimilación, es decir, ya no de una imitación mecánica sino, mejor, de una "derivación orgánica" (cfr. Ramos, 1934: 102).[15]

---

renovación. Vivían apegados a sus tradiciones, eran rutinarios y conservadores. En el estilo de su cultura quedó estampada la voluntad de lo inmutable" (Ramos, 1934: 107). Esta inmutabilidad, este apego a las tradiciones, este carácter conservador, se advierten en la repetición de las mismas formas en el arte indígena, reproducción invariable de un modelo que se transmitía tal vez de generación en generación, dirá Ramos apoyándose en las reflexiones de Wörringer sobre el arte de lo inconmovible y estático: "En vez de que las formas artísticas infundan a la piedra algo de movilidad, parecen aumentar su pesantez orgánica. La expresión del arte de la meseta mexicana es la rigidez de la muerte, como si la dureza de la piedra hubiera vencido la fluidez de la vida" (Ramos, 1934: 108). En este punto Ramos muestra su localización en la herencia de la modernidad europea. Vuelvo a este problema en relación a Paz en las *Consideraciones finales* de este ensayo.

[15] Esta asimilación tendría que inscribirse, de acuerdo a Ramos, en el interior de un "nuevo humanismo" (Ramos, 1934: 94) orientado a contrarrestar los efectos nocivos tanto de la "educación práctica" como de la invasión universal de la "civilización maquinista", de esta civilización contemporánea que es, a su vez, dirá pensando seguramente en Nietzsche y en Heidegger, resultado de una voluntad de poderío que desde el Renacimiento se ha convertido en la fuerza motriz del hombre en toda la historia moderna (Ramos, 1934: 152 y ss.).

En una vertiente temática emparentada a la de Ramos, unos años más tarde José Gaos buscará ofrecer algunas claves para comprender a Hispanoamérica y, en general, al mundo iberoamericano inspiradas con certeza en las *Meditaciones sobre el Quijote* de José Ortega y Gasset (1914).[16] En efecto, en su ensayo *Pensamiento de lengua española* (1942-1943)[17] Gaos señala en primer lugar la necesidad de comprender a "Hispanoamérica" como una entidad no tanto geográfica, sino más bien social, cultural e histórica situada por principio en el interior del Occidente europeo y no como algo fuera de éste u opuesto a él. Es por ello que Occidente tiene que ser la

---

[16] Recuérdese que en esta obra, concebida por su autor como un ensayo a medio camino entre la filosofía y la literatura, se plantea, por así decirlo por detrás de la temática literaria orientada a analizar la figura del Quijote, una pregunta central para Ortega, esto es, la pregunta por España: "La gran pregunta... Dios mío ¿Qué es España?" (*Primera Meditación*). El libro es en realidad, como se sabe, de carácter fragmentario y se compone de un prólogo, una Meditación Preliminar y una Primera Meditación a la que debían seguir ótras dos que nunca aparecieron. Años más tarde Ortega volvería a ocuparse de los problemas relacionados con España, especialmente en *España Invertebrada* (1921). Ahí se presenta otro ensayo sobre la estructura de España en el pasado y en el presente. Una idea que reaparece una y otra vez es la de que solamente una élite intelectual sería capaz de constituir, mantener y renovar un Estado y el problema de España era justamente el haber carecido de una élite semejante a lo largo de toda su historia. Los visigodos que se fusionaron con los ibéricos eran en realidad, de acuerdo a Ortega y Gasset, el menos vital entre los pueblos germánicos y por ello su dominio feudal fue el más débil entre los europeos. El despliegue deslumbrante en el llamado "Siglo de Oro" entre 1480 y 1600 que llevó a España a ser una de las primeras naciones en alcanzar su unificación, a desplegar un gran imperio colonial y a destacadas producciones artísticas especialmente en la literatura, no fue tampoco capaz de producir esa élite. En lugar de ello fueron las grandes masas las que poblaron las colonias y, por carecer de esta élite rectora, no fueron capaces de llevar ni la disciplina ni la civilización a los territorios coloniales. España permaneció así como un país predominantemente agrario, desligado de Europa occidental y vuelto sobre sí mismo, de espaldas al desarrollo científico y cultural del resto de Europa y convertido en un bastión de la Contrarreforma y el catolicismo ultramontano. Sobre este problema en Ortega y Gasset véanse: López de la Vieja, 1996; Álvarez Junco, 2001 y Zamora Bonilla, 2002. Volveré a estos problemas en Octavio Paz más adelante, en el apartado IV de este trabajo.
[17] José Gaos: *Pensamiento de lengua española* (1942-1943) en: Gaos, J., *Obras Completas*, vol. VI, México: UNAM, 1990, pp. 31-106.

primera entidad histórica que debe ocupar al filósofo interesado en precisar la peculiaridad de la filosofía hispanoamericana. Una vez que esta especificidad haya sido expuesta, se puede ampliar la caracterización lograda incorporando al correlato de Occidente —y por tanto también de Hispanoamérica— esto es a Oriente (cfr., Gaos, 1942-1943: 34): "nuestra vida", dice Gaos, "se nos presenta como la actual de Occidente o como comprensible sólo por edades anteriores de esta entidad histórica y las correspondientes entidades parciales" (Gaos, 1942-1943: 34).

Es con Grecia, recuerda Gaos, que puede comenzar a hablarse de Occidente en el sentido estricto de esta palabra. El mundo helenístico y romano, la cristiandad medieval europea, forman otras tantas estaciones en la vida de esa entidad denominada "Occidente". Es a partir de los comienzos de la Edad *Moderna* —y esta denominación es una denominación acuñada en y referida a Occidente— que se empezará a formar una *Iberoamérica* compuesta de una *Hispanoamérica* y de una *Lusoamérica*. A partir de los comienzos de la Edad *Contemporánea,* se agregará a las dos anteriores una *Angloamérica* (cfr., Gaos, 1942-1943: 34). En el siglo XVIII se inician en las colonias americanas los movimientos de Independencia política y cultural con respecto a España y Portugal. Estos movimientos fueron, de acuerdo a Gaos, movimientos por la *identidad.* En España se inició también en aquel momento un movimiento de renovación cultural, de revisión y crítica del pasado que había conducido a la decadencia; se trata, en síntesis, de un movimiento de independencia con respecto al *pasado* imperial. Ambos movimientos —tanto en las colonias como en la metrópoli— son movimientos, dirá Gaos, de *liberación del pasado propio, que es en ambos casos el mismo.*[18] En el origen de ambos movimientos de liberación del

---

[18] Así entendido, este movimiento de liberación comprende un vasto período histórico que se extiende desde 1810 hasta 1898 —año que marca el fin del imperio español. De acuerdo a Gaos, este movimiento de liberación no ha concluido aún en España —téngase en cuenta que la redacción del texto tiene lugar en un momento en que España se encontraba en plena Guerra Civil. Es así que dirá él, con profundo sentido autocrítico:

> España es la última colonia de sí misma, que permanece colonia de sí misma, la única nación hispano-americana que, del común pasado imperial, queda por hacerse independiente, no sólo espiritual, sino también políticamente (Gaos, 1942-1943: 40).

pasado —que es también un movimiento por la definición y/o redefinición de la identidad, parece querer decir Gaos— se hallan las ideas de la *Ilustración europea* que Gaos comprende en el interior de una tensión entre dos polos expuestos, a saber: o bien *racionalizar* el sentido y la idea de la vida y del mundo heredados del cristianismo, o bien *emanciparse* totalmente de éste último (cfr., Gaos, 1942-1943: 34 y 45).[19] La historia no solamente de la filosofía occidental, sino de la cultura occidental en su conjunto es interpretada por Gaos así como

> ...la historia de una gigantomaquia entre religiosidad o religación religiosa... y religiosa liberación —y desarraigo—, entre "trascendentismo" e "inmanentismo"... Los organismos metafísicos de la *christiana philosophia* que son, no sólo la escolástica medieval, sino también los grandes sistemas del cartesianismo y del idealismo alemán, han sido desarticulados, ya desde la misma escolástica "de la decadencia", por las grandes novedades de los tiempos modernos y por las "luces"... (Gaos, 1942-1943: 93).[20]

Para precisar un poco más el sentido de estas afirmaciones, Gaos distinguirá, siguiendo en este punto a Wilhelm Dilthey, dos *formas* del filosofar a lo largo de la historia de la filosofía occidental: por un lado, las formas de filosofar *sistemáticas*, "no sólo en la integridad, orden y rigor del pensamiento, sino también en la forma de exponerlo; filosofías que se acercan a la ciencia y llegan a confundirse con ella: son principalmente las grandes filosofías metafísicas

---

El movimiento que terminó con la Segunda República española se orienta así no a otra cosa sino al Imperio, a la vieja España, a convertir a ésta nuevamente en prisionera de su pasado imperial.

[19] Tanto la teología filosófica de la Edad Media como la metafísica de los siglos XVII y XVIII no son en último término sino intentos por racionalizar el sentido y la idea cristianos de la vida y del mundo. La propia *Ilustración* parece ser entendida por Gaos también en este mismo sentido (cfr., Gaos, 1942-1943: 45). El movimiento tendiente a la emancipación del cristianismo se habría insinuado ya, de acuerdo a Gaos, en los últimos escolásticos, en el Nominalismo (id.).

[20] Las reflexiones Marx y Nietzsche serían así, de acuerdo a Gaos, los dos quicios entre los que se mueven nuestros días, constituyen ejemplos de estas propuestas emancipadoras del cristianismo y caracterizadas por un inmanentismo radical (cfr., Gaos, 1942-1943: 94).

—Aristóteles, la Escolástica, Descartes, Spinoza, Kant, Hegel" (Gaos, 1942-1943: 48); por otro lado, las formas de filosofar *ametafísicas* o *antimetafísicas, asistemáticas* y *ametódicas* o *antisistemáticas* y *antimetódicas*. Se trata de filosofías no empeñadas en el saber de los primeros principios ni de todas las cosas; se trata de filosofías que no se entienden como trascendentes ni totalizadoras y más próximas por ello a la *literatura* porque ponen en el primer orden de sus preocupaciones "las cosas humanas", deslizándose hacia, entrecruzándose con y convirtiéndose en "literatura de ideas", llegando a confundirse con la literatura de imaginación o ficción. Ejemplos de estas formas de filosofar serían Platón, los postaris-totélicos, los renacentistas, los pensadores-escritores de la Ilustración y de los siglos XIX y XX (cfr., Gaos, 1942-1943: 48 y 92-93). Gaos se interesará sobre todo por las formas de filosofar del segundo tipo. De acuerdo a él, ellas aparecen caracterizadas por su *inmanentismo*. Se trata de filosofías "que se ocupan con "este mundo", con "esta vida" hasta desentenderse absolutamente y por principio de toda "otra vida", de todo "otro mundo". Filosofías que se ocupan con este mundo, con esta vida, en la detallada concreción de sus "cosas del mundo", "cosas de la vida"" (Gaos, 1942-1943: 49). Ellas se expresan en formas más libres: el ensayo, la carta, el artículo de revista y de periódico, pero no de periódicos ni de revistas técnicos, sino más bien literarios (id.).

Entre esas "cosas humanas" con las que se ocupa esta filo-sofía inmanentista, dirá Gaos más adelante, hay una que empezará a tomar cuerpo con singular fuerza, a saber: la realidad nacional con su cultura. Es así que la Ilustración lleva a España a plantearse a "España" como problema, al tema de su grandeza y decadencia, de su historia y de su identidad, en una reflexión enmarcada por una mirada crítica y autocrítica sobre su propio pasado. Análogamente, será en los jesuitas mexicanos expulsados de Hispanoamérica y asentados posteriormente en Italia, de acuerdo a Gaos, que empezará a plantearse el tema de la mexicanidad, es decir, de la nacionalidad americana como distinta de la española:

> Estos temas, "España" y "América", iban a ser los principales del pensamiento hispano-americano y a dar a éste originalidad y otros valores de alcance universal. En España, de Costa, de Ganivet, hasta Unamuno, la generación del 98, Ortega. En la América española, con Bolívar, Sarmiento, Montalvo, Martí, Rodó, Vasconcelos (Gaos, 1942-1943: 54).

Es aquí que se plantea para Gaos el problema de las filosofías *nacionales*. De acuerdo a él, el surgimiento de filosofías nacionales supone como su condición de posibilidad tanto la conformación de los *Estados-nación modernos* como, íntimamente ligado a la configuración de los Estados nacionales, la formación y desarrollo de las respectivas *lenguas nacionales*. Es por ello que Séneca, san Isidoro, los filósofos árabes y judíos nacidos en lo que hoy se denomina España no constituyen una filosofía española en el sentido de una filosofía nacional. La filosofía española en un primer momento, hispanoamericana en un segundo momento, en el sentido propio del término surge, se proyecta y conforma un aporte a la filosofía occidental moderna en cuatro variantes distintas según Gaos:[21] a) la *mística*; b) la *escolástica* que se extiende desde Vitoria hasta Suárez; c) la *humanística-renacentista* representada por los erasmistas, Servet, Sánchez hasta Quevedo y Gracián y, finalmente, d) la *hispanoamericana*, que es la relevante para nosotros en el marco del presente trabajo. De acuerdo a Gaos, esta última se caracterizaría ante todo por tres rasgos:

1. Un carácter profundamente *político*, entendido este término, se apresura a decir Gaos, en su acepción más genuina y generosa, esto es, aquella en que la política es la organización de la vida y cultura de toda la *polis* (cfr., Gaos, 1942-1943: 54). Ejemplos a este respecto serían reflexiones como las de Bolívar a Martí. Hasta ahora,

---

[21] Se trata aquí de una línea de España/Hispanoamérica *hacia* Europa occidental. Hay, por supuesto una línea inversa, de Europa occidental (sobre todo Inglaterra, Francia y Alemania) hacia España/Hispanoamérica. En esta línea podrían distinguirse, de acuerdo a Gaos, cinco grandes etapas que son otras tantas etapas en la recepción y discusión de la filosofía occidental en Hispanoamérica. Entre ellas destacan las siguientes:

a. En el siglo XVIII, la filosofía experimental y empirista en la línea Bacon, Locke, recibida por Feijoo y Jovellanos en España, los mexicanos "humanistas" del siglo XVIII, jesuitas desterrados a Italia.

b. En el siglo XIX, el krausismo en España.

c. Hacia finales del siglo XIX y principios del XX, el positivismo en Hispanoamérica.

d. La filosofía neokantiana y de Bergson —de la primera por Ortega en España y de la segunda en Hispanoamérica en el marco de la reacción en contra del positivismo por Korn, Vasconcelos y Caso.

e. La filosofía alemana y francesa en autores como Husserl, Scheler, Hartmann, Heidegger, Dilthey, Blondel y Marcel por parte de autores como Zubiri y García Bacca en España y Romero, Astrada y Ramos en América Latina.

dirá Gaos "no hemos tenido los españoles ni un Bolívar ni un Martí" (id.).

2. Un carácter *estético* tanto en el sentido *temático* —es decir, temas estéticos[22]— como en el sentido *formal* —es decir, una forma estética en el tratamiento de los temas al igual que en sus formas de expresión y comunicación— al igual que en la *actitud* hacia los problemas. Sarmiento, Montalvo, Unamuno, Ortega son, de acuerdo a Gaos, de los más grandes prosistas en lengua española desde el Siglo de Oro (cfr., Gaos, 1942-1943: 59). Es así que se explica el que para la exposición y publicación de sus ideas, el pensamiento hispanoamericano haya elegido géneros más literarios: el ensayo y el artículo de revista general y de periódico, el libro de características similares a las del ensayo e incluso la correspondencia epistolar. La ocupación con la literatura y con temas literarios ha sido esencial al pensamiento hispanoamericano. En España se puede pensar en los *filósofos literarios*: Feijoo, Ortega, Unamuno, o bien en dirección de la *literatura de ficción* (las *Cartas americanas* y la *Crítica literaria* de Juan Valera), o bien en dirección de la *ciencia de la literatura* (por ejemplo, en Menéndez Pidal y en Américo Castro). En América Latina, en ensayistas como Sarmiento, Rodó, Martí, críticos literarios y hombres de letras como Alfonso Reyes y Henríquez Ureña o un filósofo literario y periodista como Romero (cfr., Gaos, 1942-1943: 60-61). Algunos pensadores hispanoamericanos se localizarían, además, en la zona intermedia entre la literatura de ideas y la literatura de ficción: Ignacio Manuel Altamirano, Macedonio Fernández, las novelas de Unamuno, etc. como ejemplos de esto (cfr., Gaos, 1942-1943: 61). Otra vertiente de exposición que habría que seguir en el pensamiento hispanoamericano sería, para Gaos, la oral: la oratoria política y académica y la conversación en su sentido de diálogo (cfr., Gaos, 1942-1943: 62-63). "Una manifestación suma del verbalismo hispánico", dirá Gaos. "Sea este caso particular de un más amplio verbalismo, latino, mediterráneo, meridional, o no lo sea" (Gaos, 1942-1943: 64).

3. Un carácter *pedagógico* en el sentido de formador, conformador al modo de la *Bildung*. A este respecto señala Gaos el hecho de que la gran mayoría de los filósofos hispanoamericanos han sido y son profesores y, en un sentido especial de esta palabra, *educadores*: se trata de hombres empeñados en una tarea de

---

[22] Y en este punto mencionará Gaos a Martí, Rodó, Ortega y a Vasconcelos (cfr., Gaos, 1942-1943: 66).

regeneración nacional, de *pedagogía política*, en una empresa formativa a nivel nacional (cfr., Gaos, 1942-1943: 84 y ss.).

El pensamiento hispanoamericano se coloca así, para Gaos, en el interior de ese *inmanentismo* anteriormente señalado que, según él, caracteriza a una de las dos grandes vertientes de la filosofía occidental. Es por este inmanentismo orientado sobre todo a la *circunstancia nacional* que se explica el que "el pensador hispano-americano no se haya contentado con ser pensador político: ha querido, además, hacer política, ser político. De sus temas y más aún de sus formas mentales y verbales, sociales, a la acción política no hay ni siquiera un paso: en su pensamiento está entrañada y en su palabra iniciada la acción misma" (Gaos, 1942-1943: 88).

Para Gaos fueron justamente los movimientos de independencia política y cultural con respecto a España y Portugal ocurridos a lo largo del siglo XVIII los que ejercieron un papel notable en la configuración del pensamiento filosófico y político latinoamericano. Estos movimientos fueron para Gaos, entre otras cosas, movimientos animados por la búsqueda y definición de la *identidad* en el interior de la civilización moderna y de la *Aufklärung* europea. En el interior de este proceso surgió una línea de reflexión en la filosofía y el pensamiento latinoamericanos que se articularía no tanto en la forma *sistemática* que caracterizara a las grandes construcciones intelectuales de la tradición filosófica occidental sino, más bien, de manera *asistemática* y/o *antisistemática*, al margen de toda suerte de pretensiones trascendentes y de fundamentaciones últimas, en una estrecha relación con la *literatura* y ocupada con los problemas planteados en ese momento por la historia, en particular con aquéllos relativos a la *identidad*, a Latinoamérica como problema en su pertenencia y, a la vez, en su especificidad con respecto a la cultura e historia de Europa occidental, a la historia, a la crítica y a la autocrítica que Latinoamérica ha realizado sobre sí misma. Desde entonces esta interrogación en torno a la identidad no ha cesado de plantearse una y otra vez en la filosofía y el pensamiento latinoamericanos. Podría decirse que esta reflexión latinoamericana sobre la *identidad* ha cristalizado en obras ensayísticas de relevancia que se sitúan en el interior de un vasto espectro que abarca desde *Los siete ensayos de interpretación de la realidad peruana* (José Carlos Mariátegui, 1928) hasta *La expresión americana* (José Lezama Lima, 1957) pasando por la *Radiografía de la Pampa* (Ezequiel Martínez Estrada, 1933), *Casa Grande e senzala* (Gilberto Freyre, 1933), *El perfil del hombre y la cultura en México*

(Samuel Ramos, 1934) lo mismo que en las reflexiones de Leopoldo Zea y el grupo *Hiperión*.[23]

Es claro que esta indagación sobre la identidad varía y se desplaza con ritmos distintos en cada una de las reflexiones arriba mencionadas. Algunas veces se trata de enfatizar la escisión, el desgarramiento constitutivo, que caracteriza a la identidad cultural latinoamericana desde sus orígenes en una meditación que se mueve libremente en diversos registros temáticos desde la geografía hasta la historia pasando por la cultura, la psicología y la política. Otras veces se trata de una suerte de "caracteriología" de lo latinoamericano y de su cultura centrada sobre todo en los mecanismos psicosociales que subyacen a ciertos fenómenos sociales y culturales en el interior de un marco predominantemente psicológico aunque con apuntes extraordinariamente agudos sobre la cultura y la historia —y creo que en esta dirección se mueve el análisis de Samuel Ramos, como ya lo hemos visto. Esta reflexión sobre la identidad asume también en ocasiones la forma de una indagación histórica, sociológica y

---

[23] En efecto, las preocupaciones de Gaos fueron desarrolladas, como se sabe, en el Seminario para el Estudio del Pensamiento de los Países de Lengua Española desarrollado inicialmente en La Casa de España y, posteriormente, en la institución que surgirá de ésta: El Colegio de México. En el marco de este Seminario coordinado por el propio Gaos se desarrollarán las reflexiones que Leopoldo Zea publicará en dos obras de enorme importancia: *El positivismo en México* y *Apogeo y decadencia del positivismo en México* que fueron publicadas posteriormente en un solo volumen titulado *El positivismo en México. Nacimiento, apogeo y decadencia* (1968). Es también en este Seminario que se desarrollaron los trabajos de Bernabé Navarro (*La introducción de la filosofía moderna en México,* 1948), Luis Villoro (*Los grandes momentos del indigenismo en México*, 1950*)*, Vera Yamuni (*Concepto e imágenes en pensadores de lengua española*, 1951), Francisco López Cámara (*La génesis de la conciencia liberal en México*, 1954), entre otros. Común denominador de todos estos trabajos es la reflexión sobre México, su autocomprensión como nación y su identidad. Estos problemas reaparecerán posteriormente en el grupo *Hiperión* que tomaba su nombre, como se sabe, del mito griego según el cual Hiperión era hijo del cielo y de la tierra, representando por ello una síntesis entre lo universal y lo particular que era la que impulsaba también a las reflexiones sobre lo nacional (México) en el horizonte de lo universal (el mundo). Este grupo tuvo su actividad pública entre 1948 y 1952 y en 1949 organizó un ciclo de conferencias titulado *¿Qué es el mexicano?* (cfr. Hurtado, 2006 y Valero Pie, 2012).

antropológica que busca comprenderla en el marco de una entidad geográfica, ecológica, demográfica, económica, social, cultural y aun psicológica determinada con ayuda de instrumentos conceptuales provenientes de las ciencias sociales. Es posible asimismo ofrecer una respuesta a la pregunta por la identidad en el marco de un ensayo literario en el que se entrelacen la reflexión moral y política, la literatura y la filosofía de la historia en el interior de un plexo en el que se crucen la antropología de la cultura en la dirección avanzada por la *Völkerpsychologie* alemana con su énfasis en el tratamiento del lenguaje, los mitos y las costumbres de los pueblos, la tradición moralista francesa que va desde Montaigne y La Bruyère hasta Valéry pasando por Montesquieu, Rousseau y Voltaire con su tratamiento de la pregunta "¿Qué es el hombre?" en el interior de un marco psicológico, social, moral, político y, finalmente, aquella línea abierta en la península ibérica por figuras como Larra y Ganivet —bajo el conocido conflicto entre "las dos Españas" y en torno al motivo de la decadencia de España[24]—, continuada por los escritores de la llamada *Generación del 98* (Ortega y Gasset, Unamuno y Azorín) y que alcanzaría sus expresiones más decantadas en las *Meditaciones sobre el Quijote* de José Ortega y Gasset[25] —y en este punto pienso sobre todo en Octavio Paz.[26]

---

[24] Ver a este respecto, por ejemplo: Álvarez Junco, 2001.

[25] Ver a este respecto lo ya señalado en la nota 16.

[26] Cfr., la introducción de Enrico Santí a Paz, O. *El laberinto de la soledad*, edición de Enrico Mario Santí, Ed. Cátedra, Madrid, 1993. En ella, Santí sitúa a esta obra de Paz en la tradición del ensayo de identidad nacional que en Alemania había estado asociado justamente a la *Völkerpsychologie*. Como se sabe, esta vertiente de reflexión surgió inicialmente en la teoría del lenguaje en el siglo XIX y fue gracias a la revista *Zeitschrift für Völkerpsychologie und Sprachwissenschaft* editada por los lingüistas Heymann Steinthal y Moritz Lazarus que alcanzó un uso generalizado. La *Völkerpsychologie* se concebía como «*Wissenschaft vom Volksgeiste*», es decir, como una ciencia de los «elementos y las leyes de la vida espiritual de los pueblos». Se trataba, en particular, de analizar cómo se expresaban objetivamente los distintos "*Volksgeister*" en las diversas configuraciones culturales de los pueblos —lenguaje, mito, religión, arte, ciencia, derecho, costumbres, moral. Esta propuesta se desarrolló bajo el influjo de los conceptos de «*Volksgeist*» (Herder) y «*objektiver Geist*» (Hegel) y sus expresiones particulares se movían desde perspectivas que concebían a este «*Volksgeist*» en forma supraindividual y sustancialista hasta aquéllas otras que lo comprendían en forma de relaciones funcionales entre fuerzas psíquicas individuales. Es esta tensión la que buscó

II. Octavio Paz: *El laberinto de la soledad* y la doble dialéctica identidad/alteridad y ruptura/reconciliación

El laberinto de la soledad es la obra que constituye sin duda el punto de partida en la reflexión de Paz. Este libro fue escrito en París entre 1948 y 1949 y publicado en México en 1950.[27] En él se continúa, resume y a la vez se cierra una reflexión sobre la identidad nacional en el marco de un ensayo literario donde se cruzan la reflexión moral y política, la literatura, la filosofía de la historia, la antropología de la cultura, etc. A este respecto el propio Paz ha señalado lo siguiente:

> En cuanto a mí: yo no quise hacer ni ontología ni filosofía del mexicano. Mi libro es un libro de crítica social, política y psicológica. Es un libro dentro de la tradición francesa del "moralismo". Es una descripción de ciertas actitudes, por una parte y, por la otra, un ensayo de interpretación histórica. Por eso no tiene que ver, a mi juicio, con el examen de Ramos. Él se detiene en la psicología; en mi caso la psicología no es sino un camino para llegar a la crítica moral e histórica (Paz, 1975b: 421).

Paz se ocupa así de distinguir su reflexión de aquélla otra orientada a esclarecer en qué consistiría una "filosofía de lo mexicano" o una búsqueda de nuestro ser latinoamericano, en la forma en que ésta se insinuaba en reflexiones como las de Alfonso Reyes, Samuel Ramos o, sobre todo, el grupo denominado *Hiperión* en torno a las figuras de José Gaos y Leopoldo Zea, ya mencionadas en el apartado anterior. "El mexicano", dirá Paz años después de la publicación de *El laberinto*... "no es una esencia sino una historia. Ni

---

superar Wilhelm Wundt al definir la tarea de la «*Völkerpsychologie*» como la investigación realizada con métodos analíticos de las producciones espirituales que se originan a partir de la vida humana en comunidad y que no pueden ser explicadas solamente a partir de las propiedades de individuos. No debe olvidarse que a lo largo del siglo XX la comprensión de la «*Völkerpsychologie*» como disciplina cerrada comenzó a desaparecer. Las preguntas que ella se planteaba fueron entonces retomadas y replanteadas en otras disciplinas, especialmente la sociología, la etnología y la psicología.

[27] Sobre la historia de la redacción y las diversas ediciones de este libro, véase: Santí, 1993 y Hurtado, 2012.

ontología ni psicología. A mí me intrigaba (me intriga) no tanto el "carácter nacional" como lo que oculta ese carácter: aquello que está detrás de la máscara ... Estamos condenados a inventarnos una máscara y, después, a descubrir que esa máscara es nuestro verdadero rostro" (Paz, 1970: 269). El propósito que anima a una reflexión de esta clase no era así solamente el de ofrecer una descripción más o menos adecuada sino ante todo, el de la crítica, "esa actividad que consiste, tanto o más que en conocernos, en liberarnos" (Paz, 1970: 270). Esta interrogación y crítica de México era en realidad, como lo señalara el propio Paz, una reflexión y crítica sobre América Latina y, en general, sobre la cultura iberoamericana de la que México constituye un fragmento (Paz, 1970: 270).[28]

La idea fundamental que inspira a *El laberinto de la soledad* es la de "el ritmo doble de la soledad y la comunión, el sentirse solo, escindido, y el desear reunirse con los otros y con nosotros mismos", idea que, en opinión de Paz, es aplicable a todos los hombres y todas las sociedades (cfr., Paz, 1993: 30). De acuerdo a ello, la historia se presenta siguiendo un ritmo, una dialéctica de lo cerrado y lo abierto, de la soledad y la comunión (cfr., Paz, 1993: 31). Los orígenes de esta consideración que coloca a la alteridad, a la discontinuidad y a la ruptura en el centro de la experiencia no sólo poética, sino también histórica e incluso ontológica de nuestro ser-en-el-mundo son, desde luego, Heidegger y su remisión a la temporalidad como horizonte último de nuestro ser-en-el-mundo,[29] Freud con su descentramiento del sujeto en dirección al inconsciente y al deseo[30] y la literatura y poetología vinculada a las vanguardias, especialmente a figuras como Georges Bataille y su heterología con su énfasis en la soberanía,[31] Roger Caillois con sus reflexiones sobre la sagrado[32] y Antonio Machado y su tratamiento de la alteridad.[33]

---

[28] Vuelvo más adelante al modo en que Paz comprende a la crítica y la función que le asigna en las sociedades modernas.

[29] Cfr., Heidegger, 1927.

[30] Cfr., Freud, 1917.

[31] Cfr., Bataille, 1976.

[32] Cfr., Caillois, 1939.

[33] Es especialmente a Machado a quien Paz parece haber dedicado una especial atención. En efecto, en las *Palabras en un Homenaje a Antonio Machado*, en la Sorbonne en 1951 (aparecido posteriormente en *Las peras del olmo*, 1957), Paz se ocupa especialmente de Antonio Machado y de sus máscaras –Abel Martín y Juan de Mairena— en cuyo juego de máscaras se

Esta experiencia de separación, de discontinuidad y ruptura es para Paz una experiencia básica que reaparece a lo largo de la historia en todas las sociedades y en todos los hombres y que se despliega en varios niveles. Paz se concentra sobre todo en dos de ellos. En primer lugar, en un plano *universal* que es común a todos los hombres y que constituye una suerte de drama metafísico, de carácter incluso religioso, que expresa nuestra propia finitud:

---

desplaza y diluye el nombre de Antonio Machado. Abel Martín, metafísico de Sevilla, Juan de Mairena, profesor de gimnasia y retórica e inventor de una máquina de cantar, y Machado, el poeta y filósofo solitario. Cada uno de los tres personajes, sostiene Paz, reenvía al otro: para entender la metafísica erótica de Martín es preciso acudir a los comentarios de Mairena y éstos, a su vez, nos llevan a los poemas de Machado. Abel Martín desea saber quién fue Antonio Machado y qué deseaba decir con sus poemas. Ello muestra para Paz cómo la realización del yo, de la conciencia de sí, requiere de un tú, "el ser es avidez de ser lo que él no es". En ese sentido habla de "la esencial heterogeneidad del ser". Martín cuestiona las formas en las que el sujeto aprehende la objetividad porque en ellas el objeto se reduce a la tiranía de la subjetividad. Sólo en el amor es posible aprehender lo radicalmente "otro" sin reducirlo a la conciencia. El ser es erotismo puro, sed de "otredad". El objeto erótico no es una representación de la conciencia sino una presencia irreductible. Machado es el poeta del amor, nos dice su máscara, Abel Martín. Sin embargo, el amor aparece siempre como nostalgia o recuerdo: "la amada es ausencia". Amada y amante coinciden en la ausencia, ambos presos en la temporalidad que los lanza fuera de sí. La ausencia es la forma más pura de la temporalidad. Machado es por ello el poeta del tiempo, anota Juan de Mairena (cfr., Paz, 1951: 340 y ss.). Paz señalaba así que la visión de Machado

> ...del ser como *heterogeneidad* y *otredad* me parece que toca la entraña misma, el tema central de la filosofía contemporánea; su desconfianza frente a la dialéctica hegeliana —fuente de tantos males de nuestra época— y su insistencia en examinar con ojos nuevos el principio de identidad, muestran asimismo, y con gran hondura, que la crítica que se hace la filosofía a sí misma y a sus fundamentos coincide con las aspiraciones más altas de la poesía ... su punto de partida —y en esto reside su gran originalidad y la fecundidad de su obra— no es la conciencia de sí sino la ausencia, la nostalgia del tú ... El tú del poeta es un ser individual, irreductible. Metafísica concreta, metafísica del amor y, digamos la palabra, de la caridad (Paz, 1951: 343).

Somos hijos de Adán el primer desterrado, dirá Paz. La experiencia nos enfrenta a la indiferencia universal, la del cosmos y la de nuestros semejantes; al mismo tiempo es el origen de la sed de totalidad y participación que todos padecemos desde nuestro nacimiento (Paz, 1993: 18).

En un segundo momento, esta experiencia de separación y ruptura, de discontinuidad, se muestra en el plano *histórico* y *social* como consecuencia "de esa realidad que es la materia prima de la organización política: el grupo humano, la comunidad" (Paz, 1993:18). En este caso se trata, por ejemplo, de la experiencia que hace el extranjero en un país que no es el suyo, del marginado en un grupo social al que no pertenece o de quien ha sido excluido.

En el interior de esta tensión entre soledad y comunión, ruptura y reconciliación, la historia, en el caso que le preocupa a Paz en *El laberinto de la soledad*, la historia de México, se presenta como una sucesión de rupturas y reunificaciones de diverso orden. La primera ruptura, decisiva para la historia posterior del país, es la ruptura operada por la Conquista, un choque entre civilizaciones: por un lado, las indígenas que habitaban en Mesoamérica antes de la llegada de los españoles y, por otro lado, la de los conquistadores. La primera reunión o reconciliación consistiría en la conversión de los vencidos a una fe universal, el cristianismo. Desde entonces las rupturas y reuniones se han sucedido, en opinión de Paz, sin cesar. La última gran ruptura fue, según Paz, la Revolución mexicana que posibilitaría, posteriormente, la reconciliación de México con su pasado (cfr., Paz, 1993: 30 y ss.). Me referiré brevemente a cuatro momentos clave en la historia de México en los que puede observarse esta dialéctica ruptura/reconciliación a la que Paz se refiere:

a. En primer lugar la reunificación operada en el interior de las diversas culturas precolombinas. En las sociedades precolombinas la religión desempeñaba, como se sabe, un papel decisivo. La sociedad azteca, por ejemplo, recuerda Paz, era un Estado teocrático y militar. En este caso la unificación religiosa precedía y, a la vez, complementaba a la unificación política y militar. "Con diversos nombres, en lenguas distintas, pero con ceremonias, ritos y significaciones muy parecidos, cada ciudad precortesiana adoraba a dioses cada vez más semejantes entre sí" (Paz, 1950: 101).

b. La conquista española se hallaría a su vez caracterizada por una voluntad de unificación impuesta por la fuerza. En virtud de ella, y a pesar de las contradicciones que le fueron propias, se crearía una unidad en la pluralidad cultural y política precolombina:

> Frente a la variedad de razas, lenguas, tendencias y Estados del mundo prehispánico, los españoles postulan un solo idioma, una sola fe, un solo Señor. Si México nace en el siglo XVI, hay que convenir que es hijo de una doble violencia imperial y unitaria: la de los aztecas y la de los españoles (Paz, 1950: 110).

En este proceso de unificación, Paz otorgará una especial importancia a la religión católica. En efecto, gracias a la fe católica, dirá él

> ...los indios, en situación de orfandad, rotos los lazos con sus antiguas culturas, muertos sus dioses tanto como sus ciudades, encuentran un lugar en el mundo ... La huida de los dioses y la muerte de los jefes habían dejado al indígena en una soledad tan completa como difícil de imaginar para un hombre moderno. El catolicismo le hace reanudar sus lazos con el mundo y el trasmundo (Paz, 1950: 112).[34]

c. El siglo XIX es el siglo de la *ruptura* con el orden colonial y, a la vez, el de las tentativas por crear lazos con otra tradición quizá más lejana pero no menos universal que la que ofreciera la Iglesia católica: la del racionalismo y la Ilustración europeos (Paz, 1950: 127). Los movimientos de independencia aparecen atravesados por dos tendencias opuestas: una de origen liberal, europea y utópica que concibe a la América española como una gran unidad, una asamblea de naciones libres y la otra, tradicional, que rompe lazos con la metrópoli solamente para acelerar el proceso de dispersión del imperio (cfr., Paz, 1950: 131). Lo que importa subrayar aquí en todo caso es que, una vez consumada la Independencia, las clases dirigentes se consolidan como herederas del viejo orden español:

> Rompen con España pero se muestran incapaces de crear una sociedad moderna. No podía ser de otro modo, ya que los

---

[34] La religión católica en las colonias sería sin embargo, de acuerdo a Paz, algo inédito en la medida en que en ella se fusionarían las nuevas creencias españolas con las antiguas indígenas; bajo las formas occidentales pervivirán todavía las antiguas creencias y costumbres precolombinas (cfr., Paz, 1950: 98 y 112).

grupos que encabezaron el movimiento de Independencia no constituían nuevas fuerzas sociales, sino la prolongación del sistema feudal (Paz, 1950: 132).

La imagen del dictador hispanoamericano se encuentra así ya en forma embrionaria en la del "libertador". Las nuevas Repúblicas y los nacientes Estados fueron en parte inventados por necesidades políticas y militares del momento. Los "rasgos nacionales" se formarían más tarde (Paz, 1950: 133). Es entonces que se busca la creación de un orden político y jurídico de carácter liberal y democrático. Estas instituciones que en Europa y Estados Unidos respondían a necesidades y problemas planteados por una dinámica histórica determinada —ascenso de la burguesía, desarrollo de la Revolución industrial, revoluciones sociales y políticas, etc.— sirvieron en Hispanoamérica solamente "para vestir a la moderna las supervivencias del sistema colonial. La ideología liberal y democrática, lejos de expresar nuestra situación histórica concreta, la ocultaba" (Paz, 1950: 133-134).[35]

---

[35] Remito en este punto al brillante análisis que ofreciera veinte años antes Ezequiel Martínez Estrada en *Radiografía de la Pampa* (1933). En ella Martínez Estrada analiza el modo en que la economía de mercado, el capitalismo, la unidad geográfica, el Estado-nación en su sentido moderno, las relaciones de clase y, aún más, la organización social en su conjunto, lo mismo que el sistema de valores propios al Occidente europeo, resultado de un proceso histórico complejo cuya duración se extiende a lo largo de varios siglos, fueron implantados mecánicamente en el llamado Nuevo Mundo desde el momento mismo en que concluyó la conquista sin que hubiera tenido lugar aquí, y ello es lo decisivo, una dinámica histórica similar a aquélla que en Europa condujo a estas diversas cristalizaciones en el orden económico, social y político. Lo que se implanta, edifica, hace y funda en el Nuevo Mundo no surge de la tierra de éste: "La propiedad sobre las cosas, la autoridad sobre los hombres, las relaciones entre los habitantes, el tráfico de las mercaderías, la familia ... como plantas recién trasplantadas" (Martínez Estrada, 1933: 10). Y, más adelante: "Se perseguía y se despreciaba lo que crecía en su propio clima según sus propias leyes de desarrollo, hasta que el trazado de esas ficciones de cultura y de riqueza no coincidían casi con el trazado auténtico de la realidad americana" (Martínez Estrada, 1933: 11-12). Se trata de formas mecánicas sin vida ni unidad interiores (Martínez Estrada, 1933: 90). La Revolución de Independencia "puso en movimiento, agitó e hizo circular un mundo paralítico, postrado, estancado" (Martínez Estrada, 1933: 42). No obstante, al mismo tiempo, "produjo un simultáneo despertar de la conciencia de inferioridad en todo orden" (Martínez

d. Finalmente, la Revolución mexicana se presentaría como un intento de restablecer la *unidad* con el pasado y la tradición mexicanos. Se trataba de un movimiento tendiente a reconquistar el pasado, asimilarlo y hacerlo vivo en el presente. Ella no poseía un sistema ideológico previo sino solamente una demanda de devolución de tierras o, mejor dicho, de recuperación de las tierras que habían sido arrebatadas a los campesinos en el transcurso de la Colonia y del siglo XIX. Se trata en particular de la propiedad comunal que se remontaba al *calpulli* precolombino (cfr., Paz, 1950: 153 y ss.). Es en este sentido que debe ser destacado el zapatismo. Este movimiento se propone no otra cosa que el regreso a los orígenes, es una tentativa de regreso al pasado que se confunde con los orígenes de la sociedad. La Revolución mexicana expresaba en realidad una voluntad de regreso.[36] Se trata de "una de las fases de

---

Estrada, 1933: 42). En ella se mostraría en forma evidente, de acuerdo a Martínez Estrada, el "contraste entre la realidad y el ideal" (Martínez Estrada, 1933: 44). La *teoría* (esto es, los ideales de la Ilustración y la modernidad europeas) se encontraba, dirá Martínez Estrada, en desacuerdo con e indefensa frente al *acto* (es decir, la realidad argentina y/o latinoamericana y el decurso histórico propio de ellas y por entero distintos a los de Europa) (cfr., Martínez Estrada, 1933: 44).

[36] Paz plantea una distinción entre *revolución, rebelión* y *revuelta.* En efecto, Octavio Paz caracteriza reiteradamente a la Revolución mexicana como un intento de restablecer la unidad con el pasado y la tradición. Se trata, para él, de un movimiento tendiente a reconquistar el pasado, asimilarlo y hacerlo vivo en el presente. De acuerdo a él, la Revolución mexicana no poseía un sistema ideológico previo, sino solamente una demanda de devolución de tierras o, mejor dicho, de recuperación de las tierras que habían sido arrebatadas a los campesinos en el transcurso de la Colonia y del siglo XIX. Se trata, en particular, de la propiedad comunal que se remontaba al *calpulli* precolombino (cfr., Paz, 1950: 153 y ss.). Es en este sentido que, sostiene Paz, debe ser comprendido el zapatismo. Este movimiento se proponía no otra cosa que el regreso a los orígenes y era, pues, una tentativa de regreso al pasado que se confunde con los orígenes de la sociedad. La Revolución mexicana expresaba así una voluntad de regreso. Paz destaca aquí al respecto la importancia de establecer una distinción entre *revolución, rebelión* y *revuelta.* Las *revoluciones* remiten a un tiempo lineal y progresivo y surgen como consecuencia del desarrollo histórico en el sentido en que ya Marx y Engels lo destacaran. Las *rebeliones*, por su parte, son actos de grupos e individuos marginales. No se trata tanto de cambiar el orden, como en el caso de la revolución, sino solamente de derrocar a un tirano. Las *revueltas*, finalmente, son hijas del tiempo cíclico,

esa dialéctica de soledad y comunión, de reunión y separación que parece presidir toda nuestra vida histórica. Gracias a la Revolución el mexicano quiere reconciliarse con su historia y con su origen" (Paz, 1950: 160). Se trata de una revuelta y, a la vez, de una comunión. "¿Y con quién comulga México en esta sangrienta fiesta? Consigo mismo, con su propio ser. México se atreve a ser. La explosión revolucionaria es una portentosa fiesta en la que el mexicano ... conoce al fin, en abrazo mortal, al otro mexicano" (Paz, 1950: 162).

Varias conclusiones se desprenden de lo anterior. La primera de ellas es que, de acuerdo a Paz, la existencia humana, al igual que la historia de las sociedades y las naciones —en el caso que él analiza ahora, la historia de México— no puede ser comprendida en absoluto como un proceso lineal, sino más bien como una sucesión de rupturas en la que se yuxtaponen y coexisten diversos estratos, diversos espacios y tiempos, diversas sociedades.[37] En estas rupturas se expresa el modo en que la existencia de hombres y sociedades está constituida por una experiencia de la *otredad* que irrumpe en la experiencia religiosa o mística, en la experiencia poética, lo mismo que en fenómenos sociales como las fiestas y aún las revueltas

---

"son levantamientos populares contra un sistema reputado injusto y que se proponen restaurar el tiempo original, el momento inaugural del pacto entre los iguales" (Paz, 1975b: 249). El movimiento zapatista fue, según esta interpretación, una revuelta, una búsqueda de regreso al origen, a la edad de oro, una tentativa por recrear una comunidad donde las jerarquías no fueran de orden económico sino solamente tradicional. Se trata pues, de un movimiento que era, paradójicamente, según Paz, tradicionalista. Vuelvo a este problema varias veces a lo largo de este trabajo (ver, por ejemplo, la nota 108), especialmente hacia su parte final.

[37] Sobre la visión *poética* de la historia de Paz en *El laberinto de la soledad*, véase: Brading, 2002. Vuelvo a este problema hacia el final de este texto, en la tercera de mis consideraciones finales. Sobre la superposición de diversos estratos temporales en un mismo punto temporal y en un mismo espacio, véase el concepto acuñado por Ernst Bloch de "*Gleichzeitigkeit des Ungleichzeitigen* [simultaneidad de lo disimultáneo]", en este caso para explicar el advenimiento del fascismo en Alemania (cfr. a este respecto el clásico libro de Ernst Bloch *Erbschaft dieser Zeit*, 1935). Paz no parece haber tenido en cuenta una aproximación a la historia mexicana con la ayuda de esta categoría que, estoy seguro, habría enriquecido su perspectiva analítica y clarificado su crítica.

sociales.[38] Podría decirse así que los esfuerzos de Paz se dirigen, en segundo lugar, a aprehender esa *otredad* de México, una otredad que, según él, escapa a las nociones de pobreza y de riqueza, de desarrollo o de atraso con las que, las ciencias sociales por ejemplo, se afanan por comprender a una sociedad como la mexicana. "El *otro* México, el sumergido y reprimido, reaparece en el México moderno; cuando hablamos a solas, hablamos con él; cuando hablamos con él, hablamos con nosotros mismos" (Paz, 1970: 304). Este *otro* México, insiste, no es, sin embargo, una entelequia ahistórica ni atemporal; no es un arquetipo en el sentido de Jung o Eliade. Con esta expresión, señala Paz, se pretende

> ...designar a esa realidad gaseosa que forman las creencias, fragmentos de creencias, imágenes y conceptos que la historia deposita en el subsuelo de la psiquis social, esa cueva o sótano en continua somnolencia y, asimismo, en perpetua fermentación. Es una noción que viene tanto del subconsciente (individual) de Freud como de la ideología (social) de Marx .... Sin embargo, las concepciones de Marx y Freud no explican la totalidad del fenómeno: la existencia en cada civilización de ciertos complejos, presuposiciones y estructuras mentales generalmente inconscientes y que resisten a la erosión de la

---

[38] En este punto Paz retoma las reflexiones sobre la fiesta y lo sagrado desarrolladas por los ya mencionados Georges Bataille, Michel Leiris y Roger Caillois en las reuniones de *Le Collège de Sociologie* (1937-1939). Así, por ejemplo, Roger Caillois había presentado en el marco de ese Colegio el 2 de mayo de 1939 una conferencia con el título "*La fiesta*", destacando cómo la efervescencia de ésta se oponía a la vida regular ocupada en el trabajo cotidiano y pacífico en el marco de un sistema de prohibiciones. La exaltación festiva que se expresaba en gritos y en gestos se caracterizaba por los excesos, la transgresión y, en ocasiones, la violencia que diluía al individuo y lo fundía con los otros en una tentativa por remontarse de nuevo a la Edad de Oro, a la infancia del mundo y del hombre. Siguiendo a Durkheim y a Mauss, Caillois se preocupó en esta conferencia por comprender la fiesta desde la tensión entre lo sagrado y lo profano. En una nota agregada por el autor a esta conferencia en enero de 1940 se anota, quizá con cierta melancolía, que la efervescencia general de la fiesta no era más posible en el mundo moderno; el período de la turbulencia se había individualizado y la fiesta transgresora y reconciliadora había sido ahora sustituida por las plácidas vacaciones familiares (cfr. Roger Caillois, *La fête* (1939), en: Denis Hollier, *Le Collège de Sociologie*, Paris, Gallimard, 1979, pp. 475-521).

historia y a sus cambios. Dumézil llamó a esas estructuras "ideologías" ... En suma, para mí la expresión el otro México evoca una realidad compuesta de diferentes estratos y que alternativamente se pliega y se despliega, se oculta y se revela (Paz, 1970: 303).

La otredad así comprendida no es entonces algo contingente o simplemente accidental. Más bien es un elemento constitutivo tanto de la historia como de la sociedad y los individuos. Aún más, es solamente desde el trasfondo de una otredad que puede hablarse de algo así como una identidad tanto en el plano individual como en el social. Es por ello que, señala Paz, ese *otro* México no está *afuera* sino *dentro de* nosotros, no podríamos extirparlo sin mutilarnos a nosotros mismos (Paz, 1970: 306). En virtud de ello la identidad, nuestra identidad, aparece más bien como una ilusión, como una máscara que es, al mismo tiempo, un rostro real (cfr., Paz, 1970: 306).

III. El arco y la lira: poesía, mito, historia y modernidad

Poesía, momentánea reconciliación: ayer,
hoy, mañana; aquí y allá; tú, yo, él, nosotros.
Todo está presente: será presencia.
Los signos en rotación
Octavio Paz

Hay, sin embargo, algo que me interesa subrayar en esta reflexión de Paz. Me refiero al hecho de que la dialéctica ruptura/reconciliación, soledad/comunión, identidad/otredad desarrollada por Octavio Paz en *El laberinto de la soledad*, se basa en una consideración no tanto de carácter *científico* sino, más bien, *poético y mítico* que podría ser remitida a una doble vertiente: por un lado, la fenomenología (especcialmente en la vertiente que de ella ofrece Martin Heidegger a quien Paz se había aproximado indirectamente a través del magisterio de José Gaos) y, por el otro, el surrealismo (particularmente en la forma que éste asume en pensadores heterodoxos de ese movimiento y vinculados al *Collège de Sociologie* como Georges Bataille, Michel Leiris y Roger Caillois con sus reflexiones en torno al dispendio y a la "parte maldita", a la alteridad y a lo sagrado, a la fiesta, a la comunión con la otredad y a la heterología).[39] El propio Paz ha señalado en este sentido lo siguiente: "Ya en esa época", dice al momento en que concibió *El laberinto de la soledad*, "pensaba lo que pienso ahora: la historia es conocimiento que se sitúa entre la ciencia propiamente dicha y la poesía ... El historiador describe como el hombre de ciencia y tiene visiones como el poeta" (Paz, 1975b: 422). Esta consideración de carácter "mítico-poético" se desarrollará en una obra escrita por Paz seis años después de *El laberinto de la soledad*. Me refiero a *El arco y la lira* (1956) en la que se ha insistido en localizar algo así como la poética de Paz.[40] La composición y publicación de esta obra se localiza en la que algunos estudiosos han caracterizado como la "segunda etapa creativa" de la obra de Paz que se inició hacia 1943, momento en el que deja México para ir a San Francisco y, posteriormente, a New York, y concluye en 1960, después de un largo periplo que lo lleva también a Francia, la India y Japón.[41] Es en este período que Paz se acerca con

---

[39] Sobre estos pensadores y, en general, sobre el *Collège de Sociologie*, véase: Hollier, 1979 y Moebius, 2006.

[40] Este libro se remonta a una serie de conferencias que Paz impartiera sobre san Juan de la Cruz en 1942 en el marco de un encuentro con motivo del IV Centenario del nacimiento del místico español. Esas reflexiones fueron publicadas posteriormente con el título "Poesía de soledad y Poesía de comunión" (1943) en el número 5 de la revista *El hijo pródigo*. *El arco y la lira* es el resultado de la maduración de estas reflexiones, según anota Paz en la *Advertencia* a la primera edición de esta obra (Paz, 1956: 7). Sobre las modificaciones entre la primera y segunda ediciones de esta obra (1956 y 1967, respectivamente), véase: Rodríguez Monegal, 1971.

[41] A esta doble vertiente de influencia poética se añade el inicio de un diálogo con Oriente, especialmente con las culturas de Japón, China y la India (un diálogo que aparece refractado tanto en el cristal de México —a través de la poesía de Tablada— como en el de Occidente —más específicamente el del *modernism* angloamericano y, más precisamente, de las traducciones y la poesía de Ezra Pound y su relación con Ernest Fenollosa). Una de las primeras expresiones del resultado de este diálogo con "Oriente" es el poema *Piedras sueltas* (1955). Con respecto a Japón, puede verse: "Tres momentos de la literatura japonesa" (1954), publicado posteriormente en *Las peras del olmo* (1957) y "La tradición del Haikú" (1970), aparecido en *El signo y el garabato* (1973). Llama la atención el modo en el que, en el primero de estos ensayos, al referirse al budismo Hinayana y Mahayana, Paz aborda el problema del carácter ilusorio e irreal del yo y, de ese modo, el de la desaparición del yo poético, un problema planteado también por la poesía

mayor detalle tanto a la vanguardia anglosajona —esto es a lo que en inglés se denomina el *modernism*, especialmente a T.S. Eliot— como a la francesa —especialmente al simbolismo y, sobre todo, al surrealismo (cfr., Ulacia, 1999: 97).[42]

Es de esta obra que pasaré a ocuparme ahora centrándome especialmente en la manera en que se plantean en ella a) las relaciones entre la poesía, el mito y la religión a partir de la experiencia de la otredad, b) la comprensión de la poesía, la historia y la política en la modernidad y, finalmente, c) la derrota de la revolución, el fracaso de la reconciliación entre la razón y la historia y el retorno de la palabra poética.

a. Poesía, mito y religión: la experiencia de la otredad

De acuerdo a Paz la experiencia religiosa, la mítica y la poética tienen un origen común. Sus expresiones históricas —poemas, mitos, oraciones, exorcismos, himnos, representaciones teatrales, ritos, etc.— son a veces indistinguibles. Se trata de experiencias que remiten al orden de lo *sagrado* (cfr., Paz, 1956: 117). En la escultura azteca lo mismo que en la poesía de Baudelaire, lo sagrado se expresa con una mezcla de horror y fascinación (cfr., Paz, 1956: 130 y ss.): "Ante los dioses y sus imágenes sentimos simultáneamente asco y apetito, terror y amor, repulsión y fascinación" (Paz, 1956: 125). Este horror sagrado brota de la extrañeza radical, de la

---

moderna de la vanguardia europea al que habré de volver más tarde en el apartado IV de este trabajo.

No obstante, será posteriormente que esta influencia de Oriente comience a cobrar un papel central en el pensamiento de Paz: en un juego de "conjunciones y disyunciones", la mirada desde el Oriente permite aclarar la mirada tanto sobre Occidente como sobre las culturas mesoamericanas y sobre la cultura mexicana (cfr., Ulacia, 1999: 98 y ss. y 165 y ss.). Sobre la diferenciada mirada de Paz hacia Japón, China e India, véase: Botton, 2011.

[42] Cfr., Paz, 1974: 436 y ss. El impacto del surrealismo sobre Paz fue decisivo, especialmente a partir del viaje que hizo a París en 1945 como parte de sus actividades profesionales en el servicio diplomático mexicano. A su llegada a París, Paz se aproximó al grupo de artistas reunidos en torno a André Breton y Benjamin Péret. Es también durante esa estancia en París que se relaciona con René Char, Henri Michaux, Émile Cioran, Kostas Pappaionnou y Cornelius Castoriadis entre otros (cfr., Ulacia, 1999: 118 y ss.).

experiencia de soledad, de desarraigo, de estar arrojado a un mundo extraño, del sentimiento de orfandad:

> El hombre ha sido arrojado, echado al mundo. Y a lo largo de nuestra existencia se repite la situación del recién nacido: cada minuto nos echa al mundo; cada minuto nos engendra desnudos y sin amparo; lo desconocido y ajeno nos rodea por todas partes (Paz, 1956: 144).

Esta es la situación humana original, "el estar ahí", dirá Paz recordando a Heidegger, "el sabernos arrojados en ese ahí que es el mundo -hostil e indiferente- y [ ]el hecho que la hace precaria entre todos: su temporalidad, su finitud" (Paz, 1956: 147). Gracias a la experiencia de lo sagrado el hombre logra entenderse como *contingencia* y *finitud* (cfr., Paz, 1956: 144). Así considerado, lo sagrado no puede ser reducido ni a razones ni a conceptos. "Cuando queremos expresarlo no tenemos más remedio que acudir a imágenes y a paradojas. El Nirvana del Budismo y la Nada del místico cristiano son nociones negativas y positivas al mismo tiempo, verdaderos 'ideogramas numinosos de lo Otro' " (Paz, 1956: 140). La experiencia de lo sagrado es, pues, a la vez, la experiencia de la *otredad*. La experiencia de lo sagrado implica un salto, un tránsito por el que aquél que la realiza deviene *otro* (cfr., Paz, 1956: 122). La experiencia de lo sagrado es así una experiencia de anulación del orden establecido de identidades, sea del mundo objetivo, sea del sujeto:

> Esto que está frente a nosotros —árbol, montaña, imagen de piedra o de madera, yo mismo que me contemplo— no es una presencia natural. Es otro. Está habitado por lo Otro. La experiencia de lo sobrenatural es experiencia de lo Otro (Paz, 1956: 129).

Este precipitarse hacia lo Otro es a la vez, dirá Paz, una tentativa por restablecer la unidad original de la que fuimos arrancados: "Cesa la dualidad, estamos en la otra orilla. Hemos dado el salto mortal. Nos hemos reconciliado con nosotros mismos" (Paz, 1956: 133). Los estados de extrañeza y reconocimiento, de repulsión y fascinación, de separación y reunión con lo Otro son también estados de soledad y comunión con nosotros mismos (cfr., Paz, 1956: 134). Lo sagrado, al igual que el amor y la poesía remiten así a una y la misma fuente: a estas tres experiencias subyace la nostalgia por un estado anterior de unidad originaria de que hemos sido arrancados. Nostalgia de vida anterior y presentimiento de vida futura que, sin embargo, son aquí y ahora, en el instante (Paz, 1956: 136). Esa nostalgia es a la vez presentimiento, continuo proyectarse hacia algo que no se es, hacia lo *Otro*, sea en la forma del *deseo* (Freud), de la *temporalidad* (Heidegger) o de la *otredad* (Machado) (cfr., Paz, 1956: 136). Es esto lo que se expresa, de acuerdo a Paz, en la palabra poética. Solamente ella revela la condición paradójica del hombre, su otredad:

> En suma, la experiencia religiosa y la poética tienen un origen común; sus expresiones históricas —poemas, mitos, oraciones, exorcismos, himnos, representaciones teatrales, ritos, etc.— son a veces indistinguibles; las dos, en fin, son experiencias de nuestra "otredad" constitutiva. Pero la religión interpreta, canaliza y sistematiza la inspiración dentro de una teología, al mismo tiempo que las iglesias confiscan sus productos. La poesía nos abre la posibilidad de ser que entraña todo nacer; recrea al hombre y lo hace asumir su condición verdadera, que no es la disyuntiva: vida o muerte, sino una totalidad: vida y muerte en un solo instante de incandescencia (Paz, 1956: 156).

Es por medio de la poesía que se revela y a la vez se suprime la *otredad* constitutiva de la existencia humana, se reconcilian la vida y la muerte o, como dice Paz citando a Breton, es gracias a la palabra poética que "la vida y la muerte, lo real y lo imaginario, lo pasado y lo futuro, lo comunicable y lo incomunicable, lo alto y lo bajo cesan de ser percibidos contradictoriamente", todo ello en el instante del aquí y ahora (cfr., Paz, 1956: 155).

La experiencia constitutiva de la otredad aparece así, una y otra vez, en la historia, en la sociedad y en la experiencia humana. Es a través del arte —especialmente, de acuerdo a Paz, de la poesía— o de la religión que se hace frente a esa otredad y se le supera. Otras formas de esta confrontación con —y eventual superación de— la otredad serían, además de la ya mencionada de la poesía, la experiencia mítica o la del erotismo. Es a partir de estas reflexiones que se delinea una suerte de poética que se encuentra a la base de la creación literaria del propio Paz. Vale señalar a este respecto el caso de *Piedra de sol* (1957) donde estas ideas aparecen desplegadas temática y formalmente en el cuerpo mismo de un poema. El título del poema alude, como se sabe, al calendario azteca y en él se describe un ciclo cerrado de 584 versos endecasílabos cuyos primeros seis versos aparecen nuevamente al final cerrando con ello un círculo.[43] El número de estos 584 versos corresponde a la duración de 584 días de la revolución sinódica del planeta Venus que se conoce tanto como estrella de la mañana (*Phosphorus*), al igual que como estrella de la tarde (*Hésperus*). Asociado a la luna, la humedad, a la muerte y a la resurrección de la naturaleza, el planeta Venus se enlaza a una serie de imágenes y fuerzas ambivalentes. En él —y en el poema de Paz— se expresa así la dualidad del universo en el agua y el fuego, en la vida y la muerte, en el tiempo y la eternidad. A esta simbología se aúna otra de proveniencia azteca que ve en este planeta el símbolo no sólo de la dualidad del universo sino también la encarnación del dios Quetzalcóatl en cuya figura se multiplican las dualidades: el cielo y la tierra, el mundo subterráneo y el mundo celeste, etc., en quien se concentran las dos vertientes de la vida.[44] El tema, como lo han señalado entre otros Guillermo Sucre, es así el del movimiento que se despliega en una constante oposición en el horizonte de un tiempo circular que retorna sobre sí mismo y se expresa como instante pleno, entre "la fijeza y el vértigo".[45] En el poema aparece, en el propio despliegue del acto de su escritura, un otro, un *tú* —en este caso, una presencia femenina a quien se dirige la voz que habla en *Piedra de sol*. Es en ese momento de revelación del otro que se rescata el instante de la sucesión temporal y, con él, el redescubrimiento de y el asombro ante la propia existencia:

> *nuestra unidad perdida, el desamparo*
> *que es ser hombres, la gloria que es ser hombres*
> *y compartir el pan, el sol, la muerte,*
> *el olvidado asombro de estar vivos*

Y, más adelante:

> *-¿la vida, cuándo fue de veras nuestra?,*

---

[43] Véase a este respecto y para lo que a continuación sigue, la nota que aparece al final de la primera edición de *Piedra de sol*. Esta nota desapareció de las ediciones posteriores y reapareció de nuevo en Octavio Paz, *Poemas (1939-1975)*, en: Paz, 1979: 259-278. Ver también: Pacheco, 1971 —a quien sigo en este punto—, Gimferrer, 1982 y, más recientemente: Mendiola, 2011.

[44] Véase a este respecto, por ejemplo: Séjourné, 1962.

[45] Cfr., Sucre, 1971: 56 y ss.

¿cuándo somos de veras lo que somos?,
bien mirado no somos, nunca somos
a solas sino vértigo y vacío,
muecas en el espejo, horror y vómito,
nunca la vida es nuestra, es de los otros,
la vida no es de nadie, todos somos
la vida –pan de sol para los otros,
los otros dos que nosotros somos-,
soy otro cuando soy, los actos míos
son más míos si son también de todos,
para que pueda ser he de ser otro,
salir de mí, buscarme entre los otros,
los otros que no son si yo no existo,
los otros que me dan plena existencia

La poesía, la experiencia mística y el erotismo, al igual que la sociedad y la propia historia aparecen así en el marco de una oposición entre identidad y otredad, entre soledad y comunión, en cuyo origen se encuentra la radical experiencia de alteridad que jamás podrá ser salvada por completo.[46]

b. Poesía, historia y política en el horizonte de la modernidad

La comprensión de la poesía esbozada en el apartado anterior se inscribe en un diagnóstico de la modernidad, específicamente de la modernidad en el ámbito de la estética, sin el cual el pensamiento de Paz no puede ser cabalmente comprendido. Esta comprensión y diagnóstico de la modernidad aparecen expuestos en forma clara por lo menos ya desde *El arco y la lira*. Una idea central que recorre esta reflexión es la de que en el mundo, tras el ocaso del mito, el declive de la experiencia de lo sagrado y, en general, tras el despliegue del proceso de secularización, la experiencia de la otredad parece haber sido confinada al ámbito del arte y, más específicamente, al de la poesía. En efecto, la *modernidad* se inició, según Paz, con el

---

[46] Por lo que se refiere al modo en que esta experiencia de la otredad ha sido tematizada en la filosofía continental del siglo XX pueden verse, por ejemplo: Theunissen, 1965; Descombes, 1979 y Waldenfels 1990, 2006 y 2014.

51

Renacimiento y se consumó con la Revolución francesa.[47] En el curso de ella se consagraron al espíritu laico y a la razón crítica como figuras fundamentales. Se trata, para decirlo con Balzac según lo señala Paz, de la época de *las ilusiones perdidas* en la que la razón y el aire de la historia han acabado por disolver todo fundamento sólido, erigiendo acaso nuevos fantasmas —la nación, la técnica, la conversión de la naturaleza en un complejo de relaciones causales susceptibles de ser expresadas cuantitativamente, etc.— que se han revelado finalmente tan o incluso más opresivos que los poderes mítico-religiosos que ellos buscaran exorcizar (cfr., Paz, 1956: 221-222).[48] Es aquí que puede localizarse, de acuerdo a Paz, la tensión entre poesía y modernidad: "La poesía se proclama como un principio rival del espíritu crítico y como el único que puede sustituir los antiguos principios sagrados" (Paz, 1956: 235). Muertas las antiguas deidades, la poesía no tiene más nada que cantar excepto su propio ser.[49] Ahora, sin embargo, "la poesía no encarnará ya en la palabra

---

[47] Vuelvo con más detalle al tema de la modernidad en Octavio Paz en el apartado siguiente.

[48] Esta comprensión mantiene una gran proximidad con los análisis ofrecidos tanto por Heidegger (cfr., Heidegger, 1938) como por Adorno y Horkheimer (cfr., Adorno/Horkheimer, 1944). Sobre los paralelos entre Paz y Adorno, véase: Söllner, 2005.

[49] Cabe señalar a este respecto la relación que, de acuerdo a Paz, mantiene la poesía con la novela en el horizonte de la modernidad y la forma en que, según él, ésta se habría impuesto sobre aquélla en el siglo XX. En efecto, retomando una idea avanzada por Jakob Burckhardt, Paz caracterizará a la novela como la épica de la sociedad moderna. En este género ambiguo en el que se encuentran ocasionalmente la confesión y la autobiografía lo mismo que la épica y el ensayo filosófico no se procede, apunta Paz, como en el reporte científico ni tampoco exactamente como en la narración que realiza un historiador. Aunque, al igual que el historiador, él también relata un suceso, el novelista revive un instante, recrea un mundo sirviéndose del ritmo del lenguaje y de las virtudes transmutadoras de la imagen. "Su obra entera es una imagen. Así, por una parte, imagina, poetiza; por la otra describe lugares, hechos y almas. Colinda con la poesía y con la historia, con la imagen y la geografía, el mito y la psicología" (Paz, 1956: 72). La novela oscila permanentemente entre la prosa y la poesía, el concepto y el mito: "Ambigüedad e impureza le vienen de ser el género épico de una sociedad fundada en el análisis y la razón, esto es, en la prosa" (Paz, 1956: 225). Para Paz, la oposición entre el mundo de la novela moderna y el mundo de la poesía antigua puede observarse en la diferencia entre Dante y Balzac. La *Divina comedia* es un canto a la creación;

sino en la vida. La palabra poética no consagrará a la historia, sino que será historia, vida" (Paz, 1956: 231). Esta tentativa ya había sido avanzada, como Paz mismo lo recuerda, por el romanticismo —o, cabría señalar con mayor precisión, el *Frühromantik*— alemán (Hölderlin, Novalis y Schlegel),[50] por los poetas visionarios del

---

La comédie humaine por su parte es más bien una descripción, un análisis, la historia de una clase en ascenso, de sus crímenes y pasiones que participa de la enciclopedia y la epopeya, de la creación mítica y de la patología, de la crónica y del ensayo histórico, de la investigación científica lo mismo que de la crítica y la utopía. La sociedad se ve a sí misma en sus creaciones literarias en prosa y, alternativamente, se diviniza y se examina, se canta, pero también se juzga y se condena, como lo muestra la tradición novelística francesa desde Laclos hasta Proust (cfr., Paz, 1956: 229). A lo largo del siglo XX, sin embargo, se advierte en la novelística un fenómeno que no cesa de llamar la atención a Paz y que, en su opinión, remite en último análisis a la crisis de la modernidad: se trata de la introducción de la poesía en la novela. Esta tendencia se observa, según Paz, en Joyce, en Proust y en Kafka, lo mismo que en Faulkner y Jünger. Tendencias análogas pueden observarse, por otra parte, en el teatro de autores como Strindberg e Ibsen (cfr., Paz, 1956: 229). Ello le permite concluir que "la lucha entre prosa y poesía, consagración y análisis, canto y crítica, latente desde el nacimiento de la sociedad moderna, se resuelve por el triunfo de la poesía" (Paz, 1956: 231). Este triunfo de la poesía marca, a su vez, la extinción de la sociedad *moderna* (cfr., Paz, 1956: 231). La introducción de la poesía en la novela puede ser referida así a las formas de experimentación, complejidad y reflexión en la narración que aparecen en los autores europeos anteriormente mencionados y que se encuentran también en la literatura mexicana de la época en que Paz escribe *El arco y la lira*. Pienso en obras como las de Juan Rulfo –*El llano en llamas* había aparecido en 1953 y *Pedro Páramo* lo hará en 1958, o en *La muerte de Artemio Cruz* (1962) de Carlos Fuentes.

[50] Se trata aquí de una serie de motivos que remiten a Herder y al *Frühromantik* alemán. En el caso de Hölderlin, Paz se refiere específicamente al *Hyperion* donde se presenta a la poesía como el punto de enlace entre el amor hacia Diotima y el amor a la libertad que permite el establecimiento de una comunidad de hombres libres y en donde la palabra poética se revele como "mediación entre lo sagrado y los hombres y así [como] verdadero fundamento de la comunidad. Poesía e historia, lenguaje y sociedad, la poesía como punto de intersección entre el poder divino y la libertad humana; el poeta como guardián de la palabra que nos preserva del caos original: todas estas oposiciones anticipan los temas centrales de la poesía moderna" (Paz, 1974: 368).

romanticismo inglés (Blake, Shelley), por la poesía francesa en la línea que va de Baudelaire a Claudel y Valéry pasando por Verlaine, Rimbaud, Laforgue y Mallarmé, y, finalmente, por el surrealismo francés. En todos ellos se trata de propiciar la fusión de la poesía con la historia, la conversión de la sociedad "en comunidad poética y, más precisamente, en poema viviente" (Paz, 1956: 240) donde el poeta sea la voz de una sociedad sin monarca (Shelley) y la poesía la religión natural de la humanidad (Novalis). En estas tentativas se expresa entonces no solamente una revitalización del *mythos* frente al *logos*, sino la intervención directa de aquél en la vida y su fusión con la historia.[51] En sus variantes extremas Paz advierte un esfuerzo de

---

Así, por ejemplo, en sus seis *Hymnen an die Nacht* (1800) escritos tanto en prosa rítmica como en verso, Novalis buscó enlazar esferas opuestas como el día y la noche, la luz y la oscuridad, la vida y la muerte, la erótica y la mística, al sujeto y al objeto, al individuo y la comunidad, a la mitología pagana y a los mitos del cristianismo. En esa potenciación cualitativa que enlazaría de nuevo a los opuestos, la poesía tendría que asumir una función reunificadora frente a las escisiones y desgarramientos producidos en el mundo moderno. El "romanticismo" alemán fue para Paz, en suma, "la primera y más osada de las revoluciones poéticas, la primera que explora los dominios subterráneos del sueño, el pensamiento inconsciente y el erotismo; la primera, asimismo, que hace de la nostalgia del pasado una estética y una política" (Paz, 1974: 368).

[51] Aquí reaparecen, por supuesto, motivos que habían sido elaborados en el marco de las discusiones en torno a la "nueva mitología" en Alemania desde Herder hasta el *Frühromantik* pasando por Schiller y Goethe (cfr., Frank, 1982 y 1988). En efecto, ya Herder se había preocupado por defender la legitimidad de la utilización de imágenes míticas en la literatura moderna (cfr., *Briefe Über die Neuere deutsche Literatur*, 1767). En virtud de ello la "ficción" y la "imaginación estética" podrían afirmar su derecho frente a las pretensiones de la razón de la Ilustración. Para Herder, sin embargo, era claro que la antigua mitología se encontraba enraizada y podía ser comprendida solamente en el horizonte del mundo de la vida de la antigüedad griega. Sin embargo, aunque no era posible su imitación sí lo era su adaptación al presente en la forma de una "nueva mitología" que actualizara el mito en las condiciones creadas por la modernidad –que, en su caso, conduciría a la exigencia de una renovación poética de la mitología bajo el espíritu de los mitos nórdicos, según se anota en el ensayo *Iduna* aparecido en 1796 en la revista *Horen* editada por Schiller. Posteriormente, en su *Rede über die Mythologie* (1800), Friedrich Schlegel asignaría a los poetas la tarea de potenciar y desplegar esa "nueva mitología" en el plano de la sociedad y la

reconciliación del poema y el acto en el horizonte de una suerte de alianza entre la *poesía* y la *revolución* en la manera en que ésta se delineara ya en el romanticismo alemán o en el surrealismo francés. Este último en particular constituye para Paz la tentativa más radical, "más lúcida y ambiciosa" por reunir a la poesía con la historia, por transformar la vida en poesía y operar así una revolución decisiva en los espíritus, las costumbres y la vida social, por hacer poética la vida y la sociedad, como lo había demandado ya Schlegel quien se proponía alcanzar la "fusión entre poesía y vida" (cfr., Paz, 1956: 244 y Paz, 1974: 385). La revolución en el plano del arte y la revolución en el nivel de la política se enlazan así en forma indisoluble por lo menos desde el romanticismo alemán e inglés.[52] El modelo para la

---

historia. En estas reflexiones especialmente la poesía avanzaría hasta convertirse en "la primera y más suprema entre todas las artes y las ciencias", pues en ella podría representarse en imágenes accesibles en forma inmediata a la sensibilidad, lo que la filosofía y la ciencia podían hacer solamente a través de conceptos abstractos. Una propuesta de esta clase reaparecerá, ya en el siglo XX, tanto en la poética de Charles Baudelaire, Stéphane Mallarmé y Paul Valéry en Francia, como en la reflexión y quehacer literario y filosófico de Friedrich Nietzsche, Hugo von Hofmannsthal y Stefan George en Alemania. Sobre la vertiente francesa puede verse: Bénichou, 1995; sobre la segunda: Breuer, 1995 y Raulff, 2009.

[52] Es en este sentido que Paz atribuye una especial significación tanto al romanticismo alemán como al inglés:

> La preeminencia del romanticismo alemán e inglés no proviene sólo de su anterioridad cronológica sino, tanto como de su gran originalidad poética, de su penetración crítica. En ambas lenguas la creación poética se alía a la reflexión sobre la poesía con una intensidad y novedad que no tienen paralelo en otras literaturas europeas. Los textos críticos de los románticos ingleses y alemanes fueron verdaderos manifiestos revolucionarios e inauguraron una tradición que se prolonga hasta nuestros días. La conjunción entre la teoría y la práctica, la poesía y la poética, fue una manifestación más de la aspiración romántica hacia la fusión de los extremos: el arte y la vida, la antigüedad sin fechas y la historia contemporánea, la imaginación y la ironía (Paz, 1974: 386).

Fue el protestantismo el que imprimió este carácter al romanticismo en Inglaterra y Alemania al hacer posible —en oposición a la ritualización católico-romana propia al mundo latino— la interiorización de la experiencia religiosa y preparar así la interiorización de la experiencia poética. Ello

segunda es ofrecido por la Revolución francesa que se interpreta inicialmente a la luz de la posibilidad de una revolución de mayor alcance que debía alcanzar al hombre en todos sus planos: político, económico, moral y estético, según se lee ya en *Das älteste Systemprogramm des deutschen Idealismus* cuya autoría se atribuye por igual a Hegel, Schelling y Hölderlin:

> *Zuletzt die Idee, die alle vereinigt, die Idee der Schönheit, das Wort in höherem platonischen Sinne genommen. Ich bin nun überzeugt, daß der höchste Akt der Vernunft, der, indem sie alle Ideen umfaßt, ein ästhetischer Akt ist und daß Wahrheit und Güte nur in der Schönheit verschwistert sind. Der Philosoph muß ebensoviel ästhetische Kraft besitzen als der Dichter. Die Menschen ohne ästhetischen Sinn sind unsere Buchstabenphilosophen. Die Philosophie des Geistes ist eine ästhetische Philosophie. Man kann in nichts geistreich sein, selbst über Geschichte kann man nicht geistreich raisonnieren – ohne ästhetischen Sinn ... Die Poesie bekommt dadurch eine höhere Würde, sie wird am Ende wieder, was sie am Anfang war –Lehrerin der Menschheit.*
> [Al final la idea que todo lo unifica, la idea de la belleza, tomada la palabra en el más alto sentido platónico. Estoy convencido de que el acto supremo de la razón, el cual, abarcando todas las ideas, es un acto estético y que la verdad y lo bueno están hermanados solamente en la belleza. El filósofo tiene que poseer tanta fuerza estética como el poeta. Los hombres sin sentido estético son nuestros filósofos de letra. La filosofía del espíritu es una filosofía estética ... la poesía obtiene mediante ello una dignidad más alta, se convierte finalmente otra vez en lo que ella era al inicio –maestra de la humanidad] (Hegel, 1796-1797: 234-237).

Esa misma pretensión por enlazar la revolución estético-poética con una revolución tanto política, como sobre todo humana, reaparece en Samuel Taylor Coleridge y su idea de una pantisocracia en la forma de una sociedad comunista, libre e igualitaria en la que se reuniera la inocencia de la edad patriarcal con el avance logrado por

---

prepararía el surgimiento del yo del poeta como realidad suprema (cfr., Paz, 1974: 387)

las sociedades modernas. En la poesía moderna se expresa así tanto el legado como, al mismo tiempo, la crítica de la modernidad:

> Crítica de la crítica y sus construcciones, la poesía moderna, desde los prerrománticos, busca fundarse en un principio anterior a la modernidad y antagónico a ella. Ese principio, impermeable al cambio y a la sucesión, es el comienzo del comienzo de Rousseau, pero también es el Adán de William Blake, el sueño de Jean Paul, la analogía de Novalis, la infancia de Wordsworth, la imaginación de Coleridge. Cualquiera que sea su nombre ese principio es la negación de la modernidad. La poesía moderna afirma que es la voz de un principio anterior a la historia; la revelación de una palabra original de fundación. La poesía es el lenguaje original de la sociedad —pasión y sensibilidad— y por eso mismo es el verdadero lenguaje de todas las revelaciones y revoluciones. Ese principio es social, revolucionario: regreso al pacto del comienzo, antes de la desigualdad; ese principio es individual y atañe a cada hombre y a cada mujer: reconquista de la inocencia original. Doble oposición, a la modernidad y al cristianismo, que es una confirmación tanto del tiempo histórico de la modernidad (revolución) como del tiempo mítico del cristianismo (inocencia original). En un extremo, el tema de la instauración de otra sociedad es un tema revolucionario que inserta el tiempo del principio en el futuro; en el otro extremo, el tema de la instauración de la inocencia original es un tema religioso que inserta al futuro cristiano en un pasado anterior a la Caída. La historia de la poesía moderna es la historia de las oscilaciones entre estos dos extremos: la tentación revolucionaria y la tentación religiosa (Paz, 1974: 362).[53]

Es en el contexto de esta tentación *revolucionaria* que conduce a la poesía moderna en dirección de la *política,* la *sociedad* y la *historia* que puede explicarse el fervor inicial tanto de Hegel, Schelling, Hölderlin, Novalis y Schlegel, como de William Wordsworth por la Revolución francesa, interpretada acaso como el inicio de una revolución total de la humanidad que colocara de nuevo al arte y a la poesía en su papel de conductores de la sociedad (cfr., Paz, 1974: 369 y ss.). Una tentativa análoga vuelve a aparecer en el

---

[53] Ver a este respecto lo señalado en las notas 36 y 108 de este trabajo.

siglo XX ahora con el surrealismo. En efecto, el surrealismo pretendía entre otras cosas convertir a la poesía en bien común y, de esa forma, disolver las fronteras entre poesía y vida, pues "ahí donde la poesía está al alcance de todos, son superfluos los poemas y los cuadros. Todos los podemos hacer. Y más: todos podemos ser poemas. Vivir en poesía es ser poemas, ser imágenes. La socialización de la inspiración conduce a la desaparición de las obras poéticas, disueltas en la vida" (Paz, 1956: 246). Se trata, pues, no tanto de la creación de poemas como de la transformación de los hombres y de la sociedad en su conjunto en poemas vivientes (Paz, 1956: 246). Después de la Segunda Guerra Mundial se advirtió sin embargo, según Paz, el fracaso de la tentativa surrealista:

> La poesía no ha encarnado en la historia, la experiencia poética es un estado de excepción y el único camino que le queda al poeta es el antiguo de la creación de poemas, cuadros y novelas (Paz, 1956: 250).

c. El fracaso de la reconciliación entre razón e historia: poesía, política, revolución… poesía

Este fracaso puede ser comprendido cabalmente sólo si se considera a la revolución poética del surrealismo en su relación con la que sería el correspondiente de la Revolución francesa ya en el siglo XX: la revolución soviética. Una y otra —y ésta parece ser una experiencia común tanto a las vertientes del arte del siglo XIX como a las de la vanguardia ya del XX que interesan a Paz— han conducido al terror y a regímenes autoritarios que han aplastado con sangre las expectativas libertarias que habían logrado inicialmente convocar:

> Ver el conflicto entre los primeros románticos y la Revolución francesa como un episodio de la lucha entre autoritarismo y libertad no es del todo falso, pero tampoco es enteramente cierto. No, la explicación es otra. En circunstancias históricas distintas, el fenómeno se manifiesta una y otra vez, primero a lo largo del siglo XIX y después, con mayor intensidad, en lo que va del que corre. Apenas si vale la pena recordar los casos de Esenin, Madelstam, Pasternak y tantos otros poetas, artistas y escritores rusos; las polémicas de los surrealistas con la Tercera Internacional; la amargura de César Vallejo, dividido entre su

fidelidad a la poesía y su fidelidad al Partido Comunista, las querellas en torno al "realismo socialista" y todo lo que ha seguido después. La poesía moderna ha sido y es una pasión revolucionaria, pero esa pasión ha sido desdichada. Afinidad y ruptura: no han sido los filósofos, sino los revolucionarios, los que han expulsado a los poetas de su república. La razón de su ruptura ha sido la misma que la de la afinidad: revolución y poesía son tentativas por destruir este tiempo de ahora, el tiempo de la historia que es el de la historia de la desigualdad, para instaurar *otro tiempo*. Pero el tiempo de la poesía no es el de la revolución, el tiempo fechado de la razón crítica, el futuro de las utopías: es el tiempo de antes del tiempo, el de la "vida anterior" que reaparece en la morada del niño, el tiempo sin fechas (Paz, 1974: 370-371).

El romanticismo se enlaza así con las vanguardias artísticas del siglo XX. Uno y otras se hallan animados por una tentativa en contra de la razón, sus construcciones, ordenamientos y valores; en uno y en otras se reivindica al cuerpo, a sus pasiones y visiones —sea en la forma del sueño o del erotismo—; uno y otras se encuentran envueltos con la política y la historia que los fascina y, al mismo tiempo, los desgarra: en el caso del romanticismo ello se expresa en su relación con la Revolución francesa, el Terror jacobino y el Imperio de Napoleón; en el caso de las vanguardias, ello puede ser observado en su actitud ante la revolución soviética y el terror estalinista (cfr., Paz, 1974: 423 y ss.).

Es en el horizonte de este desencuentro entre la revolución poética y la revolución política que Paz comprende el fracaso del marxismo,[54] la última tentativa por reconciliar a la razón y a la

___

[54] No es posible, por razones de espacio, entrar en el marco de este trabajo en la complicada —y, para su pensamiento, central— relación de Paz con el marxismo. Baste señalar el profundo impacto que ejerció sobre su pensamiento el debate en torno a los campos de concentración en la ahora extinta Unión Soviética a raíz de las denuncias hechas por David Rousset —autor de *L'Univers concentrationnaire* (1946) donde trataba su propia experiencia como prisionero en el campo de concentración de Buchenwald— sobre la existencia de campos de concentración soviéticos. Paz escribió una nota sobre Rousset en el número 197 de la revista argentina *Sur* aparecida en marzo de 1951 que fue recogida posteriormente en *El ogro filantrópico* (1979) y en el volumen 9 de sus *Obras Completas* (cfr., Paz, 1951b: 167-

170). Cuatro décadas más tarde, en *Itinerario* (1993), Paz se referirá al efecto que tuvo la denuncia de Rousset en la intelectualidad francesa de izquierda, especialmente en la revista *Temps modernes* fundada por Jean-Paul Sartre, Maurice Merleau-Ponty y Simone de Beauvoir en octubre de 1945 y publicada bajo los auspicios de la prestigiosa editora Gallimard. Especialmente Sartre y Merleau-Ponty acusaron a Rousset de haber caído en la trampa del antisovietismo mientras que *Les lettres françaises*, la revista literaria próxima al Partido Comunista Francés y en la que colaboraba Louis Aragon, procedió incluso judicialmente —aunque sin éxito— en contra de Rousset. La polémica iniciada por el *affaire* Rousset, recuerda Paz, tuvo un efecto también en el mundo intelectual iberoamericano: el silencio y la complicidad con el estalinismo defendido por poetas de la talla de Pablo Neruda.

Años más tarde, al inicio de la década de los setentas, el encarcelamiento en Cuba y posterior retractación del poeta Heberto Padilla produjeron un cisma de grandes repercusiones —esta vez dentro de la intelectualidad latinoamericana y su relación con la Revolución cubana. Paz publicó un pequeño texto a propósito del "caso Padilla" que apareció inicialmente en la revista *Siempre!* en junio de 1971 y fue recogido posteriormente también en *El ogro filantrópico* y en el volumen 9 de sus *Obras Completas* (cfr., Paz, 1971: 171-172). Ahí señala lo siguiente:

> Todo esto [Paz se refiere al caso Padilla en su conjunto y al modo en que fue obligado a retractarse públicamente de sus críticas a Cuba] sería únicamente grotesco si no fuese un síntoma más de que en Cuba ya está en marcha el fatal proceso que convierte al partido revolucionario en casta burocrática y al dirigente en césar. Un proceso universal y que nos hace ver con otros ojos la historia del siglo XX. Nuestro tiempo es el de la peste autoritaria: si Marx hizo la crítica del capitalismo, a nosotros nos falta hacer la del Estado y las grandes burocracias contemporáneas, lo mismo las del Este que las del Oeste. Una crítica que los latinoamericanos deberíamos completar con otra de orden histórico y político: la crítica del gobierno de excepción por el hombre excepcional, es decir la crítica del caudillo, esa herencia hispanoárabe (Paz, 1971; 172).

Es en el espectro histórico y político abierto por estas dos experiencias centrales —la de Rousset en Europa y la de Padilla en Latinoamérica— que se gestaron la ruptura y crítica de Paz no sólo con relación al estalinismo, sino al marxismo en general al igual que su progresiva aproximación a un liberalismo cada vez más radical (ver a este respecto lo señalado en la siguiente nota al pie de este trabajo así como, en general, la segunda de las reflexiones que realizo en las *Consideraciones finales* de este ensayo). Por desgracia, Paz fue incapaz de establecer dentro de su crítica las diferenciaciones necesarias en el interior de la propia tradición marxista al

historia. La pérdida de la imagen del mundo, el despliegue de la técnica, la crisis de los significados, la uniformización del espacio, del tiempo y de los individuos, la aceleración del tiempo, por su parte, parecen haber anulado totalmente aquélla experiencia básica de la otredad que era característico, como ya se ha señalado, de la religión y del mito al igual que de la poesía. Esta experiencia de crisis alcanza también, por supuesto, al propio arte y a la poesía modernos. "[Vi]vimos el fin de la idea de arte moderno", anota Paz ya en *Los hijos del limo* (Paz, 1974: 463). Esta crisis es en realidad una crisis de la modernidad, de la concepción de la historia como un proceso lineal caracterizado por el progreso, la esperanza ante el futuro que se comprendía como el horizonte del despliegue de la libertad, el desarrollo de la ciencia y la dominación creciente de la naturaleza, ideas que, de acuerdo a Paz, aparecen tanto en las diversas formas de positivismo como en el pensamiento de Marx —especialmente en su

---

identificar sin más al marxismo con el leninismo y el estalinismo y dejar con ello de lado no sólo las propuestas marxistas que se desarrollaron críticamente con respecto al leninismo, al estalinismo y al decurso del socialismo en la Unión Soviética (pienso en este sentido en una tradición poliforme que abarcaría lo mismo a Rosa Luxemburg que a la llamada *Escuela de Frankfurt* y a las propuestas de grupos como *Socialisme ou Barbarie*), sino incluso la propia estratificación en el interior de la propia reflexión de Marx (me he referido a este punto en: Leyva, 2013). En el caso específico de México, Paz fue incapaz de ver cómo reflexiones como las de José Revueltas, Adolfo Sánchez Vázquez, Enrique González Rojo, Guillermo Rousset Banda, Adolfo Gilly o Bolívar Echeverría —entre otros— o incluso de pensadores dentro del antiguo Partido Comunista Mexicano y posterior Partido Socialista Unificado de México (pienso, por ejemplo, en Carlos Pereyra, Enrique Semo o Roger Bartra) se proponían repensar elementos centrales de la reflexión de Marx buscando enlazarla con el legado de la tradición democrática moderna y, por ello, con una crítica al "socialismo realmente existente" (cfr. a este respecto, por ejemplo, el artículo de Carlos Monsiváis "Octavio Paz y la izquierda", publicado en *Letras Libres* en abril de 1999: http://www. letraslibres.com/revista/convivio/octavio-paz-y la-izquierda. Consultado el 30 de octubre del 2013. Ver también: González Rojo, 1989). Su crítica al marxismo condujo a Paz, comprensiblemente, a referirse a Fidel Castro siempre como al "dictador Castro". Menos explicables, sin embargo, serían sus referencias a Augusto Pinochet como "el General Pinochet" (cfr., por ejemplo: Paz, 1990b: 471). Vuelvo a la posición de Paz con respecto a Marx en la siguiente nota a pie de página.

comprensión de la historia, en su análisis del capitalismo y en su esperanza en la revolución proletaria (cfr., Paz, 1974: 463 y ss.).[55]

---

[55] En este punto, la comprensión que Paz ofrece no tanto de Marx como del socialismo es, al menos en *Los hijos del limo,* un poco más diferenciada: "no se trata de renunciar al socialismo como *libre elección* ética y política, sino a la idea del socialismo como un *producto necesario* del proceso histórico" (Paz, 1974: 465). Es aquí que Paz parece detectar un primer problema en el pensamiento de Marx cuya concepción de la historia se localiza en una vertiente de corte más bien positivista imbuida además de un sesgo darwinista. Vinculado a éste, un segundo problema tiene que ver con una suerte de falsación histórica de los pronósticos y convicciones expresados por el propio Marx en torno al carácter y sentido de la revolución proletaria que, como se mostró a lo largo del siglo XX, ni tuvieron lugar en los países capitalistas económicamente más desarrollados —esto es, en los de Europa central o en los Estados Unidos de Norteamérica— ni tampoco condujeron a una radicalización de la democracia "formal" del "Estado burgués". Más bien, anota Paz, la "ideología marxista" fue el soporte de la resurrección nacional y de la modernización industrial de Rusia y China así como de otros países atrasados de la periferia de Europa, así como de Asia y de Cuba en América Latina y terminó por convertirse en fuente de legitimación de dictaduras burocráticas de nuevo cuño. Finalmente, en tercer lugar, los grandes ejes de conflictos y luchas políticas y sociales –escribe Paz ya a mediados de los setenta— parecen haberse desplazado desde el ámbito de la producción y de la contradicción capital/trabajo hacia el plano de la cultura —y en este punto Paz sigue el análisis de la llamada "sociedad postindustrial" avanzado por Daniel Bell en su obra de 1973 (cfr., Bell, 1973). Es en este sentido que Paz comprende los movimientos estudiantiles, contraculturales y feministas así como los de las minorías étnicas (básicamente piensa en los movimientos de los chicanos y afroamericanos en Estados Unidos) y sexuales de los años sesenta (cfr., Paz, 1974: 464 y ss.). Llama la atención en este sentido la penetrante mirada de quien escribe lo siguiente a principios de los años setenta:

> En el caso de las rebeliones de las minorías étnicas y culturales, las reivindicaciones de orden económico no son las únicas ni, muchas veces, las centrales. Negros y chicanos pelean por el reconocimiento de su identidad. Otro tanto ocurre con los movimientos de liberación de las mujeres y con los de las minorías sexuales: no se trata de la edificación de la ciudad futura sino de la emergencia, dentro de la sociedad contemporánea, de grupos que buscan su identidad o que pelean por su reconocimiento.
>
> ...La disolución de las clases [por la que luchaba el marxismo] significaba la universalización de los hombres. Los movimientos

El fracaso final de esta tentativa por enlazar a la poesía con la sociedad y la historia, por superar la oposición entre el arte y la vida, será expresado en la "metaironía" (Paz) de Marcel Duchamp o de James Joyce. En el caso del primero —y aquí Paz se refiere particularmente a la última obra de Duchamp, un ensamblaje realizado entre 1946 y 1966 titulado *Étant Donnés: 1º. La chute d'eau; 2º. Le gaz d'éclairage* que se encuentra en el Museo de Filadelfia— la pintura lleva a una crítica doble: tanto a la del objeto representado como a la del ojo que lo mira;[56] en el caso del segundo, la literatura despliega una crítica del lenguaje que conduce a éste a la crítica del orden de las cosas representadas por él, a su exaltación y, al mismo tiempo, a su anulación y, de ese modo, a los confines del silencio en modo similar al de Rimbaud después de *Une saison en enfer*. En uno y otro caso las cosas se liberan de sus connotaciones temporales y los signos de sus significados para poner en marcha un juego de relaciones móviles en donde cada signo remite en sus relaciones y, a la vez, en su diferencia de otros (cfr., Paz, 1974: 429 y ss.). En ambos casos, afirma Paz, "la crítica se vuelve creación, como quería Mallarmé, una creación que consiste en el *renversement* de la modernidad con sus propias armas: la crítica, la ironía" (Paz, 1974: 429-430). Se delinea así la respuesta del propio Mallarmé: "el instante del poema es la intersección entre lo absoluto y lo relativo. Respuesta instantánea y que sin cesar se deshace: la oposición reaparece continuamente, ya como negación de lo absoluto por la contingencia, ya como di-

---

contemporáneos tienden a lo contrario: son afirmaciones de la particularidad de cada grupo y aun de las idiosincrasias sexuales. El marxismo prometió un futuro en el que se disolverían todas las clases y particularidades en una sociedad universal; hoy somos testigos de una lucha por el reconocimiento ahora mismo de la realidad concreta y particular de cada uno (Paz, 1974: 467).

Es en este sentido que quizá podría explicarse el desplazamiento que Paz —inspirado en este punto por el surrealismo de Breton— realiza desde Marx hacia el Fourier de la *Théorie des quatre mouvements et des destinées générales* (1818) y, de ese modo, hacia una armonía entre los seres humanos basada no tanto sobre el carácter férreo de leyes necesarias de la historia en dirección de una reconciliación universal entre los hombres, sino más bien sobre la atracción apasionada expresada en el deseo (cfr., Paz, 1974: 393-394).

[56] En torno a la mirada de Paz sobre Duchamp véase por supuesto su obra la *Apariencia desnuda. La obra de Marcel Duchamp* (1976).

solución de la contingencia en un absoluto que, a su turno, se dispersa. La no-solución que es una solución, por la misma lógica de la meta-ironía, no es una solución" (Paz, 1974: 431).

Por otra parte, es el contexto de su tentación ya no revolucionaria sino más bien *religiosa* que la poesía moderna se afana por penetrar —como en *Le Christ aux oliviers* [*Cristo en el monte de los Olivos*, 1854] de Nerval— el misterio de ese lugar —que acaso no sea sino un tiempo— de donde proviene quien "*donne l'âme aux enfants du limon* [da el alma a los hijos del limo]", de ese Dios ausente que se delinea tras el sacrificio de Cristo y que acaso, recuerda Paz, no sea sino una pluralidad de dioses ligados a un tiempo circular como lo viera ya Pessoa en *No túmulo de Christian Rosenkreutz* [*En la tumba de Cristian Rosenkreutz*] (cfr., Paz, 1974: 375). Sea en la forma de un "cristianismo sin Dios" o en la de un "paganismo cristiano", la tentación religiosa remite a la poesía moderna a una relación indisoluble con lo sagrado donde la muerte de Dios es el anverso de la experiencia de la radical contingencia y pluralidad, del tiempo de la sensibilidad y la imaginación, del tiempo original del mito opuesto al tiempo profano de la historia. La religiosidad de la poesía moderna no es así, en último análisis, sino una transgresión de toda religión (cfr., Paz, 1974: 376).

Podríamos decir entonces que, para Paz, la experiencia de la modernidad —y, con ella, la de la poesía— en el siglo XX puede ser caracterizada por una suerte de fracaso tanto del *mythos* como del *logos* por incidir en la vida y actualizarse en la historia. Ello expresa a su vez una suerte de clausura y liquidación de la experiencia de la otredad y de lo sagrado. La poesía no parece disponer por ello de otra alternativa que volverse sobre sí misma —en la línea que especialmente en Francia se había delineado con Baudelaire, Mallarmé y Valéry— para poder restituir en ella y por ella la experiencia de lo sagrado, de la alteridad. Es en este sentido que Paz llamará la atención sobre el hecho de que todas las empresas del arte moderno se dirigen en último término a restablecer el diálogo con esa mitad perdida del hombre, con esa "otra orilla", con esa alteridad constitutiva, sea ello a través de la poesía popular, o del sueño y del delirio, o de la vuelta al mito y del descenso a la noche, o de la fascinación por lo extraño y exótico, por lo primitivo, por lo simplemente otro:

Fantasma en una ciudad de piedra y dinero, desposeído de su existencia concreta e histórica, el poeta se cruza de brazos y vislumbra que todos hemos sido arrancados de algo y lanzados al vacío: a la historia, al tiempo (Paz, 1956:244).

La poesía en particular acogerá ahora al grito y al silencio, se fundirá nuevamente con la música y la danza, con el juego y con la fiesta. Ya no apuntará tanto a la destrucción del sentido sino, más bien, a su interminable búsqueda (cfr., Paz, 1956: 281-282), a la recuperación de la otredad, a la tentativa por reunir lo separado. "Poesía, momentánea reconciliación: ayer, hoy, mañana; aquí y allá; tú, yo, él, nosotros. Todo está presente: será presencia" (Paz, 1956: 284).

IV. La modernidad iberoamericana

Los libros, ensayos, artículos y reflexiones de Paz sobre arte y literatura y, en general, sobre la sociedad, la política y aun la historia, parecen conducir así a una pregunta clave, la de la *modernidad*. Esta pregunta se plantea inicialmente como una interrogación en torno a la modernidad de la literatura hispanoamericana y se localiza en último análisis en una reflexión de amplio alcance sobre la presencia de la modernidad y su significación en el ámbito de Hispanoamérica, problema al que ya nos habíamos referido al inicio de este trabajo:

> ¿Es moderna nuestra literatura? Esta pregunta —señala Paz— no me deja desde que comencé a escribir. En el curso de los años he intentado responderla: cada una de mis respuestas terminaba invariablemente por convertirse en otra interrogación. ¿Qué es la modernidad, cómo definirla, en qué consiste? ¿Cuáles son sus límites en el espacio, dónde está su centro de irradiación y hasta dónde llega su influencia? ¿Y sus límites cronológicos?... (Paz, 1991a: 19).

El análisis de Paz a este respecto no es quizá tan ambicioso, completo y sistemático como el ofrecido por pensadores como Max Weber, Martin Heidegger o Theodor W. Adorno.[57] Sin embargo, no por ello deja de esclarecer una serie de fenómenos, procesos y acontecimientos fundadores que han caracterizado a la historia de

---

[57] Me he referido a esto en Leyva, 2012.

Occidente en general y a la de Iberoamérica en particular en los últimos siglos. Así, en sus grandes obras posteriores a *El laberinto de la soledad* y *El arco y la lira* como *Los hijos del limo* (1974) o *Sor Juana Inés de la Cruz o las trampas de la fe* (1982), Paz parece considerar y analizar la modernidad especialmente a partir de una serie de rasgos que pertenecen ante todo a las esferas política, jurídica y, sobre todo, cultural o, más precisamente, estética: el primero de ellos es el surgimiento de un Estado centralizado en el que se debilitan las autonomías locales y las jurisdicciones especiales de diversos grupos particulares —es decir, la desaparición de los particularismos medievales y el surgimiento de un Estado-nación con una burocracia también nacional—; el segundo, es el de la igualdad de los hombres ante la ley (cfr., Paz, 1982a: 40). Un tercer rasgo parece estar dado por una cierta experiencia y comprensión del tiempo que concibe a éste como un tiempo sucesivo e irreversible, concepción que surge a partir de la crítica a la idea de la eternidad cristiana (cfr., Paz, 1974: 352). Esta nueva comprensión del tiempo que en opinión de Paz es propia de la modernidad occidental, supuso así una ruptura con la idea del tiempo circular propia del orden antiguo para inaugurar una concepción del tiempo sucesivo, lineal e irreversible que debía conducir a un orden social más justo y racional, a una nueva sociedad que podía ser alcanzada eventualmente a partir de una revolución. Ello implicaba una idea de progreso que privilegiaría ante todo una de las dimensiones temporales, a saber: la del futuro, la de un eje temporal de lo que aún-no-es ante el cual habría de sacrificarse el presente y movilizarse la energía proveniente del pasado (cfr., Paz, 1974: 356 y ss.).[58] Un cuarto rasgo de la modernidad parece ser para Paz el de una comprensión de la razón vinculada al despliegue y dominio de las grandes unidades supraindividuales, totalizadoras y homogeneizantes: sea la sociedad, la clase o la nación, al igual que el progreso o "el fin de la historia", todas ellas han sobrepuesto un manto ideal sobre la realidad real de los hombres concretos (cfr., Paz, 1974: 356). Finalmente, un quinto y último rasgo que destaca Paz como central de la modernidad occidental es el de la emergencia de la crítica. Como para Kant, la modernidad es para Paz, pues, la época de la crítica. Cabe subrayar a este respecto, sin embargo, que Paz no tiene en este punto como modelo tanto a la crítica filosófica o a la política tal y como ésta se

---

[58] Ver a este respecto lo ya señalado en las notas 36 y 108 de este trabajo. Vuelvo a este problema al final de este ensayo.

practica en Francia o en Alemania —pienso, por ejemplo, a la que se encuentra a la base del proyecto de la *Aufklärung* y que aparece expresada en forma clara sea en la obra de *les philosophes* (de Destutt de Tracy y Rousseau a Diderot y Voltaire) en Francia o en la de filósofos como el ya mencionado Kant en Alemania— sino, por un lado, a una idea de crítica inspirada más bien por la tradición anglosajona, especialmente en la vertiente que remite a Hume y, por el otro, a la crítica literario-poética tal y como la practicara, por ejemplo, Baudelaire (cfr., Paz, 1974: 358). En efecto, por lo que se refiere a la primera de estas vertientes, Paz se remite en ocasiones —pienso especialmente en *Los hijos del limo*— a un autor cuyo influjo sobre la obra crítica del poeta mexicano quizá no haya sido estudiado hasta ahora suficientemente, a saber: David Hume. En efecto, en los *Apéndices* a *Los hijos del limo*, Paz se refiere en forma elogiosa al modo en que, en sus *Dialogues concerning natural religion* (publicados póstumamente en 1779), Hume criticaba a la filosofía por haber colocado sobre los altares vacíos del cristianismo a otras divinidades no menos quiméricas que aparecían incluso en las filosofías que se comprendían a sí mismas como materialistas o como radicalmente ateas. De esta forma se reintroducía —acompañada por un mito, una Iglesia e incluso hasta una Inquisición— la religión recién expulsada por una razón empeñada en encontrar un propósito o un designio detrás de la multiplicidad de las acciones y aconte-cimientos humanos: fuera el de la realización del bien, de la libertad o de la justicia:

> No es difícil —sostiene Paz— deducir de la crítica de Hume esta consecuencia: el origen de la idea de la historia como progreso es religioso y la idea misma es pararreligiosa. Es el resultado de una doble y defectuosa inferencia: pensar que la naturaleza tiene un designio e identificar ese designio con la marcha de la sociedad y de la historia. Todas las religiones y pseudo religiones obedecen a este mismo razonamiento ... Si la historia posee realmente un sentido, el transcurrir se vuelve providencial, aunque el nombre de esa providencia cambie con los cambios de la sociedad y la cultura: unas veces se llama Dios, otras evolución, otras dialéctica de la historia (Paz, 1984: 481).

La crítica moderna se dirigiría entonces en contra de las máscaras secularizadas con las que se empeña en reaparecer una y otra vez la religión en el mundo posterior a la muerte de Dios: las grandes ideologías políticas empeñadas en legitimarse sobre la base de una concepción científica de la historia capaz de determinar la marcha de los acontecimientos en dirección a la realización de ideales futuros a través de un acontecimiento regenerador: la Revolución:

> Desde fines del siglo XVIII y señaladamente desde la Revolución francesa, la filosofía política revolucionaria confisca uno a uno los conceptos, valores e imágenes que tradicionalmente pertenecían a las religiones. Este proceso de apropiación se agudiza en el siglo XX, el siglo de las religiones políticas como los siglos XVI y XVII lo fueron de las guerras de religión. Desde hace doscientos años hemos vivido, primero los europeos y después todos los hombres, en espera de un acontecimiento que posee para nosotros la gravedad y la fascinación terrible que tenía la Segunda Vuelta de Cristo para los primeros cristianos: la Revolución. Este acontecimiento, visto con esperanza por unos y con horror por otros, posee un significado doble según ya he dicho: es la instauración de una sociedad nueva y es la restauración de la sociedad original, antes de la propiedad privada, el estado, la escritura, la idea de Dios, la esclavitud y la opresión de las mujeres. Expresión de la razón crítica la Revolución se sitúa en el tiempo histórico: es el cambio del presente inicio por el futuro justo y libre. Ese cambio es un regreso: la vuelta al tiempo del principio, a la inocencia original. Así, la Revolución es una idea y una imagen, un concepto que participa de las propiedades del mito y un mito que se funda en la autoridad de la razón (Paz, 1974: 482-483).

La crítica en esta vertiente que remite a Hume se comprende entonces, parece decir Paz, como una actividad orientada a disolver ese entrelazamiento entre mito y razón que se encuentra a la base de las grandes ideologías políticas contemporáneas, de las concepciones "científicas" de la sociedad y la historia que les sirven de base y de la idea de la Revolución y de la concepción lineal del tiempo a ella asociado que proyecta hacia un futuro indefinido, aunque necesario, la realización de los grandes ideales de la propia modernidad: la libertad y la igualdad como una promesa insatisfecha de retorno al estado de inocencia originario.

Esta comprensión de la crítica vinculada al proceder de Hume se enlaza en Paz, como ya lo mencionaba líneas arriba, con otra noción de crítica proveniente ahora del ámbito del arte y, más específicamente, de la poesía. En efecto, Paz subraya que la modernidad es la época de la crítica tal y como ello se advierte en la crítica del arte: crítica de la propia actividad artística que se delimita frente al resto de las esferas de la sociedad para constituirse como un ámbito autónomo; crítica del objeto y del propio sujeto del arte que se amplía a la religión y a la economía —que intenten someter al arte bajo su dictado— lo mismo que a la sociedad burguesa y sus valores, al lenguaje y a sus significados. Se trata de una actividad —Paz dirá incluso de una "pasión" por la crítica— que no vacila incluso en dirigirse una y otra vez y en forma inacabada sobre sí misma (cfr., Paz, 1974: 358-359), contra el lenguaje en el que ella misma se articula.[59]

*   *   *

La evolución hacia la modernidad tuvo lugar, de acuerdo a Paz, en dos vertientes: por un lado, la de aquellos países en los que la era moderna se inició con el triunfo del protestantismo —Paz piensa en este sentido en los Estados Unidos .donde libertad y democracia como conceptos políticos surgieron de una base inicialmente religiosa y su fundamento se puede encontrar en la Reforma— y, por otro lado, la de aquéllos otros que adoptaron la modernidad sin protestantismo —el ejemplo paradigmático de este segundo tipo es Francia (Paz, 1982a: 50).[60] Especialmente en estos últimos la

---

[59] Es así que, refiriéndose por ejemplo a su crítica al muralismo y a la llamada "poesía comprometida", Paz señala que "...la forma que adopta [la crítica] no es la de la moral o la de la política, sino la de la exploración; no es una crítica en nombre de este o aquel principio ni es un juicio sobre la realidad: *es una visión*. La crítica del lenguaje es una operación activa que significa minar el lenguaje para descubrir lo que está escondido: los cimientos carcomidos de las instituciones, el subsuelo fangoso, los animales viscosos, el cemento y la sed, los corredores y los subterráneos interminables como prisiones..." (Paz, 1970: 294).

[60] Como ejemplos del primer caso, Paz cita especialmente a Inglaterra y a Holanda. A la inversa de la democracia y el liberalismo franceses, los orígenes de la democracia inglesa y norteamericana fueron religiosos. Estas democracias y la democracia latina nacieron, según Paz, de actitudes opuestas ante la religión tradicional de Occidente: el cristianismo (Paz, 1982a: 51).

modernidad se expresó no solamente en forma de una crítica a la monarquía absoluta, a la corte y al *Ancien Régime*, sino también a la Iglesia católica —así, recuerda Paz, la Ilustración francesa fue, a pesar del nebuloso deísmo de algunos de sus exponentes, un movimiento esencialmente laico.[61]

En la Nueva España y, en general, en Latinoamérica, sin embargo, ocurrió algo por entero distinto: aquí surgió un Estado centralizado y una burocracia que protegió más bien los intereses particulares y a ciertas jurisdicciones. Por lo que se refiere a la igualdad de todos ante la ley, en la Nueva España las comunidades indígenas estaban regidas por las leyes de Indias y había estatutos especiales para los diferentes grupos étnicos: negros, mulatos, mestizos, criollos y españoles. Leyes particulares regían a las órdenes religiosas y a la Iglesia secular, otras a los encomenderos, los co-merciantes, los mineros, etc.[62] Es por ello que en el libro sobre sor Juana Inés de la Cruz escrito años más tarde, Paz, al subrayar el carácter de las rupturas a lo largo de la historia de México, señala, como ya lo había hecho desde *El laberinto...*, que la Conquista "fue la gran ruptura, la línea divisoria que parte en dos nuestra historia: de un lado, el de allá, el mundo precolombino; del otro lado, el de acá, el virreinato católico de la Nueva España y la República laica e independiente de México" (Paz, 1982a: 32). En todas estas rupturas se advierte, sin embargo, una peculiar relación con la modernidad que permanece constante. En efecto, señala Paz, la Nueva España "fue una realidad histórica que nació y vivió en contra de la corriente general de Occidente, es decir en oposición a la modernidad naciente; la segunda, la República de México, fue y es una apresurada e irre-flexiva adaptación de esa misma modernidad. Una imitación, diré de paso, que ha deformado a nuestra tradición sin convertirnos, por lo demás, en una nación realmente moderna" (Paz, 1982a: 32). Aún

---

[61] En el caso de Francia, sin embargo, hubo un fenómeno religioso de corte antirromano y antijesuítico que, insiste Paz, desempeñó un papel similar al protestantismo de los países nórdicos: el jansenismo, que fue decisivo en la formación de la conciencia moral moderna en ese país.

[62] En este punto Paz sigue los análisis del historiador Richard M. Morse quien define a la Nueva España como una sociedad pluralista, regida por un sistema de jurisdicciones especiales para cada grupo, acentuadamente jerárquico y paternalista. Cfr., Richard M. Morse, "The heritage of Latin America", en Louis Hartz (ed.). *The founding of new societies*, New York, 1964. Cit. en: Paz, 1982a: 40.

más, dirá Paz la Nueva España fue una sociedad "orientada no a alcanzar la modernidad sino a combatirla" tal y como se patentiza en los ejemplos de Sigüenza y Góngora y de sor Juana (Paz, 1982a: 310). Paz asigna en este sentido una gran relevancia al surgimiento de esta conciencia de interioridad moderna. En efecto, la modernidad, anota él, "fue una conciencia, una interioridad, antes de ser una política y una acción. En cambio, el racionalismo hispanoamericano no fue un examen de conciencia sino una ideología adquirida; por eso mismo nuestro anticlericalismo fue declamatorio" (Paz, 1982a: 51). Es ello lo que parece explicar para él el drama de Sigüenza y Góngora y la tragedia de sor Juana Inés de la Cruz. El primero realiza una recepción incompleta y dispersa de la filosofía y la ciencia modernas (Descartes y Gassendi, Galileo y Kepler). La segunda, "[la] primer[a] gran poeta american[a]" —como lo subrayara expresamente ya desde *Los hijos del limo* (Paz, 1974: 456)— ofrece en *El Sueño* (1692) "nuestro primer texto cosmopolita" en el que se funden diversas lenguas desde el latín hasta el náhuatl, pasando por el portugués y el castellano para ofrecer, como siglos más tarde lo hará nuevamente Borges, un americanismo que es, a la vez, un cosmo-politismo (cfr., Paz, 1974: 456). Uno y otra "estaban aislados y vivían en un mundo cerrado al porvenir" (Paz, 1982a: 308). Su vivacidad intelectual contrastaba con el mundo anquilosado de la Nueva España que los encerró en el español y el latín cuando éste último dejaba de ser una lengua universal, los dejó incomunicados con la literatura francesa e inglesa y al margen del movimiento científico y filosófico de su tiempo (Leibniz, Spinoza o Newton). En ellos se expresa el inmenso fracaso de la Contrarreforma en la esfera de las ideas. Surgida en el marco de una respuesta al protestantismo y como una tentativa de renovación moral e intelectual de la Iglesia católica, la Contrarreforma indudablemente ofreció frutos en el ámbito de la poesía, la pintura, la música, la escultura y la ar-quitectura lo mismo que en ciertos estudios de los jesuitas en el ámbito de los estudios humanísticos y las ciencias. Sin embargo, ese movimiento, anota Paz lacónicamente, estaba destinado a la petrificación.

Los principios que fundaron a las colonias hispanoame-ricanas fueron así más bien los de la Contrarreforma, la monarquía absoluta, el neotomismo y, a mediados del siglo XVIII, el llamado "despotismo ilustrado" de Carlos III. Paz expresa este problema en forma drástica cuando señala que en el mundo iberoamericano no tuvimos un siglo XVIII: Feijoo o Jovellanos no pueden ser comparados con Hume o Locke, ni con Diderot, Rousseau ni tampoco con Kant. No tuvimos Ilustración ni revolución burguesa. Ni crítica ni guillotina ni tampoco esa reacción pasional en contra de la crítica como la que aparece en el romanticismo (cfr., Paz, 1975a: 62). Las ideas republicanas y democráticas de los grupos que dirigieron la lucha por la Independencia no correspondían a la realidad histórica de América Latina. En esta región no existía ni una burguesía ni una intelectualidad que hubiera realizado la crítica de la monarquía absoluta y de la Iglesia —y por ello las élites que encabezaron la lucha por la Independencia no podían implantar el ideario democrático y liberal porque no existía un vínculo orgánico entre éste, las élites políticas y la realidad histórica del momento (cfr., Paz, 1982a: 36). El ideario al que acudieron fue el ofrecido por la Ilustración francesa y la Independencia norteamericana dejando de lado la tradición hispánica de luchas por la autonomía y la independencia: los comuneros, Cataluña, Aragón, los vascos, "una tradición enterrada y, aunque todavía viva, mal conocida; una tradición, además, que era el embrión apenas de un verdadero pensamiento político" (Paz, 1982a: 36). En lugar de repensar y reelaborar esa tradición, de actualizarla y aplicarla a las nuevas circunstancias, se dio un proceso de apropiación mecánica de la filosofía política de los franceses, de los ingleses y de los norteamericanos, y se buscó implantarlo en Latinoamérica:

> Las ideas de la modernidad —a diferencia del cristianismo en el siglo XVI— no han logrado aún arraigar y florecer en nuestras tierras ... nuestra historia, desde el punto de vista de la historia moderna de Occidente, ha sido excéntrica. No hemos tenido ni edad crítica ni revolución burguesa ni democracia política: ni Kant ni Robespierre, ni Hume ni Jefferson (Paz, 1982a: 37).

Los movimientos de Independencia en Hispanoamérica no fueron por ello solamente de separación sino también de *negación* de España, del régimen monárquico español, absolutista y católico, por otro republicano, democrático y liberal (Paz, 1975a: 63). Así, desde fines del siglo XVIII, señala Paz, los países latinoamericanos han estado inmersos en procesos y conflictos políticos de diverso alcance orientados bajo el signo de una reforma social, política y cultural que podría resumirse en una sola palabra, a saber: "modernización" (cfr., Paz, 1983: 73). En virtud de este proceso, Latinoamérica se insertó en el mundo europeo occidental como uno de sus "extremo[s] americano[s]" —el otro se encuentra constituido por Canadá y los Estados Unidos de Norteamérica. Tres diferencias significativas distinguen, sin embargo, a Latinoamérica del mundo de Europa occidental, de acuerdo a Paz: en primer lugar, la presencia de un componente étnico y cultural no europeo expresado tanto en las culturas indígenas como en las africanas que fueron violentamente incorporadas en las sociedades latinoamericanas; en segundo lugar, la prolongada presencia de la cultura islámica en España y Portugal, los países que llevaron a cabo la colonización del mundo latinoamericano, y el modo en que en esos países se enlazaron en forma prácticamente indisoluble, la religión, por un lado, con la política, la sociedad y la cultura, por el otro. Finalmente, en tercer lugar, la que es para Paz la diferencia decisiva, el cierre sobre sí mismos y frente a la modernidad occidental que caracterizó a España y Portugal después de la conquista de los territorios ultramarinos. Bastiones de la Contrarreforma, España y Portugal se convirtieron más bien en una supervivencia medieval dentro de una Europa que se modernizaba:

> El siglo XVII es el gran siglo español: Quevedo y Góngora, Lope de Vega y Calderón, Velázquez y Zurbarán, la arquitectura y la neoescolástica. Sin embargo, sería inútil buscar entre esos grandes nombres al de un Descartes, un Hobbes, un Spinoza o un Leibniz. Tampoco al de un Galileo o un Newton. La teología cerró las puertas de España al pensamiento moderno y el Siglo de Oro de su literatura y de sus artes fue también el de su decadencia intelectual y su ruina política (Paz, 1983: 76).

Esta situación se proyectó irremediablemente en las colonias ultramarinas. Las inglesas en Estados Unidos nacieron con la Reforma y la Ilustración, es decir, con el mundo moderno; las ibéricas, con la Contrarreforma y la neoescolástica: "No tuvimos", afirma Paz lacónicamente, "ni revolución intelectual ni revolución democrática de la burguesía. El fundamento filosófico de la monarquía católica y absoluta fue el pensamiento de Suárez y sus discípulos de la Compañía de Jesús" (Paz, 1983: 76). Posteriormente, desde la segunda mitad del siglo XVIII comenzó a penetrar el ideario de la Ilustración en los territorios ultramarinos bajo la búsqueda de una Independencia que se proponía en realidad una modernización que, en ese caso, significaba europeización. Los modelos eran ofrecidos por dos acontecimientos fundacionales del mundo occidental moderno: por un lado la Revolución de Independencia de los Estados Unidos de

Norteamérica; por el otro, la Revolución francesa. La primera produjo a una sociedad completamente moderna; la segunda, a pesar de los cambios producidos, reafirmó la tradición centralista precedente. Las revoluciones de Independencia en el mundo iberoamericano, en cambio, fueron incapaces de impulsar la modernización política, social y económica que originalmente las impulsara (cfr., Paz, 1983: 78). Una explicación de ello residía para Paz en el hecho de que en el mundo iberoamericano se habían adoptado mecánicamente ideas y programas ajenos a la realidad histórica de este continente: no había una tradición intelectual como la que en Francia y Norteamérica penetrara en las élites para impulsar determinados cambios políticos, sociales y culturales; tampoco existían las clases sociales que pudieran ser las portadoras efectivas de la ideología liberal y las ideas terminaron por convertirse en "máscaras… que interceptan y desfiguran la percepción de la realidad" (Paz, 1983: 79).[63]

La crisis del Estado español, los procesos de Independencia en las antiguas colonias produjeron un proceso de disgregación en la América hispanohablante en donde se multiplicaron nuevas naciones según los límites establecidos verticalmente por los ejércitos y caudillos que en cada caso resultaron victoriosos de estas guerras. La atomización hispánica tuvo así un contrapunto en la solidez luso-brasileña. No obstante, ni en uno ni otro caso pudo impulsarse un proceso de modernización como el que experimentaron los Estados Unidos de Norteamérica. La sociedad civil vivió siempre a la sombra del Estado en el marco de un sistema patrimonialista en el interior del cual surgieron las que posteriormente serían las oligarquías económica, social y políticamente dominantes (cfr., Paz, 1983: 78-79):

Ni España ni sus colonias experimentaron ese cambio
fundamental que transformó al resto de Europa en el siglo
XVIII. En realidad, no tuvimos siglo XVIII: Ni Kant ni Hume ni

---

[63] El caso de México plantea para Paz, sin embargo, algunas peculiaridades, pues, según él, el ideario de los primeros jefes insurgentes mexicanos parece haber sido más bien de proveniencia neotomista —Paz menciona a este respecto la idea según la cual la soberanía reside en el pueblo. Es en este sentido que se refiere a la figura de Fray Servando Teresa de Mier cuyas ideas para la justificación de la Independencia de México poco tenían que ver con la Revolución francesa o con la norteamericana, sino que se localizaban más bien en el pensamiento neotomista (cfr., Paz, 1982a: 37 y Paz, 1991b: 140).

Rousseau ni Voltaire. Tampoco vivimos, salvo superficialmente, los cambios en el gusto, los sentimientos, la sexualidad y, en una palabra, la cultura de esa gran época. Lo que tuvimos fue la superposición de una ideología universal, la de la modernidad, impuesta sobre la cultura tradicional (Paz, 1991b: 141).

De este modo, afirma Paz, a lo largo del siglo XIX se mostró que, en lugar de la democracia, apareció el caudillismo y, en lugar del liberalismo, el autoritarismo: "Nuestra modernidad ha sido y es una mascarada. En la segunda mitad del siglo XIX la «inteligencia» hispanoamericana cambió el antifaz liberal por la careta positivista y en la segunda mitad del XX por la marxista-leninista" (Paz, 1975a: 64). En ello no se trata tanto de que los pueblos hispanoamericanos hayan fracasado. Lo que ha pasado más bien, de acuerdo a Paz, es que las ideas filosóficas y políticas constitutivas de la civilización moderna han fracasado entre nosotros. Iberoamérica no es, sin embargo, una excepción en este punto. El ideario de la Ilustración y la modernidad no penetró tampoco en Rusia ni en los pueblos eslavos (Paz, 1975a: 64-65).[64] Aún más, anota Paz en *Postdata*, solamente una porción de Occidente posee la doble y complementaria tradición de democracia política y pensamiento crítico, los dos elementos centrales de la modernidad según Paz —y ello no comprende a España, Portugal, América Latina, la mayoría de los Balcanes y de los países eslavos e incluso tampoco a países como Alemania e Italia (Paz, 1970: 301). Esta suerte de *excentricidad* de la cultura iberoamericana ha generado ciertamente obras excepcionales en la literatura. No obstante, su influjo en el campo del pensamiento y en los de la política, la moral pública y la convivencia social ha sido funesto (Paz, 1975a: 62-63).

Habría, sin embargo, un matiz de esencial importancia en la consideración que realiza Octavio Paz acerca de la modernidad en América Latina que podría ser resumida de la siguiente manera: en América Latina no hubo modernidad en el plano de la sociedad, ni tampoco en el plano de la política ni en el de la economía. Ha habido,

---

[64] Es por ello, dirá Paz, que tanto en Rusia como en Iberoamérica conocemos la sátira, el humor, la ironía y la rebeldía heroica, pero no la crítica. Y es por ello que tampoco conocemos la tolerancia, fundamento de la civilización política, ni la verdadera democracia basada en el respeto a los disidentes y el derecho a las minorías (Paz, 1975a: 65).

sin embargo, una modernidad en el plano *cultural*. No tanto en el de la ciencia ni en el del derecho, sino en el plano del *arte* y, más específicamente, en el de la *literatura*, especialmente en el de la *poesía*. En efecto, es cierto que en América Latina y en general en la tradición iberoamericana no hubo movimientos intelectuales de relevancia a la altura del *Frühromantik* alemán o del simbolismo francés en torno a Mallarmé; no ha habido en Iberoamérica, lamenta Paz, nada similar al *New criticism* de los Estados Unidos o al estructuralismo francés. Las razones de esta ausencia son para Paz claras: "en nuestra lengua no hemos tenido un verdadero pensamiento crítico ni en el campo de la filosofía ni en el de las ciencias y la historia" (Paz, 1975a: 62). Ha habido solamente casos aislados de intelectuales individuales como Feijoo, Sarmiento, Ortega y Gasset o Borges (Paz, 1982a: 311). Así, en América Latina la crítica al estado de cosas no fue iniciada ni por los moralistas ni por los revolucionarios, sino por los escritores y hombres de letras.[65] Inicialmente no fue una crítica directamente política sino verbal: "el ejercicio de la crítica como exploración del lenguaje y el ejercicio del lenguaje como crítica de la realidad" (Paz, 1970: 293). Tanto la poesía como la novela comenzaron por ser simultáneamente "una reflexión sobre el lenguaje y una tentativa por inventar otro lenguaje: un sistema de transparencias para provocar la aparición de la realidad" (Paz, 1970: 293). Ello se advierte ya desde Baudelaire quien concibe al universo como un lenguaje en el que cada palabra remite a otra y cada frase crea a otra que reafirma y a la vez niega a la primera:

> El mundo no es un conjunto de cosas, sino de signos: lo que llamamos cosas son palabras. Una montaña es una palabra, un río es otra, un paisaje es una frase. Y todas esas frases están en continuo cambio: la correspondencia universal significa perpetua metamorfosis. El texto que es el mundo no es un texto único: cada página es la traducción y la metamorfosis de otra y así sucesivamente. El mundo es la metáfora de una metáfora. El mundo pierde su realidad y se convierte en una figura de lenguaje. En el centro de la analogía hay un hueco: la pluralidad de textos implica que no hay un texto original. Por ese hueco se precipitan y desaparecen, simultáneamente,

---

[65] Recuérdese en este sentido lo ya señalado al inicio de este trabajo con relación a la posición de Gaos a este respecto (ver apartado I de este ensayo).

la realidad del mundo y el sentido del lenguaje (Paz, 1974: 395-396).

Es en ese hueco que testimonia la ausencia de las cosas y la presencia del lenguaje por el que aquéllas pueden llegar a ser presentes que se delinea la poesía de Mallarmé.[66] En él el Universo se resuelve en la palabra y ésta se condensa en un libro, en *el* Libro donde el lenguaje poético emerge y se despliega a partir de la renuncia a toda imitación de la realidad externa y se repliega completamente sobre sí mismo en una suerte de autorreferencialidad hermética que apunta a una recreación del mundo desde el orden de la palabra poética:

> Se ha dicho —escribe Octavio Paz en *Los signos en rotación*— que la poesía moderna es poema de la poesía. Tal vez esto fue verdad en la primera mitad del siglo XIX; a partir de *Une saison en enfer* nuestros grandes poetas han hecho de la negación de la poesía la forma más alta de la poesía: sus poemas son crítica de la experiencia poética, crítica del lenguaje y el significado, crítica del poema mismo. La palabra poética se sustenta en la negación de la palabra (Paz, 1965b: 250).[67]

Así entendida, la crítica del lenguaje presente en la poesía moderna es, al mismo tiempo, una crítica de la noción misma del sujeto esbozada ya desde el romanticismo. Esa crítica se anuncia ya en la comprensión del poeta no tanto como un "autor" en el sentido tradicional de la palabra, sino más bien como el lugar o el momento de convergencia de las distintas voces que confluyen en un texto. "La crítica del objeto y la del sujeto se cruzan en nuestros días: el objeto se disuelve en el acto instantáneo; el sujeto es una cristalización más o menos fortuita del lenguaje" (Paz, 1974:

---

[66] En este punto se expresa también, por supuesto, el poderoso influjo de las reflexiones que realizara Heidegger en los años cincuenta en torno al lenguaje sobre el pensamiento de Paz (cfr., Heidegger, 1950, 1952, 1957-1958, 1958 y 1959).

[67] La interpretación que Paz hace de Mallarmé se encuentra bajo el influjo de la ofrecida por Blanchot en su libro clásico *Le livre à venir* (1959) al que Paz se refiere expresamente (cfr., Paz, 1965b: 263).

471).[68] La crítica del objeto ha de preparar así una comprensión de la obra de arte no como un objeto a ser representado o poseído sino, más bien "como una presencia que se contempla" (Paz);[69] la crítica del sujeto a su vez conducirá a una consideración de la poesía como resultado de la obra de todos y a la vez de nadie, donde "[e]l poeta desaparece detrás de su voz, una voz que es suya porque es la voz del lenguaje, la voz de nadie y la de todos. Cualquiera que sea el nombre que demos a esa voz —inspiración,

---

[68] Dejo de lado aquí la proximidad que la reflexión de Paz mantiene en este punto con la que realizará años más tarde Michel Foucault en *Les mots et les choses* (1966). Ahí, en efecto, Foucault se refiere a la ruptura planteada por Nietzsche, Freud y Marx cuya reflexión se mueve desde el hombre, Dios y el conocimiento hacia los discursos y palabras que los hacen posibles "y lo que descubren no es la soberanía de un discurso primero, es el hecho de que nosotros estamos, antes aún de la menor palabra nuestra, dominados y transidos ya por el lenguaje" (Foucault, 1966: 311). Con ellos se asiste, de este modo, "a la puesta al día del lenguaje en su ser en bruto" (id.) y por ello a la literatura que se caracteriza por la plena asunción de su no-reductibilidad a cualquier dimensión exterior a ella "y se convierte en pura y simple manifestación de un lenguaje que no tiene otra cosa que afirmar... que su existencia escarpada; ahora no tiene otra cosa que hacer que recurvarse en un perpetuo regreso sobre sí misma... y así todos sus hilos convergen hacia el extremo más fino —particular, instantáneo y, sin embargo, absolutamente universal—, hacia el puro acto de escribir" (Foucault, 1966: 313). La palabra no tendrá por tanto otra cosa que decir que no sea ella misma, señala Foucault, pues para ella "no hay otra cosa qué hacer que centellear en el fulgor de su ser" (id.). Es desde este horizonte que pueden ser comprendidas las empresas de autores como Bataille y Blanchot como experiencias de disolución, de desaparición del sujeto (sea del sujeto erótico o sea del sujeto hablante), o bien como Mallarmé con su tentativa por asimilar todos los discursos en una sola palabra, "todos los libros en un solo libro" (Foucault, 1966: 316), buscando concentrar de este modo "todo discurso posible en el frágil espesor de la palabra" (id.).

Es preciso señalar sin embargo que, en esta crítica a la noción de autor —y, en general, a la idea de sujeto— por parte de Paz, juegan un papel fundamental también elementos provenientes del pensamiento oriental —que se encuentran del todo ausentes en Foucault, Derrida y, en general, en *les Maîtres penseurs* franceses. Cfr., lo ya señalado en la nota 41.

[69] En este punto es clara la influencia —no mencionada— de Heidegger sobre Paz. Véase: Heidegger, 1935-1936.

inconsciente, azar, accidente, revelación—, es siempre la voz de la *otredad*" (Paz, 1974: 471).[70]

Esta "soberanía del lenguaje" (Paz) incluso sobre el autor caracteriza para Paz al movimiento de la literatura del siglo XX, tanto en la poesía como en la prosa. Así, por ejemplo, señala él, la obra de Joyce no parece girar sino en torno a un tema central: el de la historia de la vida, caída, funeral y resurrección de Tim Finnegan que no es sino la propia lengua inglesa (cfr., Paz, 1965b: 266-267). Este constante movimiento del lenguaje, de la palabra, sobre sí mismos se expresa incluso espacialmente en su decantación y expresión tipográfica sobre el espacio de la página en blanco. Así, por ejemplo, sea en *Un coup de dés* de Mallarmé o incluso en *Blanco* (1967) del propio Paz, las palabras y las frases tienden a configurarse en centros más o menos independientes que se atraen o se repelen con otros centros y, en este doble movimiento de aproximación y repulsión, adquieren un significado justamente al modo de "signos en rotación" que permiten a la palabra y, con ella, al poema, volverse reflexiva y críticamente sobre sí mismos en el horizonte del espacio de la página que se convierte, en y por este mismo movimiento, en una extensión del propio poema y cuyo espacio en blanco remite al silencio como una suerte de posibilidad última de la palabra y de significación (cfr., Paz, 1965b: 262 y 269 y ss.):

> …el poema es un conjunto de signos que buscan un significado, un ideograma que gira sobre sí mismo y alrededor de un sol que todavía no nace. La significación ha dejado de iluminar al mundo … Giramos en torno a una ausencia y todos nuestros significados se anulan ante esa ausencia. En su rotación el poema emite luces que brillan y se apagan sucesivamente. El sentido de ese parpadeo no es la significación última pero es la conjunción instantánea del yo y el tú. Poema: búsqueda del tú (Paz, 1965b: 271).

---

[70] Es esta comprensión la que se encuentra, como el propio Paz lo señala, en el origen mismo de la experiencia del poema *Renga* (1971), obra colectiva en cuatro idiomas (francés, inglés, italiano y español) escrita por Octavio Paz, Jacques Roubaud, Edoardo Sanguineti y Charles Tomlinson (cfr., Paz, 1974: 470-471).

Paz ha señalado el modo en que este ideario esteticista de la vanguardia apareció en la tradición angloamericana bajo la forma del *modernism* en el período que se abre con *Kora in hell, Improvisations* (1920) de William Carlos Williams, *The waste land* (1922) de T. S. Eliot y los *Cantos* (1925) de Ezra Pound (cfr., Paz, 1974: 435 y 453). En el caso del mundo Hispanoamericano, la vanguardia se anuncia desde la segunda década del siglo XX sea en el coloquialismo de Lugones y López Velarde o sea en la forma del redescubrimiento de la poesía tradicional y popular —y, con ellas, de la canción, del romance y de la copla— de Antonio Machado y Juan Ramón Jiménez, o bien en el simbolismo de Alfonso Reyes en su *Ifigenia cruel* (1924) (cfr., Paz, 1974: 416 y ss. y 456 y ss.). No obstante, afirma Paz, la vanguardia en castellano comenzó con la publicación de *Ecuatorial* y *Poemas árticos* de Vicente Huidobro en 1918. Aquí el poeta no es más alguien que copia al mundo; más bien lo produce, lo crea e incluso lo destruye a través de su palabra. Así, en *Altazor* (1931) el poeta aparece lanzándose a las alturas y desapareciendo abrasado por el sol: "Las palabras pierden su peso significativo y se vuelven, más que signos, huellas de una catástrofe estelar" (Paz, 1974: 457). La modernidad ibero-americana surge así, según Paz, con el Modernismo (1890) y con la Vanguardia (1920) que nacieron en Hispanoamérica y de allí se trasplantaron a España. Esta experiencia se expresa para Paz, como ya se ha dicho, en el *Altazor* de Huidobro donde la modernidad se presenta como abismo en el que se precipita *Altazor*, en la interrogación que Borges plantea a los espejos así como en el desvanecimiento de las imágenes que en ellos aparecen, en la búsqueda de un tiempo que esté antes del tiempo, una antigüedad anterior a la historia en *Residencia de la tierra* de Pablo Neruda —"el tiempo que debajo del océano nos mira"—, al igual que en la orfandad del hombre latino-americano de César Vallejo, abandonado por Dios, por la tierra y por los hombres (Paz, 1967c: 73 y ss.). Es en esta presencia de la reflexión y crítica poéticas que aparece la modernidad estético-literaria, sea en forma de actitud vital o sea en forma elaborada teóricamente en el plano de la reflexión, la que ha caracterizado según Paz a la ficción y, sobre todo, a la poesía de América Latina.

Es en el marco de esta modernidad *estético-literaria* —y, más específicamente, *poética*— en Hispanoamérica en donde Paz parece encontrar el germen de una cultura de la *crítica* capaz de inducir el nacimiento de una cultura democrática que, a su vez, pudiera dar lugar a una modernización *política* –entiéndase Estado de derecho y democracia no sólo en el sentido de un andamiaje institucional, sino también de un *ethos* y una cultura democráticos— para eventualmente, desde esa plataforma, poder provocar cambios en dirección de una modernización económica. El papel que en ello corresponde al intelectual crítico —cuyo prototipo parece ser para Paz el poeta vanguardista— es central:

> Durante más de un siglo América Latina ha vivido entre el desorden y la tiranía, la violencia anárquica y el despotismo. Se ha querido explicar la persistencia de estos males por la ausencia de las clases sociales y de las estructuras económicas que hicieron posible la democracia en Europa y en los Estados Unidos. Es cierto: hemos carecido de burguesías realmente modernas, la clase media ha sido débil y poco numerosa, el proletariado es reciente. Pero la democracia no es simplemente el resultado de las condiciones sociales y económicas inherentes al capitalismo y a la Revolución industrial. Castoriadis ha mostrado que la democracia es una verdadera *creación* política, es decir, un conjunto de ideas, instituciones y prácticas que constituyen una *invención* colectiva. La democracia ha sido inventada dos veces, una en Grecia y otra en Occidente. En ambos casos ha nacido de la conjunción entre teorías e ideas de varias generaciones y las acciones de distintos grupos y clases, como la burguesía, el proletariado y otros segmentos sociales… De ahí que, entre las causas sociales y económicas que se citan para explicar los fracasos de las democracias latinoamericanas, sea necesario añadir aquella a la que me he referido más arriba: la falta de una corriente intelectual crítica y moderna (Paz, 1983: 80).

En el caso particular de México, la vanguardia estética y el cosmopolitismo aparecieron expresados, según Paz, en una forma que se consideraría posteriormente paradigmática a través de la figura de Alfonso Reyes y especialmente en algunos de los integrantes del grupo de *Contemporáneos,* bajo cuyo influjo Paz desarrolló inicialmente su actividad literaria. En efecto, aunque los primeros ecos de la vanguardia europea en México se encuentran para Paz en la obra de José Juan Tablada y sus experimentaciones con los caligramas en la línea de Apollinaire, en la utilización de la ironía en Ramón López Velarde y en la violenta rebeldía de los Estridentistas que agrupaba la energía futurista con la rebeldía dadaísta y la anarquía política, los primeros en abrir una línea de recepción y adaptación de la vanguardia en México en forma explícita, sistemática y continua fueron los miembros del grupo de *Contemporáneos*:

> Todos ellos [Paz se refiere aquí a los integrantes de *Contemporáneos*] tenían una conciencia muy viva de pertenecer a Occidente y toda su empresa cultural puede definirse como una tentativa de recuperación y reactualización de los valores europeos. No en balde hicieron una revista que se llamó *Contemporáneos*. Ninguno de ellos fue indigenista, salvo —y muy tímidamente— Montellano y, al final de su vida, Novo. Ya señalé que su nacionalismo era un universalismo y que ser mexicano, para ellos, significaba reinsertarse en la tradición europea (Paz, 1978: 88).[71]

Fueron los miembros del grupo *Contemporáneos* quienes introdujeron a México a los grandes exponentes de la vanguardia literaria europea, a Marcel Proust y a James Joyce, a Apollinaire y al surrealismo. Fue a través del grupo *Contemporáneos* —y, más específicamente, de Xavier Villaurrutia— que Paz se acercó no solamente a la poesía francesa moderna de Supervielle a Eluard y a los surrealistas, sino a la poesía moderna en general.[72] Es en este

---

[71] Sobre *Contemporáneos* puede verse el libro que se ha convertido ya en clásico sobre el tema: Sheridan, 1985.

[72] Fue Villaurrutia quien despertó el interés de Paz por el surrealismo. Villaurrutia tradujo a Breton y a Éluard, se preocupó por practicar la escritura automática, por explorar el sueño como fuente de la poesía y fue uno de los primeros en reseñar libros y películas surrealistas. A este contacto, los estudiosos han solido aunar otros en diversos niveles: en el nivel literario, el encuentro con Luis Cernuda que, según lo recuerda Paz en *Cuadrivio* (1965), le permitió advertir que el surrealismo era no tanto un estilo poético como una actitud mental y un modo de ser; en un segundo plano, como lo recuerda dos años más tarde en *Puertas al campo* (1966), Paz tuvo un contacto digamos icónico con el surrealismo a través de la pintura de Max Ernst, especialmente de *Europe after a rain storm* (1942); en un tercer plano, Paz mantuvo un íntimo contacto personal con diversos representantes del surrealismo como Robert Desnos, Luis Buñuel, Benjamín Péret y, por supuesto, con André Breton. Como ya se ha dicho, fue ante todo la actitud del surrealismo, su exploración del acto poético, su énfasis en la otredad y no tanto un pretendido estilo literario lo que más impresionó a Paz. *Arcane 17* y *Ode à Charles Fourier* serían consideradas por él como "dos de las obras

sentido que se expresa el propio Paz en *Corriente alterna* al señalar el influjo que la lectura de *The marriage of heaven and hell* de William Blake traducido por Villaurrutia en *Contemporáneos* (1928) ejerció sobre su actividad poética. Es este rango asignado a la palabra poética y a la figura del poeta el que aparece en su adhesión inicial al surrealismo. Así Paz, al referirse al grupo surrealista, y más específicamente a André Breton y Benjamin Péret, señalaba: "No creíamos en el arte. Pero creíamos en la eficacia de la palabra, en el poder del signo. El poema o el cuadro eran exorcismos, conjuros contra el desierto... escribir era defenderse, defender a la vida" (Paz, 1966: 117). El surrealismo aparecía aquí como heredero directo del romanticismo: uno y otro pregonaban no solamente la superioridad de la poesía y el mito sobre la filosofía y el *logos*, sino que exigían además la intervención activa de la poesía en la historia y en el mundo, en la reconfiguración de éstos desde el horizonte inaugurado por la primera. Es precisamente en este sentido que se expresa Paz en *Los hijos del limo* (1974). La poesía moderna se comprende ahí como orientada, ya desde su origen mismo, hacia y, al mismo tiempo, contra la modernidad: la Ilustración, la razón crítica, el liberalismo, el positivismo y el marxismo. En su tentativa por aprehender la otredad la poesía destruye y a la vez reconstruye de nuevo al lenguaje y, en este proceso, crea en el orden de la palabra un mundo que no es el de la técnica ni del dominio de la naturaleza, sino más bien una salvación del mundo a través de la imagen poética en donde se busca —sin poder lograrlo nunca en forma cabal— suprimir la ruptura constitutiva entre el yo y el mundo, entre el yo y los otros, entre el yo y el otro, según lo hemos visto en los apartados II y III del presente ensayo.

Consideraciones finales

Desde diversas perspectivas ha sido analizado el proceso de diferenciación que condujo hacia el final del siglo XVIII y principios del XIX a la delimitación del arte como una esfera funcionalmente distinta, sometida a una lógica y criterios de articulación y evaluación propios y claramente separados tanto de la religión como de la moral, la ciencia y la política, y, de este

---

más intensas y poderosas de André Breton" (cfr., Wilson, 1979: 12 y 20 y ss.). Paz se refiere particularmente a Villaurrutia en: Paz, 1978.

modo, como un ámbito que dispone de reglas y actores propios (artistas, críticos y público) al igual que formas de reflexión teórica específicas que se expresaron tanto en la crítica artística como en una disciplina filosófica específica: la estética.[73] En Alemania este proceso se delinea en forma más o menos clara por lo menos ya desde Karl Philipp Moritz en *Über die bildende Nachahmung des Schönen* (1788) donde se rechaza en forma explícita todo fin fuera del objeto artístico, en la *Kritik der Urteilsktraft* (1790) de Immanuel Kant y, especialmente, en Friedrich Schiller en *Über die ästhetische Erziehung des Menschen* (1795) lo mismo que en los inicios del *Frühromantik* cuya propuesta puede ser ya delineada desde *Das älteste Systemprogramm des deutschen Idealismus* (1796-1797) con su énfasis en una fusión del Estado, el derecho, la moral y la ciencia en una unidad superior determinada por el arte y, más específicamente, por la "poesía". En todos ellos se advierten otras tantas tentativas orientadas a mostrar y destacar la autonomía del arte en una vertiente que se prolongará en la línea que va de Hölderlin a los hermanos Schlegel pasando por Novalis.[74] Una vía análoga aparece expresada en Francia ya en la conocida fórmula de *l'art pour l'art* que fue importada desde Alemania a través del círculo de Madame de Staël y aparece en forma explícita ya en el Prólogo a *Mademoiselle de Maupin* de Théophile Gautier en 1834. Fue en el interior de esta vía que Baudelaire desarrolló un programa de corte esteticista que rechazó en forma enfática toda forma de mímesis, de representación de la realidad en el arte y radicalizó una reflexión que se encontraba ya en la estética alemana de finales del siglo XVIII destacando la autorreferencialidad y autosuficiencia del arte.[75] Paz lo expresa de la siguiente manera:

> La literatura moderna, ¿es moderna? Su modernidad es ambigua: hay un conflicto entre poesía y modernidad que se inicia con los prerrománticos y que se prolonga hasta nuestros días…

---

[73] Se puede ver a este respecto, por ejemplo: Bataille, 1976; Adorno, 1970; Wellmer, 1985 y 2013; Seel, 1985; Menke, 1988 y 2011; Plumpe, 1993; Luhmann, 1995 y Breuer, 2002.

[74] Cfr., a este respecto: Frank, 1982 y 1988.

[75] Cfr., a este respecto los ensayos clásicos: Auerbach, 1946 y Koller, 1954.

Intenté definir a la edad moderna como una edad crítica, nacida de una negación. La negación crítica abarca también al arte y a la literatura: los valores artísticos se separaron de los valores religiosos. La literatura conquistó su autonomía: lo poético, lo artístico y lo bello se convirtieron en valores en sí y sin referencia a otros valores. La autonomía de los valores artísticos llevó a la concepción del arte como objeto y ésta, a su vez, condujo a una doble invención: el museo y la crítica de arte. En la esfera de la literatura la modernidad se expresó como culto al objeto "literario": poema, novela, drama. La tendencia se inicia en el Renacimiento y se acentúa en el siglo XVII, pero sólo hasta la edad moderna los poetas se dan cuenta de la naturaleza vertiginosa y contradictoria de esta idea: escribir un poema es construir una realidad aparte y autosuficiente. Se introduce así la noción de crítica "dentro" de la creación poética. Nada más natural en apariencia: la literatura moderna, según corresponde a una edad crítica, es una literatura crítica (Paz, 1974: 358).

De este modo, en Baudelaire —como también por ejemplo en Huysmans— el arte —y más específicamente la poesía— proyecta un orden al que ha de ajustarse ya no sólo el propio arte en sentido estricto, sino también la ciencia, moral, la política y el mundo circundante y aun la historia y el lenguaje en su totalidad. Esta vertiente poética —que fue la que tuvo un influjo decisivo sobre Paz— no destacaba solamente la autonomía e independencia del arte frente al mundo en torno sino que procuró, aún más, movilizar al arte incluso en contra del mundo circundante para reconstruir a éste sobre la base de la experiencia y los principios estético-artísticos y, más precisamente, poéticos. El arte —y más precisamente la poesía— habría entonces de ofrecer los elementos para una reconstrucción total de la sociedad. Paz lo expresa en forma clara en *Los signos en rotación*, texto publicado en 1965 en *Sur* e incorporado como epílogo a la segunda edición de *El arco y la lira* (1967):

La historia de la poesía moderna es la de una desmesura… Así, la interrogación sobre las posibilidades de encarnación de la poesía no es una pregunta sobre el poema sino sobre la historia: ¿es quimera pensar en una sociedad que reconcilie al poema y al acto, que sea palabra viva y palabra vivida, creación de la comunidad y comunidad creadora?...

...poetizar la vida social, socializar la palabra poética. Transformación de la sociedad en comunidad creadora, en poema vivo; y del poema en vida social, en imagen encarnada (Paz, 1965b: 247).

Varias preguntas podrían plantearse a una consideración semejante. La primera sería si en ella no se asigna al arte en general y a la poesía en particular una exigencia extrema que ellos no pueden —ni deben— asumir sin más en el horizonte del mundo moderno. En efecto, ya se ha señalado cómo en la poesía moderna en la línea que parte desde el romanticismo alemán (Hölderlin, Novalis y Schlegel) e inglés (Wordsworth, Coleridge, Keats y Blake), pasa por Baudelaire, Verlaine y Rimbaud, llega al simbolismo francés en la línea de Mallarmé y Valéry, a la poesía alemana (no considerada en absoluto por Paz) desde Rainer Maria Rilke, Stefan George y Georg Trakl hasta Gotfried Benn, al *Modernism* anglosajón en la vertiente de William Butler Yeats, Ezra Pound y T.S. Eliot, y al mundo iberoamericano a través de los poetas de la Generación del 27 en España y la vanguardia en América Latina desde Rubén Darío, puede ser localizado un conjunto de preocupaciones y propuestas tanto temáticas como formales compartidas en común. En ellas se expresan, como Paz lo ha visto bien, una serie de elementos que remontan al siglo XVIII, se articuló en la teoría y en la práctica poética hacia el último tercio de este mismo siglo en poetas como Baudelaire (*Les fleurs du mal*, 1857), Rimbaud (*Le bateau ivre*, 1871; *Une saison en enfer*, 1873), Lautréamont (*Les chants de Maldoror*, 1869) y Mallarmé (*Un coup de dés jamais n'abolira le hasard*, 1914; *Igitur*, 1925): la oscuridad en la comprensión, el hermetismo del significado, la tensión disonante que enlaza rasgos de origen arcaico, místico u oculto con una refinada reflexión intelectual, el carácter fragmentario que coexiste con pretensiones por convertir al arte en general y a la poesía en particular en una suerte de absoluto desde donde pudiera regenerarse al individuo y a la sociedad, en una suerte de sucedáneo de lo sagrado en un mundo desencantado de la religión.[76] Son estas mismas pretensiones las que, como hemos visto, reaparecen en la reflexión de Paz. En efecto, también para él la poesía —al igual que lo sagrado o el amor— remiten a una y la misma fuente: en estas tres experiencias está presente la nostalgia por un estado anterior de unidad originaria de la que hemos sido arrancados. Nostalgia de vida anterior y presentimiento de vida futura que, sin embargo, son aquí y ahora, en el instante (cfr., Paz, 1956: 136). Esa nostalgia es, decíamos ya anteriormente, a la vez un presentimiento, una continua proyección hacia algo que no se es, hacia lo *Otro*, sea ello en la forma del *deseo* (Freud), de la *temporalidad* (Heidegger) o de la *otredad* (Machado) (cfr., Paz, 1956: 136). Es esto lo que se expresa, de acuerdo a Paz, en la palabra poética. En forma similar a Schelling y Nietzsche, Heidegger y Adorno al igual que Bataille y Derrida, Paz buscó extender la comprensión del arte —más específicamente, de la poesía y del lenguaje y experiencia poéticos— a experiencias, discursos y prácticas no-estéticos, asignando así a la experiencia artística, más allá del ámbito de la estética, un potencial crítico y subversivo en otros planos —especialmente en el de la moral, la política y aun la historia. Se trata de una tentativa por pensar en forma conjunta la "autonomía" estética como un trazo propio de la modernidad con la "soberanía" artística orientada a extender la comprensión y experiencia propios del arte —en el caso de Octavio Paz, de la poesía y su relación con la alteridad y con el mito— hacia la moral, la política y la sociedad e incluso la historia en general.[77]

No obstante, cabría preguntarse, en primer lugar, en qué medida la experiencia de la poesía moderna no parece cuestionar esta excesiva demanda que Paz plantea a la propia poesía, a saber, la de reconciliar los opuestos en la palabra y el acto poéticos,[78] aun

---

[76] Sigo en este punto los análisis clásicos desarrollados por Hugo Friedrich en: Friedrich, 1956.

[77] Cfr., sobre este punto: Menke, 1988 y 2011.

[78] Sería importante preguntar por qué la poesía en particular o, incluso, si se deseara ser un poco más generoso, la literatura en general, y no otras artes (por ejemplo, las artes plásticas o la música) son las que asumen este papel específico. A pesar de admitir las constantes correspondencias y vasos comunicantes entre las diversas artes —especialmente entre la poesía y las artes plásticas— remitiendo a una tradición que en la poesía moderna se remonta a Baudelaire y a Mallarmé (y en México a escritores como

Villaurrutia) en la que se expresa la atracción que el color y el sonido ejercen sobre la palabra para delinear "un [t]riángulo que es un misterio como el de la Trinidad: poesía, música y pintura son tres artes distintas y una sola verdadera" (Paz, 1986, 21), según él mismo lo señala en el texto que con el título de *Repaso en forma de preámbulo* coloca al inicio del volumen 6 de sus *Obras Completas* dedicado a *Los privilegios de la vista I. Arte moderno universal*, parece claro, sin embargo, que Paz asigna un rango especial a las artes de la palabra, especialmente a la poesía, que es en donde la palabra tematiza al mundo y, al mismo tiempo, se tematiza a sí misma, reflexiona no sólo sobre el mundo y los otros sino sobre el medio del lenguaje en el que ella vive y se despliega; sobre el lenguaje, pues, como el espacio de reflexión y autorreflexión no sólo del (de las) arte(s), sino de razón, la acción y la convivencia humanas en general.

Entre las artes que no eran las de la palabra, fueron la arquitectura, la escultura y, sobre todo, la pintura las que atrajeron poderosamente la mirada y la reflexión de Paz. En el caso de las dos primeras, debemos a Paz luminosos ensayos sobre "la creación de un espacio puro dentro del espacio natural" que caracteriza a la obra de Luis Barragán, al igual que sobre la equilibrada tensión entre el hierro y el viento, la luz y el granito, la línea y la masa presentes en la escultura de Chillida. En el caso de la tercera, Paz nos ofrece penetrantes reflexiones lo mismo sobre Marcel Duchamp que sobre Rufino Tamayo y Robert Rauschenberg y, por supuesto, sobre el arte precolombino (sobre los ensayos de Paz en torno a la pintura, véase: Fernando del Paso: *Los privilegios de Octavio Paz* publicado en el mes de abril del 2003 en Letras Libres: http://www.letraslibres.com/revista/convivio/los-privilegios-de-octavio-paz. Consultado el 30 de octubre del 2013).

No obstante, al lector asiduo de la obra de Paz le llama siempre la atención la ausencia de una reflexión sobre la música. Esta ausencia llama aún más la atención porque, como lo recuerda ya Jacques Lafaye, Erik Satie y Georges Auric también formaban parte del grupo surrealista y la propia sor Juana Inés de la Cruz no sólo tocaba música sino que compuso incluso un tratado de armonía (cfr., Lafaye, 2013: 222). El propio Paz se refiere a ello en un texto de 1986:

> Además de la pintura y la escultura, he tenido otras dos pasiones: la arquitectura y la música… A veces he pensado, vanidosamente, que quizá en algunos de mis poemas podrían percibirse ecos de lo que he sentido y pensado al oír a Haendel o a Webern, a Gesualdo o a una *raga* india. Pero nunca creí que podría escribir con dignidad sobre temas musicales.
>
> La poesía está hecha de frases rítmicas (versos) que no sólo son unidades sonoras sino palabras, racimos de sentidos. El código de la música —la gama de las notas— es abstracto… Por último la

reconociendo que esa reconciliación sea más bien un proceso inacabado que siempre estará sombreado por una alteridad que siempre se sustrae. Sin embargo, no se trata tan sólo de subrayar —algo que Paz claramente hace— que la poesía moderna y la reflexión en torno a ella parecen centrarse más bien en mostrar la imposibilidad de esta reunión o, por lo menos, su carácter de tensión perpetua e incluso su fracaso reiterado. Para ello no bastaría más que pensar en propuestas teóricas que insisten más bien en considerar a la poesía y al texto literario en general como atravesado en forma constitutiva por una fisura que no puede ser clausurada y que lo convierte en un juego de significación en suspenso que no puede ser restringido a un único significado y que se caracteriza más bien por la indeterminación, la indecidibilidad y la imposibilidad de una reconciliación plena. Esta tensión interna que recorre al texto ha sido caracterizada por algunos como una tensión entre ceguera y visión que está anclada a la estructura misma del lenguaje y que impide a la poesía ser una instancia de reconciliación y la considera más bien como uno más de los planos en los que se escenifican sin resolución posible las tensiones que caracterizan al lenguaje y al mundo modernos.[79] De lo que se trataría más bien es de pensar si la poesía —o el arte en general— pueden y deben ser considerados como capaces de reconfigurar a la sociedad en general, una concepción cuyos orígenes —como bien lo ha visto Paz— se remontan al *Frühromantik* alemán pero que ha sido caracterizada o bien como irrealista —las sociedades modernas masificadas, altamente diferenciadas y secularizadas difícilmente podrían ser reconfiguradas poéticamente— o bien como indeseable —no es posible olvidar que las visiones de la sociedad que animaron a muchos de los poetas estaban dotadas de rasgos anti-ilustrados y antidemocráticos (baste pensar a este respecto en el modo en que se inscribieron las posiciones del *Weimarer Klassik* y del *Frühromantik* en las discusiones en torno al *Deutscher Sonderweg*, esto es, a la vía especial alemana que

---

música es arquitectura hecha de tiempo. Pero arquitectura invisible e impalpable: cristalización del instante en formas que no vemos ni tocamos y que, siendo tiempo puro, suceden. ¿Dónde? Fuera del tiempo… Por todo esto no me he atrevido a hablar de ella (Paz, 1986: 25).

[79] Ver a este respecto, por ejemplo: Derrida, 1967, 1972a y 1972b al igual que de Man, 1971 y 1979.

debía oponerse a la de la Ilustración europea y a la Revolución francesa,[80] o los singulares vínculos de la vanguardia literaria en figuras como Ezra Pound y Gotfried Benn con el fascismo vinculando en forma extraña y en último análisis insostenible la idea de la autonomía estética con un ideal de regeneración de la sociedad de funestas consecuencias a lo largo de la historia del siglo XX.[81]

En segundo lugar, creo que es preciso llamar la atención sobre el hecho de que, quizá en función del rango y la tarea que Paz asigna a la poesía y a los poetas, sus reflexiones sobre la modernidad en América Latina se concentran casi exclusivamente en un aspecto de ella, a saber: en la modernidad *cultural* y, más específicamente, en la modernidad *estético-literaria*. Sin embargo, si bien es cierto que ello le permite análisis iluminadores sobre la vanguardia literaria en el mundo iberoamericano, esta misma perspectiva en su visión le conduce a dejar de lado no solamente las otras dos dimensiones de la modernidad cultural mencionadas anteriormente —esto es la científica y la ético-jurídica— sino también aún más, y ello es de consecuencias decisivas para el propio análisis de Paz, aspectos fundamentales en la comprensión de la modernidad económica, social y política: el despliegue de la lógica del mercado, la subsunción real de los procesos de trabajo y de las relaciones sociales bajo la lógica del mercado y del capitalismo, los procesos de diferenciación social y urbanización, los procesos de emergencia, desarrollo, reproducción e institu-cionalización de saberes y prácticas que tuvieron lugar en América Latina, especialmente en las últimas décadas y que ofrecen a su vez el horizonte solamente desde el cual la propia modernidad estética en esta región puede ser comprendida. Todo ello no parece ocupar, por desgracia, un papel relevante en la reflexión de Paz sobre la modernidad en Iberoamérica. Llama quizá aún más la atención en este sentido la visión un tanto ingenua que parece tener Paz de la modernización en el plano económico, centrada en el despliegue de una lógica capitalista de mercado cuyos problemas, contradicciones, tensiones y generación de asimetrías y desi-gualdades en el interior de la sociedad no parecen tener para él la relevancia que deberían. Ello supone una comprensión inadecuada

---

[80] Ver a este respecto los clásicos trabajos de Plessner (Plessner, 1935) y Elias (Elias, 1939).

[81] Cfr., a este respecto, por ejemplo: Grimm/Hermand, 1980.

de lo que ha sido la emergencia y despliegue de la modernidad occidental, tanto en el plano cultural al igual que en el económico y el político. En efecto, ella ha surgido en el horizonte de los procesos de secularización y desencanto de las visiones tradicionales mágico-religiosas del mundo, del despliegue de la comprensión científico-racional del acontecer intramundano, del surgimiento de una libertad individual —inicialmente bajo la figura de una libertad de conciencia religiosa— que después se condensó en una exigencia de libertad de pensamiento y de prensa que permitió el surgimiento de un tipo especial de intelectuales —*les philosophes*, como serían llamados en Francia— que comenzarían a plantear argumentos y a desplegar una crítica razonada en el espacio público en contra del poder político. Este proceso fue acompañado de una configuración de la esfera política —de lo que en la tradición latina se denomina *imperium*— que buscaría mantener su autonomía no tan sólo frente a la esfera religiosa —en la que en el mundo precedente se concentrara el espacio privilegiado para la comprensión y organización de la sociedad— sino, ahora también, ante la esfera económica basada en el surgimiento y despliegue del mercado —esto es, de lo que en la tradición latina se comprendiera como *dominium*— y de la sociedad civil como un espacio autónomo de relaciones económicas entre los individuos. De acuerdo a esto, uno de los grandes desafíos que se le ha planeado a la modernidad desde su surgimiento es el de cómo establecer una relación adecuada y en el marco del derecho entre el ámbito del Estado y, en general, el de la política, por un lado, y el espacio del mercado y de la sociedad civil, por el otro.[82] En lugar de centrarse en estas tensiones y motivado acaso por una doble vía —a saber: por un lado, la proveniente de una comprensión estetizante del individuo que, en forma análoga al poeta, se ve enfrentado en la modernidad ante el poder omnímodo del Estado; por el otro, la de la radicalización de la pesadilla del individuo avasallado por el Estado en la Unión Soviética, Cuba y los países del Este de Europa[83]— Paz pasó a focalizar su atención sólo en el Estado —o debo decir mejor, en un aspecto de la función y dinámica del

---

[82] Esta tensión ha sido vista y analizada con gran complejidad —y en forma no exenta de problemas— por ejemplo en la *Rechtsphilosophie* de Hegel. Cfr., sobre todo este conjunto de problemas, por ejemplo: Bobbio, 1999.

[83] Cfr., a este respecto lo ya señalado en la nota 54 y, en general, en el apartado III c. de este ensayo.

Estado moderno[84]— y a perder de su mirada al mercado, a su estructura asimétrica y generadora de desigualdades y, en general, a la lógica del poder económico en las sociedades modernas. Desde esta perspectiva el Estado pasó a considerarse más bien como "el ogro filantrópico", el poder burocrático omnipresente, frente al cual el individuo debía ser defendido prácticamente a cualquier precio.[85] Varios estudiosos han caracterizado la posición de Paz en este sentido como la de un "liberal romántico" (Grenier)[86] o la de un "antiestatista" (Loaeza).[87] Creo que se le podría considerar como un liberal radical en el estilo más anglosajón que francés, empeñado en defender y preservar los derechos del individuo frente el Estado. No obstante, entre las diversas variantes del liberalismo, habría que decir que Paz se colocó en la más próxima a un liberalismo económico en la línea de Friedrick von Hayek y a un liberalismo político en el sentido de Robert Nozik —pienso especialmente en el Nozick de *Anarchy, state, and utopia* (1974)— que a un liberalismo social —sea en la vertiente de John Maynard Keynes o, más recientemente, en las de John Rawls y Jürgen Habermas para quienes la función del Estado en las sociedades modernas es central e insustituible en la contención de los efectos negativos de las crisis económicas, en la redistribución del ingreso para hacer frente a las desigualdades generadas por el mercado y en la distribución igualitaria de derechos, beneficios y cargas entre los diversos miembros de toda sociedad justa.[88]

---

[84] Cfr., lo ya señalado en la nota 54 de este trabajo.

[85] Me refiero con ello a la idea que aparece, una y otra vez, en los diversos ensayos reunidos en el libro con el título *El ogro filantrópico* (1979b) y que caracteriza en forma muy marcada al pensamiento político de Paz desde su ruptura con el marxismo y su crítica a las burocracias modernas. Véase, de nuevo, la nota 54 y el apartado III c. de este texto.

[86] Es la caracterización que emplea Yvon Grenier en su edición de los escritos políticos de Paz: Paz, Octavio (2011): *Sueño en libertad. Escritos políticos. Octavio Paz.* Selección y prólogo de Yvon Grenier. Seix-Barral, Barcelona, 2001.

[87] Ver a este respecto el artículo publicado en agosto de 1998 en la revista *Nexos* por Soledad Loaeza con el título *Octavio Paz: El último intelectual mexicano* (consultado el 30 de octubre del 2013 en: http://www.nexos.com. mx/?P=leerarticulo&Article=2100648).

[88] En este sentido me parece significativo el caso de Nozick cuya reflexión fue de especial importancia tanto para Paz como, en general, para los intelectuales agrupados en torno a la revista *Vuelta*. La crítica "libertaria

Creo que en este punto se expresa en forma clara la limitación de Paz para comprender el surgimiento y función del Estado —entendido, por supuesto, bajo la figura de un Estado social de derecho— como un logro de la modernidad occidental en el ámbito *político* no sólo para organizar y mantener la convivencia pacífica entre los ciudadanos y proteger y garantizar sus derechos, sino también, al mismo tiempo, como una institución central e insustituible para acotar los desequilibrios, asimetrías y desigualdades generadas por el funcionamiento del mercado a través de la redistribución de la riqueza, de los beneficios y de las cargas que se producen en el sistema de la cooperación social.

No obstante, quizá sea preciso recordar el modo en que, hacia el final de su vida, Paz parece encaminarse a delinear los contornos de una suerte de autocrítica a la figura del liberalismo que él defendiera en los siguientes términos:

> …el liberalismo … fue y es un antídoto contra las ideologías y los sistemas autoritarios. Pero nuestro liberalismo no puede ser el del siglo XIX. He criticado al socialismo (o lo que se ha hecho pasar por tal). Ahora déjeme decirle que al liberalismo

---

[*libertarian*]" que Nozick formulara en *Anarchy, state, and utopia* (1974) al planteamiento de *A theory of justice* (1971) expuesto por John Rawls eliminaba justamente el segundo de los principios de la justicia enunciado por Rawls —a saber, aquél según el cual las desigualdades económicas y sociales tenían que ser dispuestas de tal modo en una sociedad justa que ellas trajeran consigo el mayor beneficio para los miembros peor situados dentro de esa misma sociedad. Por ello, para Nozick una distribución de los bienes podría ser considerada justa siempre y cuando ella se desarrollara por medio de un libre intercambio entre personas adultas consideradas como autónomas, incluso si en el marco de este proceso pudieran surgir grandes desigualdades. Ello se enmarcaba, además, en una concepción de un "Estado mínimo [*minimal State*]" cuya actividad debía restringirse a la protección de los derechos naturales y de la propiedad de sus ciudadanos, pero que debía desentenderse de cualquier actividad tendiente a la redistribución de la riqueza en el interior de la sociedad. Si un planteamiento así ya era difícil de ser aceptado incluso en países como los Estados Unidos de Norteamérica —algo que vieron muy bien teóricos de tan distinta proveniencia como Thomas Nagel (en: Nagel, 1975), Amartya Sen (por ejemplo, en: Sen, 1992), John Rawls (en: Rawls, 2000) al igual que el propio Nozick en su obra posterior *The examined life* (1989)—, era simplemente insostenible en países caracterizados por desigualdades seculares como los latinoamericanos.

actual le faltan muchas cosas, sin las cuales la vida no es digna de ser vivida. Si pensamos en aquella tríada con la que comienza el mundo moderno: libertad, igualdad y fraternidad, vemos que la libertad tiende a convertirse en tiranía sobre los otros; por lo tanto tiene que tener un límite; la igualdad por su parte, es un ideal inalcanzable a no ser que se aplique por la fuerza, lo que implica despotismo. El puente entre ambas es la fraternidad, la gran ausente en las sociedades democráticas capitalistas. La fraternidad es el valor que nos hace falta, el eje de una sociedad mejor. Nuestra obligación es redescubrirla y ejercitarla (Paz, 1991b: 156).

De acuerdo a esto, la sociedad liberal moderna por la que Paz, ya hacia el final de sus días, se afanara requería de un principio de solidaridad social —a la que él se refiere aquí con el nombre de "fraternidad", una fraternidad que, agregará él en esa misma entrevista un poco más adelante, tiene que ser extendida a todos los seres vivos e incluso a las cosas— que ni el mercado ni el propio orden de la libertad —entendida ante todo como libertad individual— pueden generar por sí mismos.[89] No es claro, sin

---

[89] En esa misma entrevista Paz señala tres problemas del mercado considerado como una institución básica de la sociedad liberal: en primer lugar, su carácter ciego y generador automático de desigualdades e injusticias —y aquí se localiza uno de los escasos pasajes de su obra en los que Paz reconoce el efecto positivo que han tenido la contención y acotación de estas desigualdades en virtud tanto de las luchas obreras como de la actividad reguladora del Estado y cree ver el futuro de esa contención en el movimiento de los consumidores; no obstante, no vacila en sostener todavía que concibe al mercado "como una democracia" que debe ser regulada por los empresarios, los obreros, los consumidores y el Estado; en segundo lugar, la reducción de la actividad social a la producción y al consumo y, finalmente, en tercer lugar, la tendencial destrucción de la naturaleza provocada por la dinámica del mercado que sigue a la lógica del lucro (cfr., Paz, 1991b: 149-150). Sería una tarea interesante que, por razones de espacio, no puedo realizar en el marco de este trabajo, investigar, en primer lugar, en qué medida esta reconsideración de Paz se encuentra ya prefigurada en la magna obra de Castoriadis *Les carrefours du labyrinthe* (6 vols., 1978-1999) —un crítico tanto del socialismo burocrático como de las sociedades liberales de mercado— a quien Paz no cita en el marco de esta entrevista pero cuyo influjo sobre su reflexión política fue muy considerable y, en segundo lugar, analizar en qué medida Paz era consciente de la contradicción

embargo, de qué fuentes podría ser extraída esa fraternidad. El carácter radicalmente moderno de la reflexión de Paz haría imposible buscar la fuente de esa solidaridad en la religión (por ejemplo en un catolicismo renovado) o en un idílica rehabilitación de valores provenientes de las culturas indígenas; su cosmopolitismo no le permitiría tampoco encontrar esa fuente en una idea renovada de nación o de etnia (basta pensar en este sentido en su crítica al discurso del nacionalismo emanado de la Revolución mexicana y en contra del cual se dirige en buena medida *El laberinto de la soledad*).

Es también la interpretación en último análisis unilateral —y, en ese sentido, reduccionista de la modernidad— que comprende a ésta desde la óptica de la modernidad estético-poética la que conduce a Paz, en tercer lugar, a una comprensión de la sociedad y la historia, especialmente de la sociedad e historia de México, de carácter mítico-poético que se desentiende de análisis concretos suministrados por disciplinas como la historia o las ciencias sociales que, es cierto, en el momento en que se publica *El laberinto de la soledad* no se encontraban suficientemente desarrolladas en México en lo que a su profesionalización e institucionalización se refiere. Así, en lugar de un análisis concreto

---

en que se encontraba esta crítica al mercado y su funcionamiento con las ideas sostenidas en otros momentos de su obra —por ejemplo, en el ya citado *El ogro filantrópico* al igual que en la gran mayoría de las ponencias, por él mismo saludadas, presentadas por varios de los asistentes al encuentro *El siglo XX: La experiencia de la libertad* organizado por la revista *Vuelta* en 1990, entre quienes se encontraba el propio Castoriadis quien presentó por cierto la única contribución crítica al mercado en ese debate. Cfr. a este respecto la nota publicada por *El País* el 31 de agosto de 1990 a propósito del encuentro *El siglo XX: La experiencia de la libertad* organizado por la revista *Vuelta* en 1990: http://elpais.com/diario/1990/08/31/cultura/6520 53604_850215.html (consultado el 30 de octubre del 2013). Si esta amalgama de posiciones contradictorias sobre un mismo problema —en este caso, el del mercado, su lógica, funcionamiento y las posibilidades de su regulación— es o no un indicador de un cierto eclecticismo en la reflexión del ensayista mexicano es algo que dejo para una reflexión futura. Lo anterior, sin embargo, deja en claro que, como lo ha señalado ya por ejemplo Lorenzo Meyer (cfr., Meyer, 1992), la crítica de Paz al marxismo y al "socialismo real" tenía que ser articulada con una crítica también al "neoliberalismo real" que no fue realizada ni presentada en forma organizada por el ensayista mexicano. Ver más adelante lo señalado en la nota 94.

de las fuerzas y tensiones económicas, políticas y sociales que dieron lugar a la Independencia y a la Revolución mexicanas, Paz ofrece una interpretación de ellas empleando el análisis de la fiesta y del poder organizador y a la vez disruptivo del mito. Ello abre, sin embargo, una justificada vertiente de crítica planteada entre otros por José Revueltas a la perspectiva asumida por Octavio Paz. En efecto, Revueltas sometió a una aguda crítica la interpretación mítico-poética de la historia mexicana propuesta por Paz y opuso a ella la necesidad de una interpretación ya no de carácter mítico-poético, sino *político* de la situación de México como resultado de acontecimientos históricos concretos susceptibles de ser comprendidos no por la vía del *mythos*, sino por la del *logos*, la del concepto o, si se quiere, aún mejor, por una *política del concepto*.[90]

---

[90] Cfr., por ejemplo: Revueltas, 1958. Este problema, central para la comprensión de la obra de Paz, fue analizado años más tarde en la aguda lectura realizada por Jorge Aguilar Mora en *La divina pareja: historia y mito. Valoración e interpretación de la obra ensayística de Octavio Paz* (1978). De especial significación en esta lectura de Paz inspirada en las *Mythologies* (1957) de Roland Barthes será la crítica al modo en que el ensayista mexicano ofrece una mitologización de la historia y la identidad —en particular de las de México— que esencializa y a la vez naturaliza lo que ha sido en último análisis un producto cultural y contingente de la historia (cfr., Aguilar Mora, 1978 y Borsò, 2010). El mito aparece así como una "*parole dépolitisée*" (Barthes) (cfr., Barthes, 1957: 181-233), palabra despolitizada y deshistorizada. Vittoria Borsò señala a este respecto, con razón, lo siguiente:

> En *Postdata* (1969)... su método sigue siendo la lógica de correspondencias "naturales", esta vez encontradas entre la geografía y la forma arquitectónica de la pirámide, el espacio sagrado de los dioses del sacrificio, un espacio que se extiende en el tiempo cíclico de la historia de México. La pirámide sería la cristalización del poder institucional y autoritario de la historia terrible e inmutable que se repite en México desde el periodo precolombino. Más que un hecho histórico cuya responsabilidad sería debida a actores políticos específicos, la matanza de Tlatelolco aparece, pues, como una manifestación inevitable de la "intrahistoria" y como un rito sacrificial. En *Posdata*, el Museo Nacional de Antropología (1964) de Pedro Ramírez Vázquez es descrito y analizado desde el arquetipo de la pirámide, cuyo culto se propagaría tanto en el museo como en los libros de historia y en los discursos de los dirigentes mexicanos (Borsò, 2010: 744-745).

De acuerdo a ello, la interpretación de Paz tendría que ser articulada con un análisis más bien histórico, social y político de la trama de intereses y conflictos en que se vieron envueltos los agentes sociales relevantes en la historia de México y Latinoamérica, de los movimientos sociales a los que éstos dieron lugar para poder explicar así cómo tuvo lugar la modernidad en América Latina, cuáles fueron los mecanismos y quiénes fueron los portadores de la modernidad ya no solamente en el plano estético, sino ahora en el plano social, económico y político y explicar así, por ejemplo, un problema que fue central para Max Weber, a saber: cómo se dio lugar a esa transferencia de la comprensión del mundo del plano de la tradición cultural al plano de la acción social, esto es, cómo se dio efectivamente la transformación de la racionalización *cultural* en una racionalización *social*.[91] Una

Es en este sentido que la propia Borsò remite a la caracterización que Monsiváis ofreciera en sus *Notas sobre la cultura mexicana en el siglo XX* (1977) de *El laberinto de la soledad* como un "hermoso tratado de mitificación" (Monsiváis, 1977: 338). Por el contrario, la lectura que hace Revueltas de la Revolución e historia mexicanas, se propone no tanto una "poetización del mito" sino, mejor, una "deconstrucción del mito" (Borsò). Sobre la crítica que Revueltas hace —sea teóricamente o bien materializada en forma práctica a través de su propia forma de hacer literatura— a la mitificación de la historia y la identidad mexicanas, véanse: Escalante, 1979; Ruiz Abreu, 1993; Negrín, 1999 y Borsò, 2010.

[91] Este proceso tuvo lugar para Weber en tres vías fundamentales: en primer lugar, por la vía abierta por movimientos sociales inspirados por ideas modernas de justicia y también por ideales filosóficos relacionados con la ciencia y el arte y por ideas primero de signo burgués y después de signo socialista; en segundo lugar, a través de los sistemas culturales de acción en el curso de un largo proceso que culmina en el siglo XVIII en el que surgen la organización del cultivo de la ciencia por especialidades, la teoría universitaria del derecho, la organización del cultivo del arte a través del mercado, proceso en el interior del cual la Iglesia pierde su monopolio en la interpretación del sistema cultural; finalmente, en tercer lugar, la que para Weber fue la vía por antonomasia y a la que consecuentemente dedicó más atención, a saber: la de la institucionalización de la acción racional con arreglo a fines que se produce en Europa entre los siglos XVI y XVIII, afectando a amplias capas de la población e introduciendo cambios estructurales en la sociedad en su conjunto –y el punto de referencia bajo el que Weber estudie la racionalización social será el de la acción racional con arreglo a fines especialmente en los subsistemas de acción racional con

comprensión de esta clase deberá estar en condiciones de explicar qué fue lo que permitió y cómo explicar que la modernidad cultural haya tenido lugar solamente en el plano del arte y más especialmente en el de la literatura y si tuvo lugar —y, en caso contrario, por qué no— una suerte de retraducción de las ideas de la modernidad cultural estético-literaria al resto de los ámbitos de la modernidad cultural —la ciencia, la ética y el derecho— y, sobre todo, al ámbito social y político, cómo ésta se afianzó, qué resistencias encontró, qué conflictos de interpretación en la semántica de la modernidad tuvieron lugar y cómo se representaron, solucionaron eventualmente o se reprimieron, etc. Quizá esto se muestre en forma clara también en algunos momentos de la obra ensayística y periodística de Carlos Monsiváis donde se advierte la tentativa por representar el nexo entre la historia y la vida cotidiana de los ciudadanos para escribir una suerte de contrahistoria en la que se integren las tradiciones y los saberes sometidos y marginados por la historia oficial, localizándolos y siguiéndolos en sus formas de aparición en el espacio público para así deconstruir los mitos, las máscaras y las ilusiones con las que los mexicanos se han representado y a la vez ocultado a sí mismos.[92] Parafraseando a Walter Benjamin en su célebre ensayo *Das Kunstwerk im Zeitalter seiner technischen Reproduzierbarkeit* (1936), se trataría entonces de contestar la *poetización* y *mitificación* no sólo del arte, sino también de la sociedad y la historia en Paz con algo que podría ser denominado una *politización* en la comprensión de ellos en el sentido arriba expuesto. Ello podría permitirnos acceder a la vez a una comprensión de las tensiones entre el *mythos* y el *logos* que escapara, por un lado, a la pretensión racionalista extrema empeñada en diluir sin más al mito —al final de este trabajo intento pensar en una posibilidad de desacralizar al mito y de integrarlo en

---

arreglo a fines, fuera bajo la forma de empresa capitalista, fuera bajo la figura política del instituto estatal moderno (cfr., Schluchter, 1979 y Habermas 1981). Con ello se muestra en forma clara la diferencia entre una interpretación mítico-poética de la historia en general y de los procesos que marcaron la emergencia de la modernidad occidental, por un lado, y un análisis histórico, social y político de este mismo proceso, por el otro.

[92] Ver a este respecto, por ejemplo: Monsiváis 1987a y 1987b. Pienso aquí, es claro, ante todo en el autor de *Días de guardar* (1970), *Entrada libre. Crónicas de la sociedad que se organiza* (1987) y *Los rituales del caos* (1995). Ver sobre Monsiváis: Egan 2001 y Berg, 2010.

lo que Paz denomina una "política del ahora"—, pero que escapara, al mismo tiempo, a la tentación opuesta de sucumbir ante la ciega fascinación por el poder del mito para así poder reconciliar a éste con la herencia de la modernidad y con el pensamiento conceptual comprendiéndolo dentro del horizonte de éstos.

Quizá a la luz de lo anterior se puedan comprender mejor, en cuarto lugar, las limitaciones del análisis que Paz ofrece sobre el intelectual y su papel así como sobre el carácter, sentido y la función de su actividad crítica en México. Debe recordarse en este sentido el modo en que, ya en *El laberinto de la soledad*, Paz analizaba a la que él ahí denominara "la *intelligentsia* mexicana". Proveniente de la clase media y provista con el ideario emanado de la Revolución mexicana, esta *intelligentsia* aparece caracterizada por una mirada interiorizada que el México post-revolucionario dirige hacia sí mismo. Ella estaba representada por José Vasconcelos y por los artistas preocupados por dar al México postrevolucionario una articulación simbólica y estética impulsada por los ideales de la Revolución. Ella condujo a una rehabilitación de la cultura indígena, del arte popular, de la expresión de lo autóctono y propio de una nación que parecía encapsularse y volverse sobre sí misma para, en ese giro reflexivo, extraer la energía cultural, social y política que le permitiera al país proyectarse hacia el futuro. Es en ese marco que surgieron la pintura mexicana contemporánea —Paz piensa ante todo en el muralismo mexicano—, la literatura indigenista, la novela de la Revolución y una tentativa por fundar nuestra cultura sobre la tradición, insertándola al mismo tiempo en el horizonte del mundo hispanoamericano. No obstante, con todo ello se planteaba de nuevo el conflicto entre la particularidad de la tradición y el universalismo de la modernidad occidental europea. Este conflicto aparecía, según Paz, en todos los planos: en el económico, bajo la forma del problema de cómo vincular la figura de propiedad comunal de la tierra ligada al *calpulli* con las formas económicas propias del capitalismo moderno; en el cultural, bajo el dilema de cómo desarrollar una literatura nacional y cómo ella debía insertarse o bien diferenciarse de la literatura europea. El conflicto podría ser resumido entonces en la siguiente pregunta: ¿Cuál sería el sentido de la tradición mexicana y su valor actual y cómo comprenderla e insertarla dentro del escenario delineado en el mundo de la segunda mitad del siglo XX? Aun reconociendo sus admirables logros, Paz constataba en *El laberinto de la soledad* que esta *intelligentsia* no había podido resolver adecuadamente esta pregunta —una pregunta que, según él, acompañaría a México a lo largo del siglo XX— por haber perdido independencia frente a los gobiernos emanados de la propia Revolución mexicana. La *intelligentsia* había perdido así, según Paz, la capacidad de lo que debía distinguir al intelectual, a saber: la crítica, el examen, el juicio, que habían sido reemplazados en ella por un espíritu cortesano que había invadido toda la esfera pública minando la posibilidad de una cultura de la argumentación y el debate públicos y razonados. No obstante, el propio Paz reconocía que algunos miembros de esta *intelligentsia* habían intentado mantener cierta independencia intelectual —Paz piensa aquí en Jesús Silva Herzog y su labor dentro del régimen—; considera también a otros pensadores que se apartaron de las esferas del poder gubernamental y del partido único para dar lugar a una alternativa partidaria —por ejemplo, Manuel Gómez Morín, fundador del PAN—; es también aquí que él localiza a otros más que buscaron asumir algunos elementos del marxismo (que los aproximaron a una defensa del estalinismo) para buscar revitalizar y radicalizar el legado de la Revolución mexicana —como Vicente Lombardo Toledano y Narciso Bassols. El ejercicio de la crítica en esta *intelligentsia* se desplazó en ocasiones para asumir o bien la forma de una autocrítica bajo la forma de una autorreflexión sobre las máscaras e ilusiones del México postrevolucionario (por ejemplo, señala Paz, en el Samuel Ramos de *El perfil del hombre y la cultura en México* al que ya nos hemos referido al inicio de este ensayo), de una indagación de nuestra tradición para oponerse tanto al inmovilismo indígena como a la inercia española (Jorge Cuesta), de un empeño en construir un orden institucional que permitiera al intelectual un espacio para la crítica independiente a los regímenes post-revolucionarios (y aquí Paz cita a Cosío Villegas y su labor tanto como creador de la Casa de España en México, fundador de la Escuela Nacional de Economía y del Fondo de Cultura Económica, al igual que su actividad de historiador del pasado mexicano), o bien del magisterio que permitiera la formación académica en el espacio de las universidades públicas donde se empezó a desarrollar una (auto)crítica filosófica e históricamente bien informada del México moderno (por ejemplo, en José Gaos, Edmundo O'Gorman, Leopoldo Zea y el grupo *Hiperión*).[93] Entre todas estas

---

[93] Cfr., la nota 23 del presente ensayo.

formas de ejercicio de la crítica sobresale para Paz, sin embargo, especialmente una figura en particular: la de Alfonso Reyes. En efecto, para Paz la crítica en Reyes aparece como una crítica radical, a saber: como crítica del lenguaje que conlleva no sólo una filosofía y una ética del lenguaje, sino también un modo de hacer frente a nuestra propia historia, a nuestra tradición: escribir es para Reyes, afirma Paz, deshacer el español para rehacerlo de nuevo y convertirlo así en *mexicano* sin cesar de ser, al mismo tiempo, *español*. Es así que se reformula y a la vez prolonga la situación en que la Revolución mexicana ha dejado a nuestro país: fuera de nosotros mismos, necesitados de mirar hacia el exterior para, a partir de la mirada desde ahí difractada, podernos ver a nosotros mismos de otro modo en el horizonte del mundo.

Ha de ser claro entonces que la reflexión de Paz se comprende, por un lado, como una crítica del discurso de la Revolución mexicana, del régimen emanado de ella y, en general, del nacionalismo mexicano en todos los planos, especialmente en el cultural —ello se muestra en sus críticas al muralismo mexicano, al modo en que se ha escenificado el pasado indígena, etc. Por otro lado, sin embargo, por desgracia Paz no fue siempre capaz de reconocer cómo, en el interior del tejido institucional que se fue generando dentro y fuera del ámbito de los gobiernos del México postrevolucionario y de la esfera del partido oficial, fueron abriéndose espacios para una crítica política en el país. Puede pensarse a este respecto no sólo en las críticas provenientes de los ideólogos conservadores ligados al partido político que surgió de los esfuerzos de Gómez Morín (esto es, el PAN); también podrían mencionarse las que surgieron en el interior del propio partido oficial identificado con el régimen en donde se empezó a producir a fines de los setentas y principios de los ochentas una crítica que se expresaría en una corriente en el interior del propio PRI que posteriormente lo abandonaría para propiciar más tarde la fundación del PRD, sin olvidar, por supuesto, las críticas que se produjeron desde la intelectualidad de izquierda —pienso especialmente en la vinculada a figuras como José Revueltas y a revistas académicas y políticas de izquierda que comenzaron a surgir en los años setenta en nuestro país— ni tampoco las que se empezaron a gestar —en forma cada vez más profusa, rigurosa y argumentada— desde las instituciones públicas de educación superior, espacios en los que, por lo menos desde los años cuarenta y cincuenta del siglo pasado, se empezó a concentrar la producción del saber y, con ello, de la reflexión y crítica sobre la historia, la sociedad, la política y la cultura de México. La reflexión sobre México y la mirada autocrítica sobre el mismo no serían posibles en lo sucesivo sólo a partir de visiones poéticas, sino que requerirían la participación de y el debate argumentado con filósofos, historiadores, sociólogos, politólogos y antropólogos profesionales. Con ello se delineaba una comprensión de la actividad de comprensión y crítica de la sociedad, de la historia y del propio presente de nuestro país muy distinta de la que aparece en esa autoestilización que acompañó la representación y escenificación públicas que hizo Paz de sí mismo y de su actividad especialmente a partir de la década de los sesenta, tras la muerte de las dos grandes figuras de la intelectualidad mexicana pertenecientes a una generación anterior a la suya: José Vasconcelos y Alfonso Reyes. Paz comenzó a elaborar entonces una comprensión del decurso de la poesía mexicana que parecía haber llegado al punto más alto con algunos de los poetas de *Contemporáneos* —especialmente Gorostiza y Villaurrutia— con quienes Paz consideraba directamente enlazada su propia actividad poética. Correspondientemente, el ejercicio de la crítica parecía localizarse en forma casi exclusiva en quien, como el propio Paz, se mantenía distante tanto del discurso ideológico de la Revolución mexicana y su expresión simbólica y estética (el muralismo, la novela de la Revolución mexicana, la literatura indigenista, etc.) como del dogmatismo estalinista que aquejaba, según él, no sólo a la izquierda mexicana en su conjunto, sino incluso a prácticamente a toda la del mundo latinoamericano. Paz contribuyó de este modo en forma decisiva a la configuración y definición del campo literario e intelectual de la segunda mitad del siglo XX en México, esto es, a la determinación del canon intelectual, literario y crítico del México del siglo XX, de quiénes forman parte de él, de cómo ha de ser entendida la actividad del intelectual y, en fin, de cómo debe ser localizada y comprendida ya no sólo la crítica literaria, sino también la crítica política y cómo ella debe situarse frente al poder político y económico. La configuración de este campo, sin embargo, no estuvo exenta de exclusiones, silenciamientos y luchas en contra de otras figuras y grupos culturales.[94]

---

[94] Ver a este respecto, por ejemplo: Escalante, 2013, especialmente la reconstrucción que Escalante ofrece tanto de las tensiones existentes en el proceso de confección y publicación de la antología *Poesía en movimiento*

No cesa de inquietar además la pregunta de cómo es
posible que habiendo sido el propio Paz tan agudo al detectar y

editada por Octavio Paz, Alí Chumacero, Homero Aridjis y José Emilio
Pacheco en 1966, como de la actitud de Paz hacia Reyes después de la
muerte de éste (por ejemplo, la exclusión del segundo de *Poesía en
movimiento* decidida por el primero). Véase también el ensayo de Aguilar
Mora: Aguilar Mora, 2010. A este respecto puede verse asimismo la
semblanza de Paz y "su necesidad de homenajes" (Savater) ofrecida por
Fernando Savater en su autobiografía *Mira por dónde* (cfr., Savater, 2003:
334).

Es preciso recordar también, en este mismo sentido, los conflictos entre los
intelectuales agrupados en torno a Octavio Paz y la revista *Vuelta*, por un
lado, y los que formaban parte de *Nexos*, por el otro. Piénsese, por ejemplo,
en el debate público iniciado por Paz en abril de 1992 en el número 185 de la
revista *Vuelta* con el título "La conjura de los letrados" en contra de la, según
él, intención expresa del grupo de intelectuales de la revista *Nexos* —entre
tanto también cooptados prácticamente en su totalidad por el salinismo— por
apoderarse de los centros culturales del país. El motivo de esta airada
reacción de Paz había sido la organización del *Coloquio de Invierno* que la
revista *Nexos*, la UNAM y CONACULTA habían organizado en el mes de
febrero de 1992 en donde el grupo afín a Octavio Paz parecía ver una
respuesta al encuentro *El siglo XX: La experiencia de la libertad* que *Vuelta*
había organizado del 27 de agosto al 2 de septiembre de 1990 (cfr., el
editorial de *Nexos* aparecido en esa revista en el mes de mayo de 1992:
https://www.nexos.com.mx/?P=leerarticulo&Article=268813. Consultado el
30 de octubre del 2013. Ver sobre este debate: Guevara González, 2011).
Este conflicto remitía en último análisis a una confrontación sobre el modo
de entender la producción, comprensión y consumo de la cultura, el papel de
los intelectuales, el sentido de su actividad crítica y su relación tanto con el
Estado y las instituciones culturales y académicas como con el mercado y la
iniciativa privada, la modernización de México, el nacionalismo, la democracia y el mercado (no puede olvidarse en este sentido que en la alocución
inaugural del *Coloquio de Invierno* Carlos Fuentes se refirió a la necesidad
de elaborar las dimensiones requeridas para un "postcapitalismo" en el que la
economía de mercado estuviera articulada con una responsabilidad cívica, en
una clara alusión al tenor que había imperado en el encuentro de *Vuelta*,
como ya se decía en la nota 89 de este trabajo), teniendo como telón de
fondo, además, una confrontación velada entre dos figuras intelectuales y dos
modos de entender la literatura en México y en Latinoamérica: Octavio Paz,
por un lado, y Carlos Fuentes, por el otro (ver sobre esto, por ejemplo, el
relato ofrecido por un literato mexicano de una generación posterior: José
Agustín, 1990-1998, especialmente el volumen 3).

analizar la gradual cooptación de la *intelligentsia* mexicana por el aparato de poder de los regímenes emanados de la Revolución mexicana y el silenciamiento de la crítica que ello conllevaba, fue incapaz de percibir el modo en que él mismo y su figura comenzaron a ser gradualmente cooptados tanto por los regímenes postrevolucionarios[95] como por el poder fáctico de la empresa

---

[95] En una interesante entrevista realizada a Mario Vargas Llosa justamente sobre la figura de Octavio Paz y el papel en *Plural* y *Vuelta* y publicada en México en 1994, el escritor peruano señala lo siguiente, pensando también implícitamente en el autor de *El arco y la lira*:

Como intelectual latinoamericano ¿cree que exista alguna diferencia entre los intelectuales en Latinoamérica y en México?

Sí, hay diferencias. La diferencia es que el PRI ha sido un sistema muy exitoso en cooptar a la clase intelectual. Lo ha hecho de una manera muy novedosa en relación con los otros sistemas autoritarios y totalitarios, que generalmente cooptan al intelectual degradándolo, convirtiéndolo en un instrumento, al que se le exige el servilismo y, a veces, la abyección. La habilidad del PRI ha estado más bien en sobornar muy sutilmente a la clase intelectual ayudándola, subsidiándola, concediéndole trabajos fantasmas que le permitían sobrevivir, ¿no es verdad? Incorporándola a su servicio diplomático y a cargos públicos que muchas veces eran formas disimuladas de subsidio, sin exigir del intelectual ese tipo de servilismo extremo, característico por ejemplo de las dictaduras comunistas. En muchos casos esas reglas de juegos sutiles al intelectual mexicano le permitían ejercitar la crítica y hasta le pedían que lo hiciera. Una crítica, claro, hecha dentro de ciertas reglas, de tal manera que el sistema pudiera mostrar al mundo, y a la propia sociedad mexicana, que era un sistema abierto, que respetaba la disidencia. Ha sido una manera verdaderamente diabólica, pero muy exitosa, de neutralizar a la clase intelectual.

¿Eso no pasa en ninguna parte de América Latina?

Eso no pasa en ninguna parte del mundo. Los gobiernos autoritarios o tienen un gran desprecio al intelectual y no se interesan absolutamente en él para censurarlo porque no lo consideran peligroso, o lo compran y lo convierten en un elemento instrumental, que envilece y degrada al intelectual. En esos países el intelectual está en la disyuntiva de ser un cortesano o un disidente. En México no ha ocurrido esto; en México los intelectuales que han sido castigados son aquellos pocos que el régimen no ha podido neutralizar. Un Revueltas, por ejemplo, al que mandaron a la cárcel, es un caso muy

privada —me refiero específicamente al de la televisión privada en México.[96] Así, en el primer caso, llama la atención encontrar en

excepcional. El PRI no ha querido mandar intelectuales a la cárcel; lo ha hecho cuando no ha tenido más remedio, cuando eran excesivamente rebeldes. Ha preferido siempre sobornarlos de una manera delicada. Los intelectuales tienen que vivir, entonces les crea trabajos; tampoco los hace ricos, les permite sobrevivir dentro de una dependencia que simplemente los limita. Les da coartadas, les ha permitido siempre el izquierdismo, ha sido una de las astucias del PRI. El intelectual mexicano podía ser muy izquierdista con respecto al resto del mundo, y mantenido por el Estado. Eso era perfecto. Al PRI eso le gustaba y le servía mucho porque daba al mundo la imagen de que era un gobierno muy progresista. Los intelectuales mexicanos siempre estaban a la vanguardia del combate: Contra el imperialismo, contra el colonialismo, y al mismo tiempo vivían de los sueldos del PRI. Entonces, eso ha creado esa situación anómala. Lo interesante es que esto no ha sido concebido por una mente maquiavélica, ha sido resultado de ese sistema tan sutil, tan complejo que viene de la sabiduría de un país antiguo, pero al mismo tiempo éste es un mecanismo aterrador, porque es una manera muy eficaz de neutralizar al intelectual y de ponerlo al servicio de un régimen (Entrevista a Mario Vargas Llosa realizada por Jaime Perales, publicada en *Estudios. Filosofía–Historia-Letras*, otoño de 1994. Consultada el 30 de octubre del 2013 en: http://biblioteca. itam.mx/estudios/estudio/letras38/texto1/ sec_1.html).

[96] Según algunos analistas atentos, esta sutil cooptación de Paz, específicamente por Televisa, se empezó a delinear hacia fines de los años setenta con la participación del poeta en un encuentro de comunicación celebrado en Acapulco. Entre las diversas estaciones de esta relación se encuentran la celebración por los setenta años de Paz organizada por Televisa en 1983 y transmitida en 1984 a lo largo de varios programas con el título genérico *Conversaciones con Octavio Paz*, las emisiones que la televisora le consagró a la presencia de México en su obra, la exposición sobre *Los privilegios de la vista* organizada por el *Centro Cultural de Arte Contemporáneo* (perteneciente a la Fundación Cultural Televisa y hoy desaparecido) durante los meses de marzo-junio de 1990 y alcanzó un punto culminante con el apoyo del monopolio televisivo a la organización y difusión del encuentro impulsado por la revista *Vuelta* con el título *El siglo XX: La experiencia de la libertad* del 27 de agosto al 2 de septiembre de 1990 (cfr., Miguel Ángel Granados Chapa en *La Jornada*, 14 de octubre de 1990, p. 4). Los trabajos de este encuentro fueron publicados por la revista *Vuelta* y por la Fundación Cultural Televisa en 6 volúmenes con el título

Pequeña crónica de grandes días (1990a) sus elogios a la reforma económica impulsada por el gobierno de Carlos Salinas de Gortari (1988-1994) —uno de los presidentes más sombríos que haya conocido este país, bajo cuyo régimen inició una etapa de oscuras privatizaciones que evocan el peor de los rasgos del llamado *Crony capitalism* (capitalismo clientelar) en el marco de la implementación de un programa económico de carácter neoliberal, una era de violencia que incluyó asesinatos políticos que transformaron radicalmente el modo de procesar los conflictos en el interior del sistema político mexicano y un proceso de descomposición política y social sin precedente bajo el avance de una economía ligada a una corrupción política desmedida y al creciente poder del narcotráfico, factores todos ellos que contribuyen a explicar la descomposición y miseria políticas y morales en las que actualmente se encuentra postrado México[97]— contrastándola favorablemente con la impulsada en aquel momento en la ex Unión Soviética quizá pensando que ella podría inducir la modernización económica que México requería para estar verdaderamente en el siglo XX.

*   *   *

Para concluir podríamos intentar repensar un problema central que recorre a toda la obra de Paz, a saber, el de la *reconciliación entre la tradición y la modernidad.* Sería preciso

---

genérico *La experiencia de la libertad*. Sobre los debates suscitados por este encuentro, véase la reconstrucción presentada por Rodríguez Ledesma (Rodríguez Ledesma, 1996: 258 y ss.) así como el artículo de Christopher Domínguez Michael publicado en noviembre del 2009: *Memorias del encuentro la experiencia de la libertad.* Consultado el 30 de octubre del 2013: http://www.letraslibres.com/revista/convivio/memorias-del-encuentro-la-experiencia-de-la-libertad. Ver a este respecto las notas 89 y 94 de este trabajo. Diré por mi parte que resulta por lo menos paradójica —si no es que trágica— y ciertamente incomprensible esta ceguera que condujo a un pensador tan penetrante, empeñado en defender el poder y la función de la crítica en la modernidad, a una pérdida prácticamente total de distancia frente a la lógica del mercado y ante la televisión privada que en nuestro país ha sido quizá el más efectivo agente en contra del proceso de *Aufklärung* de los ciudadanos y de su argumentación razonada en el espacio público.

[97] Sobre la relación de Paz con el salinismo, véase: González Rojo, 1990.

recordar en este sentido cómo, en su *Discurso en Alcalá de Henares* con motivo de la entrega del *Premio Cervantes* (1982), Octavio Paz se refería una vez más a este dilema y a la manera en que aparecía representado literariamente en los *Episodios nacionales* de Pérez Galdós (Paz, 1982b: 10-11). En ellos se delineaba en efecto la antítesis aparente entre las dos Españas o, si se quiere, entre el liberalismo y el conservadurismo, entre el cosmopolitismo y el nacionalismo, entre la modernidad y la tradición. Estas tensiones no conducen, sin embargo, a una oposición absoluta ni tampoco a una aniquilación de una parte por la otra, sino a la convivencia entre ambas: "están condenados a convivir, cada uno es el otro y es el mismo" (Paz, 1982b: 11). De acuerdo a Paz, esta lucha, aunque ya no en el plano íntimo, individual, sino más bien en el social, "ha sido la sustancia de la historia de nuestros pueblos durante los dos últimos siglos" (Paz, 1982b: 11). Al decir "nuestros pueblos", Paz se refiere al mundo iberoamericano en general. Ello no significa, desde luego, pasar por alto el hecho de que España y Portugal, por un lado, y México y Perú o Guatemala, por el otro, tienen pasados distintos. Paz se refiere específicamente al "mundo indio": "España y México tienen pasados distintos. En nuestra historia aparece un elemento desconocido en la de España: el mundo indio" (Paz, 1982b: 12). En efecto, la presencia del mundo indígena revela una complejidad cultural que Paz compara con la de aquélla España medieval en la que coexistieran el mundo cristiano-latino con el islámico-árabe y el judeo-hebreo que, para autores como Américo Castro, constituyera el factor decisivo para el desarrollo de la cultura española.[98] Se trata, en ambos casos, de sociedades caracterizadas por el *«multicultura-lismo»*. No obstante, esta denominación común no debe hacernos pasar por alto las diferencias entre ambas: por un lado, el (los) inter-locutor(es) indio(s), la(s) otra(s) cultura(s) india(s) no están, para indicarlo con metáforas y preposiciones espaciales, "fuera", "frente a", sino más bien "dentro de nosotros". Esta(s) otra(s) cultura(s) no fueron expulsadas ni desterradas como lo fueron los árabes y judíos en España en el siglo XV; por el otro, el carácter *monoteísta* de las religiones propias a las culturas judía, islámica y cristiana.[99]

---

[98] Cfr. a este respecto el ya clásico: Castro, 1948.

[99] Acaso esta observación deba ser sin embargo precisada, pues habría algunos aspectos de importancia que Paz deja fuera de su consideración: en primer lugar, que la presencia de la(s) cultura(s) indígena(s) en América Latina es mucho más heterogénea de lo que se piensa lo mismo en México que en Perú, por citar tan

En el caso de México especialmente, y es aquí donde la figura de la otredad en Paz parece adquirir una especificación histórica y social, el mundo indígena ha sido desde el principio el *Otro*. Latinoamérica se ha visto por ello confrontada desde siempre con la *Otredad*, una otredad que, como decía, no está "fuera", sino siempre ha estado "dentro" de nosotros. Esta "aparición de América" modificó, según Paz, el diálogo de España consigo misma, es decir, su *identidad* —transformada ahora por la presencia del Otro en el cual poder reconocerse, del cual poder diferenciarse, en relaciones que varían desde la identificación mimética hasta la destrucción violenta— y, no solamente la identidad y el diálogo de España consigo misma sino, también, la identidad y el diálogo de la civilización occidental europea consigo misma —piénsese, por ejemplo, en las críticas a la civilización europea bajo la figura del *bon sauvage* definido en último análisis por su referencia al "nuevo mundo" en Rousseau, etc. En este sentido señalaba ya Paz, al referirse a la reflexión de intelectuales españoles como Ortega y Gasset, que el diálogo de España con Europa, por un lado, y con América Latina, por el otro, continúa siendo hasta ahora una exigencia:

> Una España más europea —como la que ahora se dibuja— sentirá mayor afinidad con la tradición que presenta Ortega y Gasset, que es la que siempre ha mirado hacia Europa. Pero la cultura europea vive años difíciles y no puede ser ya la fuente de inspiración que fue a principios de este siglo. Además, España es también americana, como lo vio admirablemente Valle-Inclán y no lo vieron ni sintieron Unamuno, Machado y el mismo Ortega y Gasset. Tampoco los poetas de la Generación del 27, a pesar de su descubrimiento de Neruda, sintieron y comprendieron de veras a Hispanoamérica (Paz, 1984: 105).

---

sólo dos de los ejemplos más relevantes en Latinoamérica. En segundo lugar, el caso de países como Argentina o Uruguay donde las culturas indígenas fueron prácticamente aniquiladas durante el proceso de modernización, es decir, de europeización de estos países. En tercer lugar, Paz deja aquí de lado que en algunos países de América Latina se suma a la(s) cultura(s) indígena(s) la presencia de la cultura negra de procedencia africana que da a países como Brasil o Cuba e incluso Colombia y Venezuela características especiales y distintas a países como México y Perú o Argentina y Uruguay.

El desafío que plantea esta diversidad de culturas, voces, pasados e interlocutores parece haberse resuelto hasta ahora en América Latina mediante el recurso a dos tentaciones contrarias (Paz, 1982b: 13): o bien la dispersión y la libertad, esto es la multiplicación de los proyectos culturales y aun de las fronteras políticas —y el ejemplo extremo sería la atomización de América Central y las Antillas; o bien la centralización y la autoridad, es decir, la ordenación de la diversidad cultural en torno a un único proyecto —y en el plano político, el centralismo de Castilla y el de México ofrecen ejemplos relevantes a este respecto.

Para Paz es claro que estos desafíos no pueden ser enfrentados por medio de una suerte de imposición burocrática de arriba a abajo —sea por el Estado, sea por una élite política o por un partido de vanguardia— de los principios del liberalismo, de la modernidad, del cosmopolitismo planteados en las dicotomías anteriormente señaladas. De esta manera cita a un personaje de Galdós:

> ...todos los españoles deben abrazar la bandera de la libertad y admitir los progresos del siglo... y si no todos desean entrar por este camino, los rebeldes deben ser convencidos a palos, para lo cual convendría que los libres se armen, formando una milicia. Este curioso liberal era un devoto de Rousseau, el de la omnipotencia de "la voluntad general", máscara democrática de la tiranía jacobina (Paz, 1982b: 13).

Y, más adelante:

> Apenas la libertad se convierte en un absoluto, deja de ser libertad: su verdadero nombre es despotismo (Paz, 1982b: 14).

Se requiere pues, parece querer decir Paz, que los principios de la modernidad —articulados por Paz en este escrito en torno a dos ideas básicas: la *libertad* y la *democracia*— estén anclados en la vida cotidiana de las sociedades latinoamericanas, que estén integrados, por así decirlo, como una forma de vida. Se trata, pues, de propiciar una suerte de "reconciliación", "síntesis" entre los ideales del liberalismo, de la modernidad, del cosmopolitismo con las respectivas tradiciones nacionales. Esta tarea requiere, de acuerdo a Paz, no tanto "piedad histórica" como "imaginación política", algo de lo que se ha carecido en América Latina (cfr., Paz, 1982b: 14-15). La libertad se mostraría en ese momento no como una ideología, sino como una virtud, como una crítica de los absolutos —y aquí parece referirse Paz implícitamente a la izquierda latinoamericana— que permita descubrir al Yo y a las sociedades en América Latina como lo Otro o, dicho más suavemente, como lo *Plural* (Paz, 1982b: 16).[100]

Así, al igual que para Alfonso Reyes, Samuel Ramos y José Gaos, según lo hemos visto ya al inicio de este ensayo, para Paz es también irreversible e incuestionable la pertenencia del mundo iberoamericano a la modernidad occidental. Paz reconoce en todo momento que desde la Conquista el país se ha convertido cada vez más en un país occidental. No se trata por ello de elegir a favor o en contra de la modernidad. Esa elección ya ha sido hecha. "Estamos *condenados* a ser modernos" (Paz, 1989: 472). La historia, la lengua y la cultura en América Latina expresan nuestra filiación a Occidente; somos "un extremo de Occidente —un extremo excéntrico, pobre y disonante" (Paz, 1975a: 61). Para Paz es claro entonces que "si México quiere ser, tendrá que ser moderno". Se trata, sin embargo, de una modernidad, agrega Paz, que no puede ni debe renegar de la propia tradición sino que más bien debe colocarse ante ella de modo creador. La falla de los modernizadores e ilustrados ha consistido en que renegaron de las tradiciones y copiaron sin discernimiento las novedades de fuera. "Perdieron el pasado y también el futuro. Modernizar no es copiar sino adaptar; injertar y no transplantar. Es una operación creadora, hecha de conservación, imitación e invención" (Paz, 1990: 407). Esta relación entre modernidad y tradición ha sido capital en la historia de México. La mayoría de los conflictos históricos no han sido sino variaciones de este tema medular: sea en la Independencia, sea en las luchas entre conservadores y liberales, sea en el contraste entre los proyectos modernizadores de Porfirio Díaz y la realidad tradicional del México agrario o ya en el siglo XX (cfr., Paz, 1990: 407).

De lo que se trata entonces es de adaptar nuestro pasado y nuestra cultura a esa modernidad, desafío al que se han enfrentado

---

[100] Cabría la posibilidad de pensar que en el plano de la actividad intelectual o, más específicamente, literaria y filosófica, esta libertad se expresa en un género que no busca agotar su tema, ni compilar ni tampoco sistematizar, sino *explorar*. Se trata de un género que oscila entre la dispersión y la centralización mencionadas, a saber, el *ensayo:* "La prosa del ensayo fluye viva, nunca en línea recta, equidistante siempre de los dos extremos que sin cesar la acechan: el tratado y el aforismo. Dos formas de la congelación" (Paz, 1984:98).

con éxito otros países como Japón (Paz, 1989: 472). Esta reconciliación entre tradición y modernidad es la que se encuentra expresada en las obras artísticas más destacadas en América Latina. Así, al hablar de Luis Barragán, señala que

> ...su arquitectura viene de los pueblos mexicanos, con sus calles limitadas por altos muros que desembocan en plazas con fuentes. En la arquitectura popular mexicana se funde la tradición india precolombina con la tradición mediterránea. Las formas son cúbicas, los materiales son los que se encuentran en la localidad y los muros están pintados con vivos colores –rojos, ocres y azules- a diferencia de los pueblos mediterráneos y moriscos que son blancos. El arte de Barragán es un ejemplo del uso inteligente de nuestra tradición popular. Algo semejante han hecho algunos poetas, novelistas y pintores contemporáneos. Nuestros pueblos y educadores deberían inspirarse en ellos: nuestra incipiente democracia debe y puede alimentarse de las formas de convivencia y solidaridad vivas todavía en nuestro pueblo... Para ser modernos de verdad tenemos antes que reconciliarnos con nuestra tradición (Paz, 1980: 208).[101]

No sé si sea esto lo que se advierta en último análisis en el modo en que Paz interpretó el movimiento neozapatista en Chiapas que apareció en la escena pública con violencia en enero de 1994.[102] En Chiapas, anotaba Paz, la modernidad había penetrado tarde y mal. Había trastornado la cultura tradicional y acentuado la desigualdad social. Aunque inicialmente le preocupaba encontrar

---

[101] Tal vez podrían ser colocadas en una línea similar a ésta las reflexiones de José Revueltas en sus ensayos publicados póstumamente. Allí él se vuelve tanto contra la novela regional lo mismo que contra la "falsa magia" que cree encontrar en Juan Rulfo y en García Márquez al igual que en contra del "falso cosmopolitismo" de Julio Cortázar y Carlos Fuentes para abogar a favor de una literatura que pudiera enlazar sin tensión lo nacional con lo universal (cfr., Revueltas, 1972).

[102] Las fuentes para reconstruir esto son básicamente artículos periodísticos publicados en el diario mexicano *La Jornada* así como comentarios y editoriales aparecidos en la revista *Vuelta*. Ellos han aparecido en el volumen 14 de sus *Obras Completas. Miscelánea II. Entrevistas y Últimos escritos*, pp. 244 y ss.

en el ideario político de los indígenas de Chiapas "restos del gran naufragio de las ideologías revolucionarias del siglo XX", el problema se le presentaría posteriormente como un problema de *traducción* de la cultura de los indígenas chiapanecos a la modernidad y de cómo esa cultura puede insertarse en la moderna cultura mexicana, es decir, de nuevo, el problema de la reconciliación entre la tradición y la modernidad. En esta reconciliación de la tradición con la modernidad habría que mantener como un eje rector a la crítica, única defensa contra el monólogo autoritario, pues solamente ella podía fundar el espacio —físico, social y moral— en el que pudieran desplegarse el arte, la literatura y la política. Precisamente la construcción de ese espacio era, decía Paz ya desde 1975, el primer deber de los escritores en nuestra lengua (Paz, 1975a: 66). Él debía hacer posible —y en él a la vez deberían anclarse—la libertad y la democracia comprendida ésta última como una forma y una cultura de convivencia entre los individuos basada en la solución pacífica de los conflictos. Una y otra, libertad y democracia, debían estar integradas en un proyecto político en el que, como lo señalara Paz después del derrumbe del socialismo real, pudieran reconciliarse el liberalismo y el socialismo.[103]

Quizá todo ello reconduzca a la poética, y en general a la forma en que, ya desde *¿Águila o Sol?* (1951), se había planteado la relación entre los extremos de una oposición. La dualidad a primera vista irresoluble planteada por el título debe ser comprendida más bien como una unidad de tensión: para los aztecas el Dios águila era en realidad el sol. En forma análoga, la vida y la muerte, la noche y el día, la prosa y la poesía, el lenguaje coloquial y el poético, la razón y el mito, la tradición y la modernidad debían aparecer, si no reconciliados, sí pensados en una unidad aunque cargada siempre de tensiones.

Ello nos conduce, en último término, al modo en que ha de ser reconciliado el presente con el pasado y ambos, a su vez, enlazados con el futuro, acaso una —imposible y por ello nunca del todo lograda— reconciliación del tiempo consigo mismo. Con ello se plantea un problema que había sido ya analizado por Friedrich Nietzsche en la segunda de sus *Unzeitgemäße Betrachtungen* [*Consideraciones intempestivas*] publicada con el título *Vom Nutzen*

---

[103] Ver esto ya desde Paz, 1989: 470-471 así como, de nuevo, un par de años antes de su muerte, el 13 de enero de 1996 (cfr., Paz, *Obras Completas*, vol. 14, p. 274).

und Nachteil der Historie für das Leben [*De la utilidad y perjuicio de la historia para la vida*] (1874).[104] En efecto, Nietzsche se había referido al modo en que la conciencia moderna, anhelante de saber histórico, había perdido aquella "fuerza plástica de la vida" que colocaba a los seres humanos en condiciones de "interpretar el pasado a partir de la fuerza suprema de la actualidad" en una orientación hacia el futuro.[105] La reflexión de Nietzsche se desarrollaba a partir de la exposición de tres formas posibles de relación con la tradición histórica y, en general, con el pasado, en una época caracterizada por la pretensión de establecer una relación "científica" con él tal y como ésta se presentaba en la ciencia de la historia en el siglo XIX. El gran peligro que Nietzsche advertía en la relación con el pasado, en el "sentido histórico [*historischer Sinn*]", era el de que el peso del pasado terminara por paralizar "la fuerza plástica de un hombre, de un pueblo, de una cultura". Es aquí que un elemento de olvido podría tener para él una fuerza terapéutica. A la vez, apuntaba Nietzsche, mientras más intensa fuera la "fuerza plástica de la vida" de un hombre, una sociedad o una cultura, más podrían éstos apropiarse e integrar dentro de sí su propio pasado (Nietzsche I, 251). Es así que Nietzsche distinguía tres modos en los que la historia servía o podía servir para la vida: el primero de ellos era el modo "monumental" donde la historia aparecía como modelo, como sostén y a la vez como consuelo que conducía a una falsa idealización del pasado que dejaba de lado el "verdadero nexo histórico de causas" creyendo, en cambio, en una suerte de eterno retorno de lo igual por el que las mismas constelaciones históricas tendrían que repetirse una y otra vez hasta en sus detalles más ínfimos. El segundo modo, al que Nietzsche denominara el "anticuario", es el que buscaba conservar [*bewahren*] y venerar [*verehren*] el pasado y se caracterizaba por el rasgo fundamental de la piedad (Nietzsche I, 266). Finalmente, el tercer modo, apunta a una ruptura con el pasado para potenciar de esa manera a la propia vida. En este caso se generaba, apunta Nietzsche, un sentido "crítico [*kritisch*]" con relación a la historia en la lucha por la

---

[104] Friedrich Nietzsche, *Sämtliche Werke*, 15 Bde., ed. por G. Colli y M. Montinari, Deutscher Taschenbuch Verlag de Gruyter, *Unzeitgemaesse Betrachtungen*, Bd. I. Se cita en lo sucesivo indicando el nombre del autor, el volumen en números romanos en que aparece la obra en esta edición de las obras de Nietzsche y, finalmente, el número de página(s) correspondientes.
[105] Nietzsche I, 293.

liberación de algún estado específico de penuria. De esta manera el pasado se sometía a juicio para así poder liberar a la vida conducida por un impulso inagotable de creación. Es esta orientación, sin embargo, la que producía el gran peligro que conlleva este modo de relación con el pasado, a saber: "el de darse por así decirlo a posteriori un pasado del que se querría provenir" (Nietzsche I, 270). Al modo de un diagnosticador, a Nietzsche le preocupaba especialmente el analizar "la enfermedad histórica", es decir, aquella patología producida por una relación distorsionada con el pasado. Sólo de esta manera, parece pensar Nietzsche, es que la historia podría resolver el problema que ella misma se plantea dirigiendo, como él mismo anota, "el aguijón del saber contra sí mismo" (cfr., Nietzsche I, 306). Ello implicaba, entre otras cosas, poder considerar al saber del pasado, a la ciencia de la historia, como algo devenido, producido y vinculado a una relación con el pasado donde éste fuera comprendido e interpretado desde el presente y permitiera orientar nuestra acción en él y proyectarnos —fuera en forma individual o colectiva— a expectativas abiertas en dirección al futuro.

Quizá sean un problema similar y una tentativa de respuesta próximos a los de Nietzsche los que reaparecen en la reflexión de Octavio Paz sobre México. En efecto, al igual que a Nietzsche para quien "[só]lo desde la fuerza suprema del presente es posible interpretar el pasado [*Nur aus der höchsten Kraft der Gegenwart dürft ihr das Vergangene deuten*]" (Nietzsche I, 293 y s.), para Paz se trata también de liberar al México moderno del peso de la tradición y del pasado —en este caso del vinculado al pasado indígena— buscando no tanto aniquilarlo como generar una relación productiva con él. Es en este sentido que, al final de *Postdata*, Paz señala que la crítica política, social y moral del México moderno tendría que pasar por la crítica al Museo de Antropología, a su arquitectura monumental y a la glorificación del pasado indígena que en ella se expresa —y esa crítica sería por ello, como para Nietzsche, una crítica histórica, una crítica que debía proceder como el ácido que disuelve las imágenes petrificadas de nosotros mismos, por ejemplo, la vinculada a esa exaltación del pasado indígena en el Museo de Antropología (cfr., Paz, 1970: 324).

En el caso de Paz, esta relación con el pasado y esta apertura hacia el futuro desde el ahora que privilegia al presente como horizonte de comprensión del tiempo se asocia, sin embargo, quizá no tanto a Heidegger como a Proust y a Eliot y, a través de ellos, a Henri Bergson. Quizá haya sido especialmente el Eliot de *Four Quartets* (1943) y su comprensión del tiempo como eternamente presente lo que se encuentre en el fondo de esta idea de Paz:

Burnt Norton

I
Time present and time past
Are both perhaps present in time future
And time future contained in time past.
If all time is eternally present
All time is unredeemable.
What might have been is an abstraction
Remaining a perpetual possibility
Only in a world of speculation.
What might have been and what has been
Point to one end, which is always present.

[Burnt Norton
I
El tiempo presente y el tiempo pasado
Acaso estén presentes en el tiempo futuro
Y tal vez al futuro lo contenga el pasado.
Si todo tiempo es un presente eterno
Todo tiempo es irredimible.
Lo que pudo haber sido es una abstracción
Que sigue siendo perpetua posibilidad
Sólo en un mundo de especulación.
Lo que pudo haber sido y lo que ha sido
Tienden a un solo fin, presente siempre][106]

Four Quartets
T. S. Eliot

---

[106] T.S. Eliot: *Four Quartets*. Sigo prácticamente en su totalidad la traducción de José Emilio Pacheco: T.S. Eliot: *Cuatro Cuartetos*. México: FCE-El Colegio Nacional, 1989.

Acaso sea en este punto en donde pueda encontrarse un espacio legítimo para una poetización de la política: el tiempo del origen de la poesía no es un tiempo anterior localizado en un pasado mitificado, como parece presuponerlo Paz en su transposición política del tiempo mítico mediante el recurso a su noción de *revuelta*.[107] Es un tiempo ahora en el que "cada ahora es un comienzo, cada ahora es un fin. La vuelta al origen es la vuelta al presente" (Paz, 1974: 469). La visión de este ahora como "centro de convergencia de los tiempos" (Paz) asigna así al presente un valor central en la tríada temporal. No obstante, la experiencia del tiempo no se considera aquí desde un pasado mítico que prolongaría su fuerza hasta el presente; tampoco a partir de la esperanza de un futuro caracterizado por la promesa del progreso y por una etérea idea de reconciliación final. Ambos, pasado y futuro, como lo señala Paz, se convierten más bien en "dimensiones del presente, ambos son presencias y están *presentes* en el ahora" (Paz, 1974: 469). A esta estética del presente, a esta poética del ahora, debían asociarse una ética y una política también del presente. La "Ética del ahora", anota Paz, debe afirmar al placer y al cuerpo y afrontar nuestra radical finitud y, con ella, nuestra temporalidad. Una "Política del ahora" por su parte debía cesar de comprenderse a sí misma como un proyecto de construcción de futuro. Más bien, dirá Paz, "su misión es hacer habitable el presente" (Paz, 1974: 469).[108]

---

[107] Ver a este respecto lo ya señalado tanto en la nota 36 como en la 108.

[108] Me parece que es aquí donde podría localizarse una apropiación productiva de un tiempo mítico, de una suerte de *Jetztzeit* como aquél al que se refiriera Walter Benjamin en *Über den Begriff der Geschichte* (1940). Ello no tiene por qué ser considerado como una expresión de conservadurismo —y en este punto debo decir que no comparto la interpretación que hace Loaeza de este aspecto del pensamiento de Paz interpretándolo como "conservador" (cfr. *Octavio Paz: El último intelectual mexicano*, en: http://www.nexos.com.mx/?P=leerarticulo&Article=2100648. Consultado el 30 de octubre del 2013). Por las mismas razones me aparto también de la —por otra parte muy penetrante— lectura de Aguilar Mora sobre Paz en este punto: No hay discriminación en este trayecto, no hay selección, no hay una verdadera elección vital, no hay un verdadero eterno retorno: en la obra de Paz todo regresa, regresa todo idéntico, regresan las negaciones, regresa lo que niega la vida, regresa la afirmación, regresa la disidencia, regresa el conformismo y el conservadurismo,

Una "política del ahora", sin embargo, no puede desentenderse de un entramado de ideas rectoras que han estado a la base del tejido social, institucional, jurídico y político de México y que se han condensado en procesos y acontecimientos históricos, en movimientos sociales y culturales e incluso en figuras individuales, al igual que en espacios arquitectónicos en los que ellos se articulan y expresan simbólicamente: dos de ellas son de especial importancia, la de la libertad, por un lado, y la de la justicia social, por el otro. Es a la luz de ellas que tiene que descifrarse el pasado, comprender el presente e iniciar luchas dentro de él para poder abrir así una perspectiva de futuro. En ello no se trata de buscar en el pasado una suerte de arquetipo para ser revitalizado en el presente —sea que él provenga de la Grecia clásica como en Alfonso Reyes, de un nacionalismo romantizante con rasgos protofascistas como en el último José Vasconcelos, de un idealizado pasado indígena o de una idea de hispanismo tradicional permeado ocasionalmente de resonancias monárquicas y conservadoras, y ya perimida. Se trata más bien de afirmar —como ya lo habían hecho Ramos, Gaos y el propio Paz— la radical y, al mismo tiempo, compleja modernidad de una sociedad con incipientes tradiciones democráticas guiada por dos principios rectores: libertad y justicia. La articulación, mantenimiento y defensa de los mismos no tiene por qué ser remitida exclusivamente a la rebeldía individual del artista —del poeta— dotado de la visión momentánea de una otredad que siempre se le sustrae, sino más bien a la actividad del ciudadano quizá desencantado de la ilusión de la existencia de una necesidad férrea que habría de conducirlo en forma inexorable a un futuro soñado y localizado en el espacio público en el que vive, actúa, habla, razona y argumenta, traduciendo el ruido insomne de la multitud de voces en palabras, imágenes y espacios habitables que posibiliten la convivencia común con los otros en forma pacífica y civilizada.

Quizá ello muestre en último análisis que la trayectoria delineada por el curso de la poesía moderna parece ser similar no sólo a la recorrida por el ensayista, sino a la que ha caracterizado al curso de la propia modernidad:

---

es un eterno retorno pero cíclico, previsible a lo largo de la trayectoria de estos últimos años (Aguilar Mora, 1978: 117).

... su centro y eje es "Itinerario", relato y descripción de un viaje, a través del tiempo, entre dos puntos, uno de salida y otro de llegada. La línea que traza ese trayecto no es la recta ni el círculo sino la espiral, que vuelve sin cesar y sin cesar se aleja del punto de partida. Extraña lección: no hay regreso pero tampoco hay punto de llegada (Paz, 1993:9).

São Paulo, noviembre del 2013

Bibliografía

Literatura primaria

Paz, Octavio (1950): *El laberinto de la soledad* (1950) en Paz, O., *El laberinto de la soledad*, México, FCE, 1981.

Paz, Octavio (1951a): "Antonio Machado", en: *Obras Completas*, vol. 3. *Fundación y disidencia*, México: FCE-Círculo de Lectores, segunda ed. 1994, pp. 339-344.

Paz, Octavio (1951b): "Los campos de concentración soviéticos", en: *Obras Completas,* vol. 9: *Ideas y costumbres I: La letra y el cetro*. México: FCE-Círculo de Lectores, segunda ed. 1994, pp. 167-170.

Paz, Octavio (1956): *El arco y la lira. El poema. La revelación poética. Poesía e historia*, México: FCE, 1a. ed. 1956. Se cita de acuerdo a la primera reimpresión (1970) de la segunda edición corregida y aumentada de 1967.

Paz, Octavio (1957): *Las peras del olmo*. México: Imprenta Universitaria. Este texto aparece en las *Obras Completas*, vol. 2. *Excursiones/Incursiones: dominio extranjero*, México: FCE-Círculo de Lectores, segunda ed. 1994.

Paz, Octavio (1965a): *Cuadrivio: Darío, López Velarde, Pessoa, Cernuda*. México: Joaquín Mortiz.

Paz, Octavio (1965b): *Los signos en rotación*. Texto aparecido originalmente en *Sur* e incorporado posteriormente como epílogo a la segunda edición de *El arco y la lira* (1967). Se cita según la edición de las *Obras Completas*, vol. 1. *La casa de la presencia*, México: FCE-Círculo de Lectores, segunda ed. 1994, pp. 247-273.

Paz, Octavio (1966): *Puertas al campo*. México: UNAM.

Paz, Octavio (1967a): *Corriente alterna*. México: Siglo XXI.

Paz, Octavio (1967b): *Claude Lévi-Strauss o el nuevo festín de Esopo*. México: Joaquín Mortiz.

Paz, Octavio (1967c): «Poesía latinoamericana» (1967), publicado inicialmente en: Octavio Paz, *El signo y el garabato*, México: Joaquín Mortiz, 1973. Se cita de acuerdo a la edición de las *Obras Completas*, vol. 3. *Fundación y disidencia*, México: FCE-Círculo de Lectores, segunda ed. 1994, pp. 69-79.

Paz, Octavio (1969): *Conjunciones y disyunciones*. México: Joaquín Mortiz.

Paz, Octavio (1970): *Postdata*, publicado por vez primera en México, Siglo XXI, 1970. Se cita de acuerdo a la edición de las *Obras Completas*, vol. 8. *El peregrino en su patria*, México: FCE-Círculo de Lectores, segunda ed. 1994, pp. 267-324.

Paz, Octavio (1971): "Las "confesiones" de Heberto Padilla", en: *Obras Completas*, vol. 9: *Ideas y costumbres I: La letra y el cetro*. México: FCE-Círculo de Lectores, segunda ed. 1994, pp. 170-171.

Paz, Octavio (1973): *El signo y el garabato*. Este texto aparece en las *Obras Completas*, vol. 2. *Excursiones/Incursiones: Dominio extranjero*, México: FCE-Círculo de Lectores, segunda ed. 1994.

Paz, Octavio (1974): *Los hijos del limo. Del romanticismo a la vanguardia.* (Este libro está basado en las *Charles Eliot Norton Lectures* impartidas por Octavio Paz en la Universidad de Harvard en el primer semestre de 1972). Se cita de acuerdo a la edición de las *Obras Completas*, vol. 1. *La casa de la presencia. Poesía e historia*, México: FCE-Círculo de Lectores, segunda ed. 1994, pp. 321-484.

Paz, Octavio (1975a): «¿Es moderna nuestra literatura?» (1975), publicada inicialmente en: Octavio Paz, *In/mediaciones*, Seix Barral, Barcelona, 1979. Se cita de acuerdo a la edición de las *Obras Completas*, vol. 3. *Fundación y disidencia*, México: FCE-Círculo de Lectores, segunda ed. 1994, pp. 58-66.

Paz, Octavio (1975b): "Vuelta a *El laberinto de la soledad*. Conversación con Claude Fell" (entrevista publicada originalmente en *Plural*, 50, noviembre de 1975) en Paz, O. *El laberinto de la soledad*, ed. de Enrico Mario Santí, Ed. Cátedra, Letras Hispánicas.

Paz, Octavio (1976): *Apariencia desnuda. La obra de Marcel Duchamp* (1976). Se cita de acuerdo a la edición de las *Obras Completas. Los privilegios de la vista I. Arte moderno universal*. México: Círculo de Lectores–FCE, 1993, pp. 127-247.

Paz, Octavio (1978): *Xavier Villaurrutia: en persona y en obra*. México: FCE. Se cita de acuerdo a la edición de las *Obras Completas*, vol. 4. *Generaciones y semblanzas: Dominio mexicano*, México: FCE-Círculo de Lectores, segunda ed. 1994, pp. 58-66.

Paz, Octavio (1979a): *Poemas (1939-1975)*. Barcelona: Seix Barral.

Paz, Octavio (1979b): *El ogro filantrópico*. México: Joaquín Mortiz.

Paz, Octavio (1980): «Premio Pritzker a Luis Barragán», aparecido originalmente en *Vuelta*, México, Num. 43, junio de 1980. Se cita de acuerdo a la edición de las *Obras Completas*, vol. 14. *Miscelánea II*, México: FCE-Círculo de Lectores, segunda ed. 2001, pp. 207-208.

Paz, Octavio (1982a): *Sor Juana Inés de la Cruz o las trampas de la fe* (1982), en Paz, O., *Obras Completas*, vol. 5, México: FCE-Círculo de Lectores, segunda ed. 1994.

Paz, Octavio (1982b): *La tradición liberal* (1982) en Paz, O., *Hombres en su siglo*, Barcelona: Seix Barral, 1984, pp. 9-16.

Paz, Octavio (1983): "América Latina y la democracia", texto aparecido en *Tiempo nublado* (1983). Se cita conforme a la edición: Octavio Paz: *Obras Completas. Ideas y costumbres I. La letra y el cetro*. México: FCE-Círculo de Lectores, 1993, pp. 73-95.

Paz, Octavio (1984): *José Ortega y Gasset: el cómo y el para qué* (1980) en Paz, O., *Hombres en su siglo*, Barcelona: Seix-Barral, 1984, pp. 97-110.

Paz, Octavio (1986): "Repaso en forma de preámbulo", en: Octavio Paz: *Obras Completas. Los privilegios de la vista I. Arte moderno universal*. México: FCE-Círculo de Lectores, 1993, pp. 21-37.

Paz, Octavio (1989): "En el filo del viento: México y Japón (conversación con Tetsuji Yamamoto y Yumio Awa)" publicada en el número I de *Iichiko Internacional*, Tokio. Reproducida en *Excélsior* en marzo de 1989. Se cita de acuerdo a la edición de las *Obras Completas*, vol. 8. *El peregrino en su patria*, México: FCE-Círculo de Lectores, segunda ed. 1994, pp. 454-477.

Paz, Octavio (1990a): *Pequeña crónica de grandes días*. Publicado inicialmente en el Fondo de Cultura Económica, México, 1990. Se cita de acuerdo a la edición de las *Obras Completas*, vol. 9. *Ideas y Costumbres I. La letra y el cetro*, México: FCE-Círculo de Lectores, segunda ed. 1994, pp. 369-421.

Paz, Octavio (1990b): *Alba de la libertad*. Intervención en el encuentro internacional *La revolución de la libertad,* celebrado en Lima el 7 y 8 de marzo de 1990. Este texto fue publicado originalmente en *Pequeña crónica de grandes días* (México: FCE, 1990). Se cita de acuerdo a la edición de las *Obras Completas*, vol. 9. *Ideas y costumbres I. La letra y el cetro*, México: FCE-Círculo de Lectores, segunda ed. 1994, pp. 467-472.

Paz, Octavio (1991a): «Unidad, modernidad, tradición», Prólogo a Octavio Paz, *Obras Completas*, vol. 3, *Fundación y disidencia*, México: FCE-Círculo de Lectores, segunda ed. 1994, pp. 15-22.

Paz, Octavio (1991b): «América en plural y singular (Entrevista con Sergio Marras)». Se cita conforme a la edición: Octavio Paz: *Obras Completas,* vol. 9, *Ideas y costumbres I. La letra y el cetro*. México: FCE-Círculo de Lectores, 1993, pp. 137-163.

Paz, Octavio (1993): «Cómo y por qué escribí *El laberinto de la soledad*» en Octavio Paz: *Itinerario*, México: FCE, 1993.

Paz, Octavio (2011): *Sueño en libertad. Escritos políticos. Octavio Paz.* Selección y prólogo de Yvon Grenier. Barcelona: Seix-Barral, 2001.

Literatura secundaria

Adorno, Theodor W. (1970): *Ästhetische Theorie.* Hrsg. von Gretel Adorno und Rolf Tiedemann. Frankfurt am Main 1970. Aparecida en: Theodor W. Adorno: *Gesammelte Schriften.* Hrsg. von Rolf Tiedemann unter Mitwirkung von Gretel Adorno, Susan Buck-Morss und Klaus Schultz. Bde. 1–20 (in 23 Bdn. geb.). Bd. 7. Frankfurt am Main 1970–1980. – [Rev. Taschenbuch-Ausg.] Frankfurt am Main: Suhrkamp, 1997.

Adorno, Theodor W. /Horkheimer, Max (1944): *Dialektik der Aufklärung. Philosophische Fragmente.* Aparecida en: Max Horkheimer: *Dialektik der Aufklärung und Schriften 1940-1950* (*Gesammelte Schriften*, 19 Bände, hrsg. von Gunzelin Schmid Noerr, Band 5, Frankfurt: S. Fischer, 1987).

Aguilar Mora, Jorge (1978): *La divina pareja: historia y mito. Valoración e interpretación de la obra ensayística de Octavio Paz.* México: Era.

Aguilar Mora, Jorge (2010): *La sombra del tiempo. Ensayos sobre Octavio Paz y Juan Rulfo.* México: Siglo XXI editores.

Agustín, José (1990-1998): *Tragicomedia mexicana.* 3 vols. México: Planeta.

Álvarez Junco, José (2001): *Mater dolorosa: La idea de España en el siglo XIX.* Madrid: Taurus.

Auerbach, Erich (1946): *Mimesis. Dargestellte Wirklichkeit in der abendländischen Literatur.* 9. Auflage. Francke, Bern 1994 (Erstausgabe 1946; erweiterte Aufl. seit 1959).

Barthes, Roland (1957): *Mythologies.* Paris: Seuil.

Bartra, Roger (1987): *La jaula de la melancolía: identidad y metamorfosis del mexicano,* México: Grijalbo.

Bataille, Georges (1976): "*La Souveraineté*", en: Georges Bataille: *Œuvres Complètes.* 12 vols., vol. VIII. Paris: Gallimard, 1970-1988.

Behler, Ernst (1993): *Studien zur Romantik und zur idealistischen Philosophie.* Paderborn: Schöningh.

Bell, Daniel (1973): *The coming of post-industrial society.* New York: Basic Books.

Bénichou, Paul (1995): *Selon Mallarmé.* Paris: Gallimard.

Benjamin, Walter (1936): "Das Kunstwerk im Zeitalter seiner technischen Reproduzierbarkeit", en: Walter Benjamin: *Gesammelte Schriften,* I, 2, ed. por Rolf Tiedemann, H. Schweppenhäuser, en colaboración con Th. W. Adorno y G. Scholem. Frankfurt am Main: Suhrkamp, pp. 471-508.

Benjamin, Walter (1940): *Über den Begriff der Geschichte. Werke und Nachlass – Kritische Gesamtausgabe*, Bd. 19. Hrsg. von Gérard Raulet. Berlin: Suhrkamp, 2010.

Berg, Walter-Bruno (2010): "México en el siglo XXI: Independencia y Revolución Mexicanas en la obra de Carlos Monsiváis", en: Gustavo Leyva, Brian Connaughton, Rodrigo Díaz, Néstor García Canclini y Carlos Illades (eds.): *Independencia y revolución: Pasado, presente y futuro*. México: FCE-UAM, 2010, pp. 713-738.

Blanchot, Maurice (1959): *Le livre à venir*. Paris: Gallimard.

Bloch, Ernst (1935): *Erbschaft dieser Zeit*. Zürich, 1935. Se cita según la edición: Ernst Bloch: *Gesamtausgabe in sechzehn Bänden*-Band 4: *Erbschaft dieser Zeit*. Frankfurt am Main: Suhrkamp, 1985.

Bobbio, Norberto (1999): *Teoria generale della politica*. Torino: Einaudi (trad. española: *Teoría general de la política*, edición de Michelangelo Bovero. Madrid: Trotta, 2003).

Bonfil Batalla, Guillermo (1987): *México profundo. Una civilización negada*. México: SEP-CIESAS.

Borsò, Vittoria (1994): *Mexiko jenseits der Einsamkeit. Versuch einer interkulturellen Analyse*. Frankfurt am Main: Vervuert.

Borsò, Vittoria (2010): *Independencia y revolución: De las utopías a las paradojas. Transformaciones culturales en el pensamiento mexicano*, en: Gustavo Leyva, Brian Connaughton, Rodrigo Díaz, Néstor García Canclini y Carlos Illades (eds.): *Independencia y revolución: Pasado, presente y futuro*. México: FCE-UAM, 2010, pp. 739-773.

Botton, Flora (2011): "Octavio Paz y la poesía china: Las trampas de la traducción," en: *Estudios de Asia y África*, XLVI, 2, 2011, pp. 269-286.

Brading, David A. (2002): *Octavio Paz y la poética de la historia mexicana*. México: FCE.

Bradu, Fabienne (2004): *Los puentes de la traducción. Octavio Paz y la poesía francesa*. México: UNAM-Universidad Veracruzana.

Breuer, Stefan (1995): *Ästhetischer Fundamentalismus. Stefan George und der deutsche Antimodernismus*. Darmstadt: Wissenschaftliche Buchgesellschaft.

Breuer, Stefan (2002): *Moderner Fundamentalismus*. Berlin-Wien: Philo.

Caillois, Roger (1939): *L'Homme et le Sacré*. Se cita según la edición de Paris: Gallimard, 1988.

Castañón, Adolfo (2007): *Alfonso Reyes: caballero de la voz errante*. Monterrey: Universidad Autónoma de Nuevo León.

Castoriadis, Cornelius (1978-1999): *Les carrefours du labyrinthe*. 6 vols. Paris: Seuil.

Castro, Américo (1948): *España en su historia: cristianos, moros y judíos*. Buenos Aires: Losada, 1948.

Cortázar, Julio (1982): "Homenaje a una estrella de mar", en: Enrico Mario Santí (ed.): *Luz espejeante. Octavio Paz ante la crítica*. México: ERA-UNAM, 2009, pp. 17-19.

Cristoffanini, P. R. (1999): "¿Esencial o híbrida? La cuestión de la cultura nacional en México" en: Hugo Cancino/Susanne Klengel/Nancy Leonzo (eds.): *Nuevas perspectivas teóricas y metodológicas de la historia intelectual en América Latina*, Frankfurt am Main-Madrid: Vervuert-Iberoamericana, pp. 95-122.

de Man, Paul (1971): *Blindness & Insight. Essays in the rhetoric of contemporary criticism*. New York: Oxford University Press.

de Man, Paul (1979): *Allegories of reading: Figural language in Rousseau, Nietzsche, Rilke, and Proust*. New Haven: Yale University Press.

Derrida, Jacques (1967): *L'Écriture et la différence*. Paris: Seuil.

Derrida, Jacques (1972a): *Marges de la philosophie*. Paris: Les éditions de minuit.

Derrida, Jacques (1972b): *La dissémination*. Paris: Seuil.

Descombes, Vincent (1979): *Le même et l'autre. Quarante-cinq ans de philosophie française (1933-1978)*. Paris: Minuit.

Echeverría, Bolívar (2001): "Octavio Paz, muralista mexicano", en *Anuario de la Fundación Octavio Paz*, 2001, 3: Memoria del Coloquio Internacional "Por El Laberinto de la Soledad a 50 años de su publicación", México: Fundación Octavio Paz-FCE, pp. 177-185.

Egan, Linda (2001): *Carlos Monsiváis: culture and chronicle in contemporary Mexico*. Tucson, Ariz.: University of Arizona Press.

Elias, Norbert (1939): *Über den Prozeß der Zivilisation. Soziogenetische und Psychogenetische Untersuchungen*, 2 vols. (Vorabdruck, 1937; Obra Completa, 1939). Nueva edición: Frankfurt am Main: Suhrkamp, 1976.

Eliot, T. S. (1943): *Four Quartets. Cuatro Cuartetos*. México: FCE-El Colegio Nacional, 1989.

Escalante, Evodio (1979): *José Revueltas. Una literatura del lado moridor*. México: Era.

Escalante, Evodio (2013): *Las sendas perdidas de Octavio Paz*. México: Ediciones sin nombre-UAM.

Flores, Ángel (comp.) (1974): *Aproximaciones a Octavio Paz*. México: Joaquín Mortiz.

Foucault, Michel: *Les mots et les choses*. Paris: Gallimard, 1966 (*Las palabras y las cosas*, trad. española de Elsa Cecilia Frost, México: Siglo XXI editores, 1968).

Fourier, Charles (1818): *Théorie des quatre mouvements et des destinées générales* (Paris: Anthropos, 1967).

Frank, Manfred (1982): *Vorlesungen über die neue Mythologie. Teil 1. Der kommende Gott*. Frankfurt am Main: Suhrkamp.

Frank, Manfred (1988): *Vorlesungen über die neue Mythologie. Teil 2. Gott im Exil*. Frankfurt am Main: Suhrkamp.

Freud, Sigmund (1917): *Vorlesungen zur Einführung in die Psychoanalyse*, en: Sigmund Freud: *Gesammelte Werke*, chronologisch geordnet. 17 Bände, dazu ein Registerband (Bd. 18) und ein Band mit Nachträgen (Bd. 19). Hrsg. v. Anna Freud u. a. Zuerst erschienen bei Imago, London 1940-1952, Registerband 1968, Nachtragsband 1987, mehrere Auflagen; Nachdruck beim Fischer Taschenbuch-Verlag 1999. Bd. XI.

Friedrich, Hugo (1956): *Die Struktur der modernen Lyrik*. Hamburg: Rowohlt.

Gaos, José (1942-1943): *Pensamiento de lengua española* (1942-1943) en Gaos, J., *Obras Completas*, vol. VI, México: UNAM, 1990, pp. 31-106.

Gimferrer, Pere (ed.) (1982): *Octavio Paz*. Madrid: Taurus.

Goethe, Johann Wolfgang von: *Reise-Tagebuch 1786. Tagebuch der Italienischen Reise für Frau von Stein*. 2 Bände, Band 1: Faksimile der Handschrift von Goethe, und Band 2: Transkription von Wolfgang Albrecht, hrsg. von Konrad Scheurmann und Jochen Golz.

González Rojo, Enrique (1989): *El rey va desnudo. Los ensayos políticos de Octavio Paz*. México: Posada.

González Rojo, Enrique (1990): *Cuando el rey se hace cortesano*. México: Posada.

Granados, Aimer (2012): "*Alfonso Reyes, La X en la frente. Algunas páginas sobre México (1952)*", en: Illades, Carlos/Suárez, Rodolfo (coord.) (2012): *México como problema. Esbozo de una historia intelectual*. México: Siglo XXI editores-UAM, pp. 276-290.

Grenier, Yvon (2001): *From art to politics: Octavio Paz and the pursuit of freedom*. Lanham: Rowman & Littlefield.

Grimm, Reinhold / Hermand, Jost (Hrsg.) (1980): *Faschismus und Avantgarde*. K nigstein/Ts.: Athen um.

Guevara González, César (2011): *Culture populaire et politique culturelle au Mexique (1920-2006)*. Paris: L'Harmattan.

Habermas, Jürgen (1981): *Theorie des kommunikativen Handelns*. Frankfurt am Main: Suhrkamp.

Hegel, Georg Wilhelm Friedrich (1796-1797): *Das älteste Systemprogram des deutschen Idealismus*, en: *Werke in Zwanzig Bänden*. Band 1, Frankfurt am Main: Suhrkamp, 1979, pp. 234-237.

Hegel, Georg Wilhelm Friedrich (1821): *Grundlinien der Philosophie des Rechts*, en: *Werke in zwanzig Bänden und Register*. Red. Eva Moldenhauer und Karl Markus Michel. Frankfurt am Main: Suhrkamp, 1969, Bd. 7.

Heidegger, Martin (1927): *Sein und Zeit*, en: Martin Heidegger: *Gesamtausgabe*. Band 2: *Sein und Zeit*. Herausgegeben von Friedrich-Wilhelm von Herrmann. Frankfurt am Main: Klostermann, 1977.

Heidegger, Martin (1935/1936): *Der Ursprung des Kunstwerkes*, en: Martin Heidegger: *Gesamtausgabe*. Band 5: *Holzwege. (1935-1946)*. Herausgegeben von Friedrich-Wilhelm von Herrmann. 2., unveränderte Auflage. Frankfurt am Main: Klostermann, 2003, pp. 1-74.

Heidegger, Martin (1938): *Die Zeit des Weltbildes*, en: Martin Heidegger: *Gesamtausgabe*. Band 5: *Holzwege. (1935-1946)*. Herausgegeben von Friedrich-Wilhelm von Herrmann. 2, unveränderte Auflage. Frankfurt am Main: Klostermann, 2003, pp. 75-113.

Heidegger, Martin (1950): *Die Sprache*, en: Martin Heidegger: *Gesamtausgabe*. Band 12: *Unterwegs zur Sprache*. Herausgegeben von Friedrich-Wilhelm von Herrmann. Frankfurt am Main: Klostermann, 1985, pp. 7-30.

Heidegger, Martin (1952): *Die Sprache im Gedicht. Eine Erörterung von Georg Trakls Gedicht*, en: Martin Heidegger: *Gesamtausgabe*. Band 12: *Unterwegs zur Sprache*. Herausgegeben von Friedrich-Wilhelm von Herrmann. Frankfurt am Main: Klostermann, 1985, pp. 31-78.

Heidegger, Martin (1957-1958): *Das Wesen der Sprache*, en: Martin Heidegger: *Gesamtausgabe*. Band 12: *Unterwegs zur Sprache*. Herausgegeben von Friedrich-Wilhelm von Herrmann. Frankfurt am Main: Klostermann, 1985, pp. 147-204.

Heidegger, Martin (1958): *Das Wort*, en: Martin Heidegger: *Gesamtausgabe*. Band 12: *Unterwegs zur Sprache*. Herausgegeben von Friedrich-Wilhelm von Herrmann. Frankfurt am Main: Klostermann, 1985, pp. 205-225.

Heidegger, Martin (1959): *Der Weg zur Sprache*, en: Martin Heidegger: *Gesamtausgabe*. Band 12: *Unterwegs zur Sprache*. Herausgegeben von Friedrich-Wilhelm von Herrmann. Frankfurt am Main: Klostermann, 1985, pp. 227-257.

Hollier, Denis (ed.) (1979): *Le Collège de Sociologie (1937-1939)*. Paris: Gallimard (edición aumentada: 1995).

Hollier, Denis (1993): *Les dépossédés: Bataille, Caillois, Leiris, Malraux, Sartre*. Paris: Minuit.

Hurtado, Guillermo, (2006): "Introducción" a *El Hiperión. Antología*, introducción y selección de Guillermo Hurtado. México: UNAM, 2006.

Hurtado, Guillermo (2012): "Octavio Paz, El Laberinto de la Soledad (1950)", en: Illades, Carlos/ Suárez, Rodolfo (coord.) (2012): *México como problema. Esbozo de una historia intelectual*. México: Siglo XXI editores-UAM, pp. 239-255.

Illades, Carlos/Suárez, Rodolfo (coord.) (2012): *México como problema. Esbozo de una historia intelectual*. México: Siglo XXI Editores-UAM.

Koller, Hermann (1954): *Die Mimesis in der Antike*. Bern: Francke.

Kozlarek, Oliver (ed.) (2009): *Octavio Paz. Humanism and Critique*. Bielefeld: transcript Verlag.

Lafaye, Jacques (2013): *Octavio Paz en la deriva de la modernidad*. México: FCE.

Leidenberger, Georg (2012): "Samuel Ramos, La historia de la filosofía en México (1943)", en: Illades, Carlos/Suárez, Rodolfo (coord.) (2012): *México como problema. Esbozo de una historia intelectual*. México: Siglo XXI editores-UAM, pp. 222-238.

Leiris, Michel (1939): *L'Âge d'homme*. Paris: Gallimard.

Leyva, Gustavo (2012): "Entre la imagen del mundo y la historia arquetípica de la modernidad. Comprensión y crítica de la modernidad en Martin Heidegger y Walter Benjamin", en: Sergio Pérez (ed.): *Itinerarios de la razón en la modernidad*. México: Siglo XXI editores, 2012, pp. 161-209.

Leyva, Gustavo (2013): "Recepción y crítica de Marx en los años sesenta: José Arthur Giannotti, Adolfo Sánchez Vázquez y Jürgen Habermas", en: Gustavo Leyva, Sergio Pérez Cortés, Jorge Rendón Alarcón y Gabriel Vargas Lozano: *Raíces en otra tierra. El legado de Adolfo Sánchez Vázquez*. México: ERA-UAM, 2013, pp. 77-119.

López de la Vieja, Teresa (ed.) (1996): *Política de la vitalidad: "España invertebrada" de José Ortega y Gasset*. Madrid: Tecnos.

Luhmann, Niklas (1995): *Die Kunst der Gesellschaft*. Frankfurt am Main, Suhrkamp.

Martínez, José Luis (1992): *Guía para la navegación de Alfonso Reyes*. México: UNAM, Facultad de Filosofía y Letras.

Martínez Estrada, Ezequiel (1933): *Radiografía de la Pampa*. Buenos Aires: Losada.

Mendiola, Víctor Manuel (2011): *El surrealismo de "Piedra de sol", entre peras y manzanas*. México: FCE.

Menke, Christoph (1988): *Die Souveränität der Kunst. Ästhetische Erfahrung nach Adorno und Derrida*. Frankfurt am Main: Suhrkamp.

Menke, Christoph (2011): *Estética y negatividad*. Buenos Aires: FCE.

Meyer, Lorenzo (1992): "Crítica al neoliberalismo real", en: Lorenzo Meyer: *La segunda muerte de la Revolución mexicana*. México: Cal y Arena, pp. 229-233.

Moebius, Stephan (2006): *Die Zauberlehrlinge. Soziologiegeschichte des Collège de Sociologie*. Konstanz: UVK.

Monsiváis, Carlos (1977): "Notas sobre la cultura mexicana en el siglo XX", en: Daniel Cosío Villegas (ed.): *Historia general de México*, vol. IV. México: El Colegio de México, pp. 303-476.

Monsiváis, Carlos (1985): "De algunos problemas del término "cultura nacional" en México", en *Revista Occidental* 2 (México), pp. 37-48.

Monsiváis, Carlos (1987a): "De la santa doctrina al espíritu público (Sobre las funciones de la crónica en México)" en: *Nueva Revista de Filología Hispánica*, XXXV, 2, pp. 753-771.

Monsiváis, Carlos (1987b): *Entrada Libre. Crónicas de la sociedad que se organiza*. México: ERA.

Nagel, Thomas (1975): 'Libertarianism without Foundations', en: *Yale Law Journal*, 85 (1975), pp. 136-149.

Negrín, Edith (1995): *Entre la paradoja y la dialéctica. Una lectura de la narrativa de José Revueltas (literatura y sociedad)*. México: El Colegio de México.

Nietzsche, Friedrich (1874): *Unzeitgemaesse Betrachtungen*, en: Friedrich Nietzsche: *Sämtliche Werke, Kritische Studienausgabe in 15 Bänden* [KSA]. Hrsg. von Giorgio Colli und Mazzino Montinari. Bd. I. München und New York, 1980.

Nozick, Robert (1974): *Anarchy, state, and utopia*. Oxford: Basil Blackwell.

Nozick, Robert (1989): *The examined life*. New York: Simon and Schuster.

Ortega y Gasset, José (1914): *Meditaciones sobre el Quijote*, en: José Ortega y Gasset: *Obras Completas*. Madrid: Editorial Alianza/ Revista de Occidente, vol. I, pp. 747-827.

Ortega y Gasset, José (1921): *España Invertebrada,* en: José Ortega y Gasset: *Obras Completas*. Madrid: Editorial Alianza/ Revista de Occidente, vol. III, pp. 421-510.

Pacheco, José Emilio (1971): "Descripción de *Piedra de Sol*", publicado originalmente en *Revista Iberoamericana*, XXXVII, Núm. 74 (1971), enero-marzo de 1971, pp. 135-146. Publicado de nuevo en: Pere Gimferrer (1982): *Octavio Paz*. Madrid: Taurus, pp. 69-79.

Peralta, Braulio (1996): *El poeta en su tierra: Diálogos con Octavio Paz*. México: Grijalbo.

Phillips, Rachel (1976): *Las estaciones poéticas de Octavio Paz*. México: FCE.

Plessner, Hemulth (1935): *Die verspätete Nation. Über die politische Verführbarkeit bürgerlichen Geistes* (Nueva edición: Frankfurt am Main: Suhrkamp, 1974).

Plumpe, Gerhard (1993): *Ästhetishe Kommunikation der Moderne*, 2. Bde., Opladen: Westdeutscher Verlag.

Quiroga, José (1999): *Understanding Octavio Paz*. Columbia, South Carolina: University of South Carolina Press.

Ramos, Samuel (1934): *El perfil del hombre y la cultura en México*, en: Ramos, S., *Obras Completas*, vol. I. (México: UNAM, 1990).

Ramos, Samuel (1943): *Historia de la filosofía en México*, México: Conaculta, 1993.

Rangel Guerra, Alfonso (1989): *Las ideas literarias de Alfonso Reyes*. México: El Colegio de México, Centro de Estudios Lingüísticos y Literarios.

Rawls, John (1971): *A theory of justice*. Cambridge, Massachusetts: Harvard University Press.

Rawls, John (2000): *Lectures on the history of moral philosophy*. Cambridge, Massachusetts: Harvard University Press.

Revueltas, José (1958): *México: una democracia bárbara*. México: Era.

Revueltas, José (1972): *Literatura y liberación en América Latina*. Conferencia dictada en Jalapa, Veracruz en agosto de 1972. Aparece en José Revueltas, *Cuestionamientos e intenciones*, en *Obras Completas*, vol. 18, México: Era, 1978, pp. 287-318.

Reyes, Alfonso (1933): *Capricho de América,* en Reyes, A. *Obras Completas*, vol. XI, México: FCE, pp. 75-78.

Reyes, Alfonso (1936): *Notas sobre la inteligencia americana* (1936) en Reyes, A., *Obras Completas*, vol. XI, loc. cit., 82-90.

Reyes, Alfonso (1937): *El sentido de América* (1937) en Reyes, A. *Obras Completas*, vol. XI, loc. cit., pp. 79-81.

Robb, James W. (1965): *El estilo de Alfonso Reyes: Imagen y estructura*. México: FCE.

Rodríguez Ledesma, Xavier (1996): *El pensamiento político de Octavio Paz: las trampas de la ideología*. México: UNAM–Plaza y Valdés.

Rodríguez Monegal, Emir (1971): "Relectura de *El arco y la lira*", publicado originalmente en *Revista Iberoamericana*, XXXVII, Núm. 74 (1971), enero-marzo de 1971, pp. 35-46.

Ruiz Abreu, Álvaro (1993): José *Revueltas: los muros de la utopía*. México: Cal y Arena.

Ruy Sánchez, Alberto (1990): *Una introducción a Octavio Paz*. México: Joaquín Mortiz.

Santí, Enrico Mario (1975): Introducción a: Paz, O., *El laberinto de la soledad*, México: Ed. Cátedra (Letras Hispánicas).

Santí, Enrico Mario (1997*)*: *El acto de las palabras: Estudios y diálogos con Octavio Paz*. México: FCE.

Santí, Enrico Mario (ed.) (2009): *Luz espejeante. Octavio Paz ante la crítica*. México: ERA-UNAM.

Savater, Fernando (2003): *Mira por dónde. Autobiografía razonada*. Madrid: Santillana.

Schärer-Nussberger, Maya (1989): *Octavio Paz. Trayectorias y visiones*. México: FCE.

Schlegel, Friedrich (1800): *Rede über Mythologie*, en: Friedrich Schlegel: *Kritische Friedrich-Schlegel-Ausgabe. Erste Abteilung: Kritische Neuausgabe*, Band 2, München, Paderborn, Wien, Zürich 1967, pp. 311-329.

Schluchter, Wolfgang (1979): *Die Entwicklung des okzidentalen Rationalismus. Eine Analyse von Max Webers Gesellschaftsgeschichte*. Tübingen: Siebeck.

Seel, Martin (1985): *Die Kunst der Entzweiung. Zum Begriff der ästhetischen Rationalität*. Frankfurt am Main: Suhrkamp.

Séjourné, Laurette (1962): *El universo de Quetzalcóatl*. México: FCE.

Sen, Amartya (1992): *Inequality reexamined*. Cambridge: Harvard University Press.

Sheridan, Guillermo (1985): *Los Contemporáneos ayer*. México: FCE.

Sheridan, Guillermo (2004): *Poeta con paisaje: ensayos sobre la vida de Octavio Paz*. México: Era.

Söllner, Alfons (2005): *Theodor W. Adorno y Octavio Paz: una comparación de sus inicios en la filosofía de la cultura después de la Segunda Guerra Mundial*, en: Gustavo Leyva (ed.): *La teoría crítica y las tareas actuales de la crítica*. Barcelona-México: UAM-Anthropos Editorial, pp. 272-286.

Stanton, Anthony (1998): *Inventores de tradición. Ensayos sobre poesía mexicana moderna*. México: FCE.

Stanton, Anthony (2009): *Octavio Paz, entre poética y política*. México: El Colegio de México.

Strosetzki, Christoph (1994): *Kleine Geschichte der lateinamerikanischen Literatur im 20. Jahrhundert*. München: C. H. Beck.

Sucre, Guillermo (1971): "La fijeza y el vértigo", en: *Revista Iberoamericana* XXXVII, núm. 74 (1971), enero-marzo de 1971, pp. 47-72.

Sucre, Guillermo (1975): *La máscara, la transparencia*. Caracas: Monteávila Editores. Reedición en FCE (México, 1985).

Theunissen, Michael (1965): *Der Andere: Studien zur Sozialontologie der Gegenwart*. Berlin: de Gruyter (trad. al español, *El Otro. Estudios sobre la ontología social contemporánea*. México: FCE, 2013).

Toscano Medina, Arturo (2002): *Una cultura derivada: el filosofar sobre México de Samuel Ramos*. Facultad de Filosofía "Samuel Ramos", Universidad Michoacana de San Nicolás de Hidalgo.

Ulacia, Manuel (1999): *El árbol milenario: Un recorrido por la obra de Octavio Paz*. Barcelona: Círculo de Lectores: Galaxia Gutenberg.

Valero Pie, Aurelia (ed.) (2012): *Filosofía y vocación: Seminario de filosofía moderna de José Gaos*. México: FCE.

Vargas Llosa, Mario (1996): *La utopía arcaica. José María Arguedas y las ficciones del indigenismo*. México: FCE.

Verani, Hugo J. (1997): *Bibliografía crítica de Octavio Paz 1931-1996*. México: El Colegio Nacional.

Waldenfels, Bernhard (1990): *Der Stachel des Fremden*. Frankfurt am Main: Suhrkamp.

Waldenfels, Bernhard (2006): *Grundmotive einer Phänomenologie des Fremden*. Frankfurt am Main: Suhrkamp.

Waldenfels, Bernhard (2014): *Exploraciones fenomenológicas acerca de lo extraño* (en prensa).

Wellmer, Albrecht (1985): *Zur Dialektik von Moderne und Postmoderne. Vernunftkritik nach Adorno*. Frankfurt am Main: Suhrkamp.

Wellmer, Albrecht (2013): *Líneas de fuga de la modernidad*. Buenos Aires: FCE.

Wilson, Jason (1979): *Octavio Paz. A study of his poetics*. Cambridge-London: Cambridge University Press.

Zea, Leopoldo (1974): *Conciencia y posibilidad del mexicano. El Occidente y la conciencia de México. Dos ensayos sobre México y lo mexicano*. México: Porrúa.

Textos, artículos y fuentes electrónicos

del Paso, Fernando (2003): *Los privilegios de Octavio Paz*. Consultado el 30 de noviembre del 2013 en: http://www.letraslibres.com/revista/convivio/los-privilegios-de-octavio-paz.

Domínguez Michael, Christopher (2009): *Memorias del Encuentro La experiencia de la libertad*. Consultado el 30 de noviembre del 2013 en: http://

www.letraslibres.com/revista/convivio/memorias-del-encuentro-la-experiencia-de-la-libertad.

Loaeza, Soledad (1998): *Octavio Paz: El último intelectual mexicano.* Consultado el 30 de noviembre del 2013 en: http://www.nexos.com.mx/ ?P=leerarticulo&Article=2100648.

Monsiváis, Carlos (1999): *Octavio Paz y la izquierda.* Consultado el 30 de octubre del 2013 en: http://www.letraslibres.com/revista/ convivio/octavio-paz-y-la-izquierda.

Periódicos, semanarios y revistas

La Jornada
Reforma
El País
Proceso
Letras Libres
Nexos
Vuelta

Octavio Paz: una narrativa de la política

Jesús Rodríguez Zepeda[*]

Sumario: 1. Ensayo literario y filosofía política; 2. La función de la teoría; 3. La relación con el comunismo; 4. El socialismo de Octavio Paz; 5. La crítica al Estado; 6. Los intelectuales y el estatismo; 7. Liberalismo y democracia; 8. Apuntes críticos sobre la política de Octavio Paz.

1. Ensayo literario y filosofía política

¿Cabe un acercamiento a las ideas políticas de un escritor como Octavio Paz desde un punto de vista emplazado en la filosofía política de corte académico? ¿Tiene sentido una reflexión teórica sobre una narrativa ensayística que no asume explícitamente un modelo de argumentación conceptualmente organizado ni pretende construir una *teoría política*?

No es sencillo responder a estas interrogantes. La respuesta provisional es afirmativa, aunque sólo el desarrollo de la misma es lo que puede darle plausibilidad. En efecto, desde el punto de vista que se sostiene en este artículo es posible argumentar, en una clave de filosofía política, acerca de un discurso político de enorme peso intelectual y de una poderosa capacidad de persuasión, pero que no tiene pretensiones de formulación conceptual y que discurre por el terreno del ensayo histórico e incluso literario. La escritura política de Octavio Paz es esencialmente ensayística, aunque logra dar a este género una fortaleza argumentativa y una solidez racional que lo separan con claridad de la elucubración, la deriva diletante, los ensueños literarios o la cruda expresión de la militancia política en que con frecuencia incurren quienes practican dicho género. En virtud de este rigor, el ensayo histórico y político de Paz, o acaso habría que decir siempre "histórico-político", puede entenderse y comentarse como un texto de conocimiento político sin más.

Ni la filosofía política ni las diversas ciencias de la política pueden reclamar el privilegio de ser las únicas modalidades de

---

[*] Universidad Autónoma Metropolitana (Unidad Iztapalapa).

conocimiento capaces de interpretar de manera plausible los procesos políticos, de ejercer su crítica racional y de explorar las posibilidades de cambio social descubiertas por la propia reflexión intelectual. El ensayo, forma literaria que Alfonso Reyes calificó de "centauro de los géneros" por habitar simultáneamente el terreno del análisis de ideas y el de la expresión literaria y hasta poética, es un tipo de argumento que puede interpelar tanto al juicio racional como a la impresión estética, por lo que su capacidad de influencia material en la vida social puede ser, y de hecho en México lo es, de más peso que el de los sistemas teóricos, filosóficos o científicos. El ensayo fue, precisamente, el vehículo discursivo al que Octavio Paz concedió exclusividad para presentar sus ideas políticas y morales y sus exigencias democráticas y de justicia para su época.

Tal como sentencia Juan José Arreola acerca de los *Ensayos* de Montaigne, que "no son, en sentido estricto, ni memorias, ni historia, ni filosofía, ni confesiones, ni apuntes para un libro futuro" (Arreola-Montaigne, 1978: 13-4), los ensayos de Paz, que son todo lo anterior aunque articulado en un discurso coherente, habitan un espacio híbrido entre la literatura y la conceptualización, entendiendo esta última en un muy preciso sentido historicista y ligada siempre al contexto político. Los escritos histórico-políticos de Paz son textos no adscritos a los criterios académicos de la investigación científico-social o humanística y están casi desprovistos de citas textuales y cuerpos bibliográficos, pero, en primer lugar, denotan una cultura política, histórica y literaria enciclopédica y una lectura muy atinada de las tradiciones por él investigadas, y segundo, logran perfilar un *corpus* de ideas identificable y transmitir un proyecto normativo que la filosofía política ha defendido por otras vías. Por ello mismo, permiten contraponer a ella una crítica filosófico-política que, sin discurrir conforme a un estilo ensayístico, sí puede tratar a las ideas políticas de Paz como un texto de conocimiento político.

Si bien la poesía de Paz no ha sido considerada una forma de *literatura comprometida*, aunque sí una escritura literaria sensible a su momento político ("Aunque no me considero un poeta comprometido —expresión confusa— no he sido ajeno a los asuntos públicos", sostuvo Paz) (Santí, 2009: 21), sus ensayos delinean con claridad sus compromisos políticos, las razones para la mutación de sus ideas y la defensa de un persuasivo proyecto de democracia liberal e incluso de un socialismo democrático. Así que los ensayos de Paz van mucho más allá de la opinión coyuntural a la que tienden algunos literatos contemporáneos devenidos articulistas y líderes de opinión pública, sino que, respecto de los fenómenos políticos, busca reconstruirlos históricamente, informar al lector sobre ellos, evaluar sus alcances, criticar el orden de cosas que los propicia y proyectar sus posibilidades de futuro. Todos estos pasos están presentes, y a veces sin el beneficio de esa abundancia intelectual, en las tareas de la filosofía política y en los desarrollos del saber científico social. Así, siendo la política una materia de comprensión más que de causalidad férrea, no es posible sostener una determinante prioridad epistemológica para el conocimiento conceptual de la política sobre su conocimiento ensayístico y narrativo. Aún más, en virtud de que Paz consideraba intelectualmente más satisfactoria la senda escogida por él, su narrativa ensayística desconfía de las formulaciones abstractas de la teoría: "El conflicto entre la legitimidad ideal y las dictaduras de hecho es una expresión más —y una de las más dolorosas— de la rebeldía de la realidad histórica frente a los esquemas y geometrías que le impone la filosofía política" (Paz, 1985: 172). En efecto, frente a los "esquemas y geometrías", el literato prefiere las enseñanzas de la historia, con sus disonancias y rupturas, por encima de la construcción de modelos racionalmente depurados pero que quedan ayunos de sustancia histórica. En una nota autobiográfica que habla de los inicios de su trayectoria intelectual, Paz sostiene que "En San Ildefonso no cambié de piel ni de alma: esos años fueron no un cambio sino el comienzo de algo que todavía no termina, una búsqueda circular que ha sido un perpetuo recomienzo: encontrar la razón de esas continuas agitaciones que llamamos *historia*" (Paz, 1994: 8). Su pensamiento político es por ello histórico y no abstracto, contextual y no teórico y, desde luego, narrativo y no formalista.

2. La función de la teoría

Precisamente en virtud del intencional alejamiento de la teoría abstracta, la forma "ensayo" cumplió para él la tarea de recuperar el pulso conflictivo de la realidad para poner a prueba la pertinencia de los modelos puros de la razón. Es probable que su interés intelectual enciclopédico y su vocación autodidacta se hayan conjuntado para producir una ensayística novedosa respecto de los discursos sociales convencionales. Dice Yvon Grenier: "Al final, su pensamiento constituye una gran receta cuya originalidad proviene no tanto de la novedad de sus ingredientes como de la elegante intrepidez con la cual *combinó* elementos supuestamente mal surtidos. El arte de la *coincidentia oppositorum* fue el hilo conductor de su obra ensayística" (Grenier, 2009: 213). No obstante, esta elección de género para la comunicación de las ideas políticas no proviene sólo de un criterio interno de su propia narrativa o de una afortunada salida literaria para una acumulación informativa de perfil ilustrado, sino también de la identificación por Paz de cierta artificialidad de las filosofías políticas modernas que en Iberoamérica se han adoptado, pero no adaptado, como moldes de pensamiento y de orientación de la acción. Dicho de otra manera, la narración historicista de Paz es más sensible al cambio y las innovaciones políticas que las teorías conceptuales y normativas de la política porque éstas tienden a la abstracción y a la pérdida de los contenidos históricos. Dice Paz: "Los hispanoamericanos (y también los liberales españoles), en lugar de repensar y reelaborar esa tradición [la de sus propias luchas políticas por la autonomía y la independencia], en lugar de actualizarla y aplicarla a las nuevas circunstancias, prefirieron apropiarse de la filosofía política de los franceses, los ingleses y de los norteamericanos" (Paz, 1987: 127). Desde su punto de vista, el uso de las filosofías no arraigadas en la experiencia histórica propia conduce al pensamiento político hispanoamericano a un estatuto de artificialidad y de desencuentro con su propio contexto.

La repetición y desarrollo de las filosofías políticas europea y norteamericana, no obstante el positivo contenido moderno que éstas acarrean, llevan a los intelectuales y las élites políticas que las abrazan en Hispanoamérica a un desentendimiento radical de su propia situación histórica y de las muy precisas condiciones culturales en que se desenvuelve la política en los territorios de habla hispana. Esta tendencia les conduce, en definitiva, a fijar los principios explicativos como entidades inmutables. Al hacer esto, estos intelectuales pierden la oportunidad de construir sus soluciones políticas sobre la base de la historia, de sus cambios y de su complejidad. Del mismo modo que las filosofías políticas (esos "esquemas y geometrías" de la política) no se avienen con la dinámica de los procesos y los cambios, el extremo de las pretensiones fallidas del saber social está representado por el marxismo latinoamericano del siglo XX, que más allá del aprecio intelectual que Paz sentía por Karl Marx, y desde luego más allá de su militancia comunista de la juventud, le parecía un conjunto de dogmas y verdades religiosas funcionales para el totalitarismo y las dictaduras.[1] Paz, en efecto, entendía a los comunistas latinoamericanos como meros repetidores de respuestas anquilosadas. Cuando habla positivamente de la revisión crítica que los socialistas europeos, incluidos algunos comunistas, hicieron del comunismo realmente existente, se apresura a señalar el triste papel de muchos intelectuales de la región: "Contrasta esta actitud con la de tantos intelectuales latinoamericanos, que no abren la boca sino para recitar los catecismos redactados en La Habana" (Paz, 1985: 21). Paz interpreta el dogmatismo comunista floreciente en Latinoamérica desde los años setenta del siglo XX como una expresión de una cultura intelectual no moderna sino neo-tomista, no secular sino religiosa y no ilustrada sino tradicional y hasta reaccionaria. Dice Paz: "El fundamento filosófico de la monarquía católica y absoluta fue el pensamiento de Suárez y sus discípulos de la Compañía de Jesús ... En este sentido —no como filosofía sino como actitud mental— su influencia aún pervive entre los intelectuales de América Latina" (Paz, 1985: 166).

La formación intelectual de Paz da lugar a la consistencia y autoridad de sus escritos histórico-políticos. Aunque conocedor detallado de periodos históricos como el Virreinato, del que ofrecería una mirada refinada y detallada en su magnífica obra *Sor Juana Inés de la Cruz o las trampas de la fe* (1982), para efectos de su narrativa política su principal foco de atención fue la modernidad. Dice Grenier: "Paz se interesó en las obras de aquellos autores que compartían sus inquietudes en el campo del conocimiento que más le apasionó (después de la poesía): la modernidad y su crítica. Paz fue un lector apasionado de Marx, Freud y Nietzsche, y muchas veces comentó con admiración ideas de Heidegger, Husserl, Tocqueville y Kant" (Grenier, 2009: 212). Este interés por la modernidad fue, no obstante, peculiar, pues

---

[1] Vale la pena acercarse a la compleja relación que Paz estableció con la tradición marxista. Por una parte, fue un gran lector y hasta admirador de Marx, Trotsky y señaladamente de Cornelius Castoriadis, pero por otra criticó radicalmente a la nueva "teología comunista" de los intelectuales "comprometidos" latinoamericanos incapaces de crítica y autocrítica respecto de la dictadura cubana o de la deriva antidemocrática de la revolución sandinista de Nicaragua. Véase al respecto: Grenier, 2009.

siempre entendió el proyecto político de la misma como una construcción nacional propia capaz de fundarse sobre las raíces novohispanas y no como una ruptura con las etapas pasadas de la historia nacional.

Fue precisamente en virtud de este interés y hasta obsesión con la modernidad posible para México e Hispanoamérica que Paz desarrolló, una vez abandonada su juvenil afiliación comunista, un profundo apego por la democracia liberal y un poderoso interés intelectual por explicar la experiencia de la pérdida de la libertad en el siglo XX y las confusiones ideológicas que la acompañaron y justificaron.

En la "Entrada" a *El peregrino en su patria* —antología de elaboración propia y producto de un exigente filtro autocrítico— Octavio Paz caracteriza su compilación del siguiente modo: "Este libro no es la exposición ordenada de una idea o una teoría; es una colección de ensayos y artículos, meditaciones y sondeos, sobre un tema único: México, sus pasados y su presente" (Paz, 1987: 13). Resulta por ello importante resaltar dos rasgos del pensamiento de Paz que se expresan en este párrafo: primero, que al definir esta compilación que es, por antonomasia, el receptáculo de sus principales ideas y argumentos políticos, define en gran medida las características de su obra política en general. Como dijimos arriba, Paz no pretendió nunca articular un discurso teórico en el sentido académico del término. No trató de incursionar como escritor en la filosofía académica ni en la ciencia política ni mucho menos producir algo parecido a un sistema conceptual o categorial. La idea de un modelo férreamente organizado o una filosofía técnica sobre las cuestiones públicas es algo ajeno a los propósitos, aunque sin duda no a los alcances intelectuales, del gran pensador mexicano. El segundo rasgo a destacar es la intención de construir una explicación a la vez literaria y racional de la realidad mexicana vista como un complejo continuo histórico. En efecto, pasado por el tamiz de la experiencia personal, que aparece una y otra vez como eje de sus argumentos (buena parte de sus posiciones políticas pueden explicarse por la serie de compromisos políticos que Paz abrazó a lo largo de su vida), Paz encuentra en la historia y en la interpretación cultural (a veces en clave marcadamente psicoanalítica) los procesos que marcan la vida nacional y explican sus dilemas del presente. No obstante que su mirada y alcance es siempre cosmopolita, su intención permanente es explicar la especificidad de lo mexicano y sus posibilidades de inserción diferenciada en el mundo global.

Este juego entre lo interno y lo externo pondrá a Paz a salvo de los reduccionismos nacionalistas e incluso localismos que, sobre la base de una cultura política victimista, tiende a encontrar en lo externo a la nación sólo riesgos y amenazas, aunque a la vez, y acaso de manera simétrica, el poeta desconfía de las interpretaciones generales de la política y, sobre todo de la historia, incapaces de detenerse y aprender de las configuraciones políticas locales y las formas discursivas a que éstas dan lugar. Este juego de equilibrios entre lo local y lo mundial encuentra una expresión privilegiada en su interés por la historia política de América Latina y sus difíciles experiencias con la construcción de sistemas democráticos. Halla en la historia política de las naciones de origen hispánico un derrotero común y un futuro democrático compartido: "En los últimos años hemos asistido a la resurrección de la democracia en los pueblos de nuestra cultura … A mí me parece que en este grupo de naciones democráticas están los verdaderos amigos de México. Nos unen a ellos, en primer término, la historia y la cultura; en segundo y no menos poderosamente, la comunidad de intereses políticos y la aspiración hacia la democracia" (Paz, 1987: 533). El contexto hispanoamericano da contenido histórico a sus ensayos políticos, y este contexto se decanta en la experiencia mexicana, que siendo original e irrepetible, está al mismo tiempo inextricablemente unida a sus semejantes, es decir, a los pueblos de cultura hispánica.

La apuesta discursiva de Paz por la forma del ensayo, y más precisamente, por el ensayo histórico, que tiene en el conocimiento histórico su primer recurso de argumentación, es constante y, a la larga, definitiva. Logra articular historia, cultura, proyecto político y escritura literaria en el mismo modelo discursivo. Esto ya era visible desde *El laberinto de la soledad* (Paz, 1950), su obra más famosa, que exhibe ya los rasgos más apreciables de su método de acercamiento a la realidad social y política y de sus recursos de corte crítico. En esta obra entreteje procesos históricos, cuyo arco temporal va desde el momento prehispánico hasta el periodo de reconstrucción posrevolucionario del país, con una serie de categorías culturales que pretenden arrojar luz sobre las razones del atraso, la desigualdad, la quiebra del proyecto liberal y la prevalencia de una cultura popular de la sujeción y la no democracia. Este discurso se corona con la propuesta de una democracia situada, mestiza y compleja, capaz de reconciliar la política del presente con la historia nacional y de ofrecer la base de un discurso nacionalista ya no autoritario sino democrático.

De manera similar a Maquiavelo, Paz asume que la "historia es la maestra de la política", y que una sociedad está condenada a fracasar si no es capaz de encontrarse, al hilo del acometimiento de sus empresas políticas, con su propio reflejo en la experiencia del pasado.

3. La relación con el comunismo

Paz profesó, con la fe que caracteriza a algunos espíritus jóvenes, un compromiso político activo con el comunismo. Como él mismo recuerda, durante los años treinta del siglo pasado: "Leíamos con una mezcla de admiración y desconcierto a Eliot y a Saint-John Perse, a Kafka y a Faulkner. Pero ninguna de estas admiraciones empañaba nuestra fe en la Revolución de Octubre" (Paz, 1994: 9). Aunque consciente de que existía una suerte de brecha entre el dogmatismo que imponía en esos momentos una militancia comunista y la experiencia intelectual pluralista que sólo puede tenerse en un contexto de libertades democráticas, Paz mantuvo ese compromiso político durante un largo tiempo, lo que le permitió experimentar de manera directa la defensa, en el teatro mismo de los acontecimientos, de la Segunda República española.[2] La inclinación comunista de Paz fue un compromiso político de juventud, que se fue perdiendo conforme tuvo conocimiento de los abusos y crímenes del movimiento comunista y conforme se impuso en él la necesidad de hacer congruente su visión pluralista del arte y las experiencias humanas con su discurso político.

La afinidad ideológica con el comunismo había dejado de existir para 1950, año de publicación de *El laberinto de la soledad*, donde ya señala el carácter arcaico, despótico y religioso de ese

---

[2] Dice Paz: "Recuerdo que en 1935, cuando lo conocí, Jorge Cuesta me señaló la disparidad entre mis simpatías comunistas y mis gustos e ideas estéticas y filosóficas. Tenía razón pero el mismo reproche se podía haber hecho, en esos años, a Gide, Breton y otros muchos, entre ellos al mismo Walter Benjamin ... ¿cómo no perdonar nuestras contradicciones? No eran nuestras: eran de la época" (Paz, 1994: 9).

estado pretendidamente nuevo que era el comunista: "En los partidos comunistas el partido es una minoría, una secta cerrada y omnipotente, a un tiempo ejército, administración e inquisición: el poder espiritual y el brazo seglar al fin reunidos" (Paz, 2013: 205). Es digno de destacarse este alejamiento del proceso comunista que fue, por su temprana data, el elemento decisivo para la enemistad del escritor con gran parte de la intelectualidad latinoamericana que habría de asumir de manera dogmática la defensa del régimen soviético y de sus remedos en la región.[3] La enemistad adquiere en este contexto un significado político más allá de la coyuntura y de las disputas subjetivas: la crítica de Paz al comunismo se formuló mucho tiempo antes de que la referencia al totalitarismo soviético fuese un lugar común y, desde luego, décadas antes de la caída de esta forma de Estado en la Unión Soviética y en sus países satélites durante el segundo lustro de los años ochenta; por ello, muchos intelectuales entendieron esta crítica como una traición a las posturas progresistas y como el rechazo de una agenda de justicia social con la que identificaban el proyecto comunista, lo que ameritaba según ellos la condena social del escritor.

Pero la crítica temprana de Paz al comunismo soviético ha tenido una consecuencia política mayor: la información política sobre cuya base Paz construyó su crítica moral y política al comunismo estuvo disponible para la intelectualidad de izquierda con antelación y oportunidad, por lo que hoy en día el apego (pasado y presente) al comunismo debe discutirse no sólo como un problema de tino histórico y de capacidad crítica de los pensadores afectos a este modelo, sino también como una cuestión vital de buena fe e integridad moral. Tras la crítica de Paz al comunismo, e incluso tras la desaparición física del escritor en 1998, queda pendiente, en el espacio de la *razón pública*, la respuesta de los abanderados comunistas, luego reciclados en proyectos etnicistas y religiosos —todos anti-modernos— por su complacencia con los esquemas autoritarios. En todo caso, el comunismo como problema no sólo teórico sino moral se hizo evidente a partir de la revelación de los crímenes de Stalin por el Informe secreto de Nikita Khrushchev al XX Congreso del Partido Comunista de la Unión Soviética en 1956, en cuya estela se fraguaron movimientos como el

---

[3] Dice Juan Cruz: "el ventarrón de la historia arrojó a Octavio Paz a ese rincón de la historia de los que purgan, como dice Savater, a aquellos que tuvieron razón antes de tiempo" (Cruz, 2014).

eurocomunismo o la reforma de partidos comunistas de otras latitudes, incluido a la postre el propio Partido Comunista Mexicano.[4]

Esta información es relevante porque, aunque Paz vio con benevolencia su propio dogmatismo comunista al adjudicar sus contradicciones no a su persona sino a la época, le pareció una escandalosa contradicción moral la de la intelectualidad latinoamericana que, una vez conocido ese rostro siniestro del comunismo histórico, prefirió no denunciar los crímenes totalitarios de entonces —y desde luego todos los que vendrían después— con el pretexto de no dar argumentos al imperialismo norteamericano o de fortalecer la posición de los enemigos de las masas populares. Los compañeros de ruta del comunismo dejaron de tener, a los ojos de Paz, la justificación de los impulsos juveniles y el compromiso ciego por la justicia social una vez que la información fiable sobre el divorcio entre comunismo y derechos humanos y libertad se había hecho evidente. Esta situación persiste respecto de la dictadura cubana, régimen favorito sentimental de buena parte de la intelectualidad latinoamericana, que no recibe críticas, o las recibe amistosas y tibias, por la supresión de libertades; una supresión que sería inaceptable para la intelectualidad marxista en sus propias naciones.

Paz reparó pronto en la novedad histórica del totalitarismo soviético, de su falta de libertades en lo político y de sus nuevas formas de explotación en lo económico. Decía Paz en la década de los ochenta: "Para Hannah Arendt y, más recientemente, para Claude Lefort, la verdadera novedad es de orden político: la historia no había conocido nada semejante al sistema totalitario moderno ... Alain Besançon destaca la función privilegiada de la ideología dentro del sistema ... y propone que se llame al sistema: *ideocracia*. Cornelio Castoriadis subraya la naturaleza dual del capitalismo burocrático: es una sociedad de castas dominada por

---

[4] Debe considerarse, por ejemplo, que el libro de Hannah Arendt, *Los orígenes del totalitarismo* (Arendt, 2002), que estandarizó el adjetivo *totalitario* para calificar al régimen comunista de la Unión Soviética se publicó en 1951, es decir, un año después de *El laberinto de la soledad*. Por ello, el entendimiento del comunismo del siglo XX como un régimen políticamente aberrante y contrario a las libertades modernas no era en modo alguno una evidencia pública a mediados del siglo XX. Hoy en día lo es de manera evidente.

una burocracia ideológica y es una sociedad militar" (Paz, 1985: 61). Paz subsume estas definiciones críticas del comunismo en su propia definición y destaca su paradójica novedad: el comunismo consiste en un ropaje nuevo para el arcaico dominio religioso: "El Dios trascendente de los teólogos de los siglos XVI y XVII baja a la tierra y se convierte en «proceso histórico»; a su vez el «proceso histórico» encarna en este o aquel líder: Stalin, Mao, Fidel. El totalitarismo confisca las formas religiosas, las vacía de su contenido y se recubre con ellas … ahora la política es el contenido de la pseudorreligión totalitaria" (Paz, 1985: 178). Conforme a la interpretación de Paz, el comunismo no es solamente una forma de dominio despótico que sofoca las libertades y proscribe la iniciativa económica privada, sino también un regreso al dominio religioso que hace del dogmatismo y la fe ciega las principales virtudes de sus seguidores. La pérdida histórica que genera el comunismo es la de aquello que había logrado establecer la democracia moderna: la separación entre religión y política.

El puente ideológico neotomista que durante los siglos XVI y XVII había unido religión y política y que se había fracturado gracias a los procesos de reforma se restituye, a los ojos de Paz, mediante una paradójica apuesta por una racionalidad pseudocientífica que se pretende "ciencia universal de la historia y la sociedad" (Paz, 1985: 178). La experiencia comunista se muestra así como un retroceso respecto de la secularización política propia de la experiencia de la modernidad. Paz sostiene que la convergencia entre política y religión encontró un terreno cultural fértil en América Latina, donde la cultura neotomista no había desaparecido en sus modos y esquemas y lo que hizo fue sencillamente adaptarse a la jerga marxista para reinstalarse como credo religioso. Este trasfondo trascendental e irracional explicará, según Paz, rasgos constitutivos de la cultura política de la izquierda: la escasa disposición al diálogo y a la aceptación de la crítica, el conservadurismo moral y político frente al cambio y, sobre todo, la tentación constante de satanización y descalificación del adversario político mientras se hace propio un discurso victimista.

El último de estos rasgos se convirtió en una seña de identidad de la cultura pública mexicana de finales del siglo XX, pues llevó a entender la crítica intelectual y los disensos políticos como expresión de un enfrentamiento de tono religioso. Guillermo Sheridan lo expresa con agudeza al describir el odio de numerosos estratos de la izquierda mexicana hacia Octavio Paz: "Un odio rancio, pero siempre renovado en clientelas inauditas. Un odio que viene de la vieja pulsión que catalogó a Paz de "desviación ideológica" desde que regresó de la Guerra Civil española; se agravó por su simpatía hacia el trostkismo y André Bretón; empeoró por sus pleitos con Neruda; se agravó cuando tradujo los escritos de David Rousset sobre el gulag; se hizo insufrible por criticar —o como se dice en mexicano: 'atacar'— la dictadura cubana, y alcanzó el grado de gran capitán de la conjura universal contra 'el pueblo' por criticar a la guerrilla salvadoreña en 1984" (Sheridan, 2013). Este odio, otra vez, no es un mero estado de ánimo o disposición subjetiva de personajes o grupos, sino que es un rasgo de la cultura política de las élites intelectuales que, en sentido opuesto a la lógica democrática de la competencia entre adversarios, entiende la política conforme a la lógica autoritaria y hasta totalitaria de la lucha permanente entre amigos y enemigos.

Paz añadió a las críticas al comunismo que él mismo reseñó su definición de éste como un proyecto antimoderno de dominio religioso. Al poner de relieve este elemento metafísico (aunque de efectos prácticos e históricos incontestables) del discurso comunista, abrió una fructífera vía intelectual para entender algunas derivas actuales de la intelectualidad de izquierda, a saber, su inclinación premoderna por lo étnico, su acriticidad con dictaduras "de izquierda", su desconfianza permanente con la democracia moderna o la sujeción de ésta a un contenido que niega su pluralismo y, sobre todo, su profunda desconfianza frente a la modernización y el cambio sociales; elementos todos que la constituyen, en un sentido estricto, en una doctrina premoderna y conservadora y, en el extremo, reaccionaria.

4. El socialismo de Octavio Paz

Esta posición profundamente crítica de Octavio Paz respecto del comunismo no era, sin embargo, un alegato contra el socialismo como ideal social sino contra el modelo burocrático soviético que, para mediados del siglo XX y en las décadas subsiguientes, había hecho prácticamente coextensa su realidad histórica con el concepto mismo de socialismo. Por ello, a contracorriente del cada vez más generalizado enunciado "socialismo realmente existente", utilizado por historiadores y filósofos y científicos sociales para dar cuenta fundamentalmente del modelo soviético, Paz prefirió utilizar el más crítico concepto de "socialismo irreal", precisamente para remarcar la fusión entre el partido y el Estado y la eliminación de las libertades básicas y el pluralismo político y social sin atisbos de libertad ni de justicia social (Paz, 1985: 196 y ss.). Paz entendió que el enunciado "socialismo realmente existente" o "socialismo real" desacredita no sólo la experiencia de construcción histórica de los comunismos soviético, chino y otras derivaciones nacionales, sino la idea misma de socialismo como proyecto de igualdad social; como si un socialismo democrático no pudiera ser realmente existente en algún momento; aún más, como si sólo pudiera existir un único tipo de socialismo, el revolucionario. Por el contrario, la expresión "socialismo irreal" pone de manifiesto que lo construido en los países de la órbita comunista falsifica la realidad del proyecto socialista, traiciona el contenido igualitario de la propuesta normativa original y desnaturaliza los proyectos de igualdad socialista al presentar la construcción de una dictadura burocrática como un proyecto de justicia social.

El rechazo del socialismo soviético o irreal tiene sentido porque Paz postula la deseabilidad de un socialismo democráticamente superior y defendible sin inconsistencias éticas. En una famosa entrevista con Julio Scherer, Paz sostuvo lo siguiente: "Yo no rechazo la solución socialista. Al contrario, el socialismo es, quizá, la única salida racional a la crisis de Occidente. Pero, por una parte, me niego a confundir al socialismo con la ideocracias que gobiernan en su nombre en la URSS y en otros países. Por otra parte, pienso que el socialismo verdadero es inseparable de las libertades individuales, del pluralismo democrático y del respeto a las minorías y a los disidentes" (Paz, 1987: 373). El socialismo defendido por Paz es el de corte socialdemócrata, que ha logrado reconciliar su agenda de cambio e igualdad sociales con los métodos y valores de la democracia representativa y el discurso moderno de los derechos individuales y de la autonomía de las personas.

Sin duda, Paz tuvo siempre la agudeza política suficiente para percibir, más allá de su rechazo a los Estados de amplia presencia en la vida social, que las experiencias de socialismo democrático que podían registrarse en Europa y en los Estados Unidos durante el siglo XX eran superiores en cuanto a la justicia social a lo construido en la Unión Soviética y en la órbita comunista, pero que además eran moralmente superiores dado su compromiso con el método democrático y la protección de los derechos humanos. Junto con esta percepción, también se hizo cargo de que tales experiencias socialistas son más bien el resultado del desarrollo socioeconómico y no una condición para éste. Cuando sobre la base de estas percepciones ofreció un *dictum* para las posibilidades de construcción socialista en México y América Latina, éste no pudo ser otro que el de "socialismo, después". En esto, Paz argumentó como un convencido marxista, aunque desde luego ya no lo fuera, pues descreía de la posibilidad de saltar, sólo gracias al voluntarismo político, etapas de desarrollo y construir modelos socialistas viables en los países agrícolas, semifeudales, de modo asiático de producción o llanamente atrasados. En el imaginario político de Paz, si en México y Latino-américa pueden construirse, como es deseable, modelos socialistas democráticos, esto sólo podrá darse una vez que el desarrollo de una sociedad de libertades civiles y políticas y, desde luego, de mercado funcional y abierto, hubiera sido realizado.

Respecto de las posibilidades de construcción de un régimen socialista en México y América Latina, Paz se mostró escéptico: "En primer lugar, el socialismo no está a la orden del día en América Latina. El socialismo no es un método para desa-rrollarse más pronto sino una consecuencia del desarrollo" (Paz, 1987: 373). Este argumento expresa, primero, una opinión de coyuntura, a saber, que el momento latinoamericano era el de una agenda democrática y no de una socialista, aun cuando en un regis-tro normativo la segunda resultara deseable por sus implicaciones de justicia e igualdad; en segundo lugar, expresa una interpretación de corte histórico, incluso de filosofía de la historia, conforme a la cual el socialismo sólo es posible como resultado del desarrollo modernizador del capitalismo, por lo que el intento de acelerar su implantación conduce inevitablemente a la distorsión política expresada en la dictadura burocrática.

Paz realizó una peculiar apropiación de la teoría de la historia de Marx y Engels, a quienes daba por bueno el argumento de que las etapas históricas no podían saltarse y que, por ello, el proyecto de construcción del socialismo en un país atrasado y ampliamente premoderno tendía a ser un ideal que o bien se expresaba como utopía irrealizable, o bien, en el peor de los casos, se realizaba como una "distopía" que equivalía a una dictadura burocrática y a un capitalismo de Estado: "Una de las tragedias del siglo XX es que las revoluciones no han ocurrido ahí donde la teoría las esperaba (en los países avanzados) sino en la periferia, en países con un capitalismo incipiente y con estructuras políticas arcaicas, como la Rusia zarista y el antiguo Imperio Chino" (Paz, 1987: 373). Así, el proyecto socialista podía fallar en dos sentidos: en el primero, aun cuando se tratara de un socialismo democrático, por una falta de madurez histórica en las sociedades donde se planeaba; en el segundo, por la deriva totalitaria que el socialismo sin democracia inevitablemente toma.

El mecanicismo de la historia proveniente de la lectura literal de Marx y Engels sirvió a Paz (no sin un sesgo interesado) para proponer una suerte de esquema cronológico de cambio social y político: si México y Latinoamérica son aún sociedades del atraso, su agenda primordial y urgente es la construcción democrática y el desarrollo capitalista. Sólo después, sobre la base de la normalidad sistémica así lograda, puede ser históricamente adecuada la pretensión de construcción de un socialismo democrático.

5. La crítica al Estado

La crítica de Paz al comunismo (es decir, al socialismo irreal) converge con su crítica al patrimonialismo del Estado mexicano. Pese a sus diferencias de grado, ambas críticas coinciden en entender al Estado como el mayor riesgo para la construcción de una sociedad democrática. Sostiene Paz: "el Estado. Ésa es la verdadera amenaza a la que se enfrentan lo mismo los europeos que los asiáticos, los africanos que los latinoamericanos, es decir, el mundo entero. El 'monstruo frío' ha crecido desmesuradamente en este siglo ... El planeta se estatiza, es decir se burocratiza ... La era del *Big Brother* ha comenzado" (Paz, 1987: 374). Paz sostiene que el peligro de la estatización de la vida social no se presenta sólo en las dictaduras comunistas y en los estados autoritarios como (entonces) México, sino también en las grandes sociedades capitalistas y democráticas, donde las multinacionales, el complejo militar-financiero de los Estados Unidos, la CIA, el sindicalismo monolítico y los grandes medios de comunicación limitan severamente la libertad e igualdad de los ciudadanos.

Ésta es indudablemente una crítica de corte filosófico, es decir, una idea que expresa una concepción general sobre el orden social deseado y propone un modelo acerca de la configuración de las relaciones de poder. Paz entiende al siglo XX como el periodo del fortalecimiento del Estado. La dictadura burocrática soviética habría sido el extremo de este proceso, pero no una ruta disonante con la orientación general de la vida social en el mundo contemporáneo. Los rasgos brutales del totalitarismo no deberían esconder que la estatización está presente en las sociedades democráticas y en las que caminan hacia la democracia. El Estado es un peligro sin más, y los discursos que abonan su preeminencia se constituyen en una apuesta objetiva por la cancelación de libertades y la sujeción de la vida ciudadana a los intereses y rutina del poder político.

Para Octavio Paz, el Estado moderno es el resultado ambiguo de la modernidad: por una parte representa la emancipación del poder político respecto de los poderes religiosos y de los lazos sociales tradicionales, pero a la vez conlleva la constitución de un poder prácticamente irresistible que pone en riesgo las libertades y la autonomía cultural y económica de los individuos. En el extremo se encamina, como en el caso soviético, a convertirse en una nueva forma de religión en la que lo secular se pierde y el poder político se sacraliza.

En su escala, el Estado mexicano es también ambiguo: "El desarrollo del Estado mexicano, como el de todos los Estados del siglo XX, ha sido enorme, monstruoso: Una curiosa contradicción. El Estado ha sido el agente de la modernización pero no ha sido capaz de modernizarse a sí mismo enteramente" (Paz, 1985: 155). Además, el Estado emergido de la revolución es más fuerte y por ello con mayor capacidad de daño que el Estado del siglo XIX. La acertada metáfora sobre el Estado mexicano que da nombre a uno de sus escritos más famosos, *El ogro filantrópico*, exhibe no sólo los riesgos de un poder político ilimitado sobre los derechos de las personas, la marcha de la economía y las posibilidades del desarrollo, sino también sobre la conciencia de sus ciudadanos y sus intelectuales (Paz, 1979). Este fortalecimiento estatal conduce, por una parte, a un capitalismo monopolista y por otra al totalitarismo político. En México, la construcción de un Estado cada vez más poderoso no sólo limita las posibilidades de avance democrático sino que fortalece el modelo patrimonialista de la política que, junto con la inercia estatista de la propiedad, constituye la identidad política e ideológica de esta forma estatal nacional (Paz, 1990: 75-6). La obra política de Paz, sobre todo a partir de 1970 cuando publica *Postdata*, estará marcada por la crítica constante a la estatización de la vida social y por una idea de la vida cultural y del régimen democrático como recursos de defensa y control contra el "monstruo frío".

6. Los intelectuales y el estatismo

Uno de los efectos más destructivos del acrecentado poder estatal es el que se perpetra en la conciencia de los intelectuales en general y de los escritores en particular. Una gran corriente de intelectuales en el siglo XX se había convertido, según el diagnóstico de Paz, en voceros y hasta militantes de la ampliación de los poderes estatales, por lo que su función crítica y necesariamente marginal es traicionada por la seducción del poder estatal. Cuando Paz habla de marginalidad no la asocia con la irrelevancia o impotencia del escritor o intelectual, sino, por decirlo así, con su localización topográfica respecto del poder político. Si los políticos profesionales y los movimientos políticos y sociales son los actores de la política, el pensador y el escritor deben ser sus observadores críticos, no más: "Creo que el escritor ... es, como escritor, en la sociedad moderna, un ser marginal. Y por serlo, justamente, ejerce una función crítica. Esta función es central pero a condición de que quien la ejerce no esté en el centro de la acción, sino al margen" (Paz, 1987: 375). En efecto, Paz atinó a identificar la compleja relación del Estado con los intelectuales como una situación de riesgo para la independencia de éstos, que es lo único que da sentido a su actividad. El escritor insiste: "La eficacia política de la crítica del escritor reside en su eficacia marginal, no comprometido con un partido, una ideología o un gobierno ... En México, todos o casi todos los escritores ... hemos servido en el gobierno. Compromiso peligroso que puede convertirse en pecado mortal si el escritor olvida que su oficio es un oficio de palabras y que entre ellas una de las más cortas y convincentes es NO. Uno de los privilegios del escritor es decir NO al poder injusto" (Paz, 1987: 375). Con su reflexión sobre los intelectuales, Paz no sólo describía uno de los rasgos de los movimientos intelectuales contemporáneos sino uno de los obstáculos para la formación de un pensamiento político eficaz y capaz de alimentar una agenda pública genuinamente transformadora. Dice Paz: "El pueblo no ha logrado articular sus quejas y sus necesidades en un pensamiento político coherente y en programas realistas porque las minorías intelectuales y políticas que, en otras partes, interpretan y dan forma a las confusas aspiraciones populares, entre nosotros están hipnotizadas por ideologías simplistas" (Paz, 1985: 128). Unos intelectuales actúan como catequistas de sus respectivas iglesias, otros lo hacen como defensores de un *statu quo* donde afilian sus intereses, pero todos tienden a servir al Estado.

Seguidores de un credo estatista, aunque se hallen en una posición opositora, o cronistas y defensores del poder vigente, ambas categorías caen en la figura de intelectuales de Estado. Frente a la figura de intelectuales de Estado, que lo son por su compromiso orgánico con los poderes o por sus proyectos de fortalecimiento del poder político, Paz contrapone la figura del intelectual independiente y crítico: "son unos cuantos —un verdadero puñado— los intelectuales independientes que han asumido la función crítica y que se atreven a pensar por su cuenta" (Paz, 1985: 129). Este grupo de intelectuales, cuyo circuito tanto en México como a nivel internacional Paz buscó organizar y fortalecer, representa, según el poeta, una garantía para limitar los abusos del Estado y para permitir el libre cultivo del pensamiento y del arte.

Respecto del entorno de cultura política característico de América Latina en general, y de México en particular, Paz, junto con un pequeño pero no insignificante grupo de compañeros-discípulos, dio lugar a un foco discursivo excéntrico y divisivo: el que propugnaba la crítica del Estado y la construcción de un sistema democrático moderno, incluso sin adjetivos. Como dice Soledad Loaeza: "A diferencia de la mayoría de los intelectuales de la época, para quienes la justicia social era el único significado legítimo de la democracia, Paz hizo de la defensa de la libertad y del pluralismo los valores centrales del ideal democrático. Esa diferencia fue, entre otras, motivo de controversia, de polémica y de ruptura en el mundo de la *intelligentsia* mexicana" (Loaeza, 2009: 155). Ciertamente, mientras gran parte de la intelectualidad latinoamericana identifica el avance democrático con el fortalecimiento de la esfera estatal y el control de los intereses y negocios de los particulares, acentuando, a veces de manera unilateral, el alcance nivelador de la democracia contemporánea, Paz vio en tales procesos un riesgo para el propio proyecto democrático, pues sólo podría llevarse a cabo a través del fortalecimiento del poder estatal y la limitación de la esfera de los particulares.

7. Liberalismo y democracia

La crítica al Estado, o más bien, a sus extralimitaciones y abusos, es lo que define al pensamiento político de Octavio Paz como liberal. Si entendemos que las dos ideas centrales de la tradición liberal son la afirmación de las libertades y derechos individuales y la correlativa afirmación de los límites políticos y jurídicos al poder político, puede sostenerse que una formulación positiva o decantada del ideario político de Paz lo instala en el terreno de la teoría liberal. En este sentido, Paz se convierte en un exponente de la larga tradición liberal mexicana, que desde el siglo XIX trató de construir un Estado liberal como vía para la modernización de la nación. Empero, no puede ser visto como un simple reproductor de ese ideario liberal al que él mismo juzgó fracasado en su realización, sino como un pensador novedoso que en el contexto del debate entre estatismo y liberalismo del siglo XX buscó construir un argumento en favor de la libertad moderna y el pluralismo político.

Paz sostuvo que el proyecto liberal mexicano, lejos de cumplir la función de estructurar un sistema de derechos del hombre —como ha sostenido la versión "de bronce" de la historia moderna de México— cumplió una función ideológica de engaño y desembocó históricamente en una dictadura. En *El laberinto de la soledad*, de 1950, sostuvo que "La permanencia del programa liberal, con su división clásica de poderes —inexistentes en México—, su federalismo teórico y su ceguera ante nuestra realidad abrió nuevamente la puerta a la mentira y la inautenticidad" (Paz, 2013: 159); y refrendó esta posición en los años ochenta: "Los liberales vencieron a la Iglesia pero no pudieron implantar la verdadera democracia sino un régimen autoritario enmascarado de democracia" (Paz, 1985: 151). Así que no es el fallido liberalismo decimonónico el reivindicado por el escritor, sino uno novedoso, capaz de articular el reclamo democrático de la sociedad del presente mediante la limitación del Estado.

El liberalismo de Paz es más parecido al de Benjamin Constant que al de John Rawls, Brian Barry o Bruce Ackerman; incluso es diferente del liberalismo defendido en nuestros días por Fernando Savater. Estos últimos liberalismos, aunque poderosamente comprometidos con las libertades individuales y el pluralismo político, afirman una necesaria actividad positiva del Estado para la regulación y limitación de los poderes fácticos y, en especial, para garantizar una distribución de la riqueza menos desigual en las sociedades democráticas. En línea con Constant, Paz afirma una posición liberal en la que los principios constitucionalistas que protegen las libertades básicas convergen con una economía de libre concurrencia y guiada por las leyes, no de la política, sino de la oferta y la demanda. En un párrafo que por su importancia citamos *in extenso*, dice Octavio Paz:

> Un Estado justo no pretende suplantar a los verdaderos protagonistas del proceso económico: empresarios y trabajadores, comerciantes y consumidores. Una lógica rige a la economía y otra a la política. Respetarlas es el comienzo del arte de gobernar. El Estado justo no es productor pero vela porque los productores —empresarios y trabajadores— realicen sus funciones en las mejores condiciones posibles y, dentro de los límites legales, con la mayor libertad. Tampoco es distribuidor: garantiza la libertad de comercio, protege a los consumidores y se esfuerza porque los distribuidores no engañen, abusen, roben o cometan otros excesos. El Estado justo no es omnipotente y muchas veces falla; lo reconoce y no castiga a sus críticos. No es omnisciente y se equivoca; sabe que el remedio está en el libre juego de las fuerzas sociales. Confía en el doble control del mercado y de la democracia (Paz, 1990: 60-70).

En el liberalismo de Paz convergen la afirmación de las libertades privadas o modernas, la crítica del anacronismo que confunde la libertad con la participación política o con la justicia social, la identificación del Estado como la mayor amenaza para el orden justo de la sociedad y la creencia en el valor ordenador del libre mercado. En este tenor, un Estado es injusto cuando excede sus límites liberales, cuando distribuye propiedad o mercancías o cuando trata de articular el debate o la opinión pública. El Estado justo de Paz se ajusta al concepto de un liberalismo predistributivo, decimonónico de corte europeo, que parece asumir como válida la supuesta antinomia entre libertad e igualdad planteada luego por Isaiah Berlin y conforme a la cual un Estado que busca propositivamente la igualdad (o, al menos, reducir la desigualdad) termina por afectar la libertad disponible.

Al describir lo que denomina "las líneas generales que guían en forma consistente sus opiniones y juicios", Loaeza particulariza los rasgos de un discurso netamente liberal: "en primer lugar, la primacía de la libertad; luego, la defensa de la independencia de individuos o grupos frente al Estado, es decir, la diversidad social como fuente de riqueza y creatividad; y, por último, la desconfianza frente a lo que percibía como el instinto expansionista del Estado" (Loaeza, 2009: 159). En su madurez, Paz construiría, con base en este emplazamiento liberal, una concepción política pluralista y democrática, caracterizada por un recelo sistemático frente al estatismo. En efecto, mientras que la defensa de un Estado poderoso y de amplia presencia y capacidad de intervención en la vida social ha sido, para gran parte de la intelectualidad latinoamericana, el equivalente mismo de la democracia, para Paz este intervencionismo es la negación radical de la democracia y el alejamiento de la idea de un Estado justo. La idea democrática que configuraría se define, esencialmente, por el mencionado contenido liberal. Si alguna teoría o narrativa política merece en el México contemporáneo llevar el nombre de democracia liberal es la de Octavio paz. Dicho de manera rigurosa, la propuesta democrática de Paz sólo lo es por su contenido liberal mediante el cual se priorizan los derechos y libertades y los controles y límites al Estado.

Según Paz, "La unión de libertad y democracia ha sido el gran logro de las sociedades modernas. Logro precario, frágil y desfigurado por muchas injusticias y horrores; asimismo, logro extraordinario y que tiene algo de accidental o milagroso" (Paz, 1987: 558). Sin dudas al respecto, Paz afirma que el contenido central de la democracia es la libertad. Sólo con ella como marco se pueden enfrentar las desigualdades y las injusticias, aunque no por ello la democracia equivale a la igualdad o la justicia. La democracia existe y tiene valor por sí misma; no requiere adjetivos para ser defendida. Al hablar de su propio camino hacia la identidad democrática, Paz sostuvo que "Hace algunos años creía, como tantos, que el remedio sería la reforma interna del PRI. Hoy no sería suficiente. La opinión pide más. Pide una *democracia sin adjetivos*, como ha dicho Enrique Krauze" (Paz, 1987: 402). En efecto, muy cercano a Paz, Krauze propuso este enunciado para insistir en el carácter liberal y procedimental de la democracia, en contraste con los intelectuales que, en el contexto del debate de la transición mexicana a la democracia, identificaban a la democracia con la justicia social y la reversión de la desigualdad (Krauze, 1984). Confundían, según Krauze y Paz, a la democracia con una de las metas de la sociedad democrática y por ende distorsionaban la transición democrática al convertirla en transición a una nueva etapa del estatismo.

Paz hizo de la idea de democracia no sólo una meta política sino una clave de interpretación histórica para Latinoamérica y México. Desde su punto de vista, que se escala al nivel de una filosofía de la historia, las naciones independientes de América, desde su origen mismo, han tenido como hilo conductor la búsqueda de la democracia. Sin descontar ni minimizar sus defectos y rezagos, la democracia es para él la clave de la modernidad latinoamericana: "La democracia latinoamericana llegó tarde y ha sido desfigurada y traicionada una y otra vez ... Sin embargo, casi todo lo bueno que se ha hecho en América Latina, desde hace un siglo y medio, se ha hecho bajo el régimen de la democracia o, como, en México, *hacia* la democracia" (Paz, 1985: 188). El sentido histórico de la democracia es a tal punto fuerte en la región, piensa Paz, que incluso las dictaduras militares no se atrevieron a negar la legitimidad histórica de la democracia, considerándose a sí mismas como "regímenes interinos de excepción" (Paz 1985: 177). En sentido contrario, el carácter inédito de la dictadura cubana consistió precisamente en su pretensión de ofrecer otra legitimidad, la revolucionaria, que intenta desplazar a la legitimidad histórica de la democracia: "Así se ha roto la tradición que fundó a la América Latina" (Paz, 1985: 179).

Tiene razón José Woldenberg al sostener que "quizá como nadie Paz insistió en que la única desembocadura digna que tenía México era la de la democracia, el único arreglo político que permitiría la coexistencia de la diversidad política" (Woldenberg, 2009: 205-6). La democracia, según Paz, es la única posibilidad de una genuina "vida política": "cualesquiera que sean las limitaciones de la democracia occidental (y son muchas y gravísimas: régimen burocrático de partidos, monopolios de la información, corrupción, etc.), sin libertad de crítica y sin pluralidad de opiniones y grupos no hay vida política" (Paz, 2013a: 246-7). La ausencia de vida pública sería el resultado de la expropiación hecha por el Estado autoritario del juego democrático.

Sin embargo, la democracia posee valor no sólo porque permite la experiencia de la pluralidad y posibilita un ejercicio genuino de la vida pública, sino también porque desempeña una tarea de primer orden: canalizar la expresión de "los graves problemas del país, en especial el de la integración del México subdesarrollado y marginal, lo mismo en el exterior que en el interior" (Paz, 2013a: 284). Dicho de otra manera, el sistema democrático es el único que puede procesar el conflicto sin violencia ni rupturas sociales de gravedad.

Este último argumento lleva a Paz a insistir en su rechazo a la visión comunista y estatista de la política y, por ende, a sumar un desacuerdo más con la intelectualidad latinoamericana que da especial valor a la idea de revolución. Paz sostiene que el ciclo de las revoluciones modernas en los países desarrollados se ha cerrado —los hitos históricos de las revoluciones norteamericana y francesa están en el pasado—, mientras que las revueltas en el terreno del subdesarrollo dudosamente pueden ser revoluciones —Nicaragua, El Salvador y la propia Cuba son para él revueltas producto de un desarrollo insuficiente—, por lo que lo que proviene de estas últimas no es democracia sino nuevas formas de dictadura burocrática. Su diagnóstico es por ello terminante: "toda revolución sin pensamiento crítico, sin libertad para contradecir al poderoso y sin la posibilidad de sustituir pacíficamente a un gobernante por otro, es una revolución que se derrota a sí misma. Un fraude" (Paz, 2013a: 286).

En 1950, cuando publicó *El laberinto de la soledad*, Paz sostenía una interpretación culturalista de la revolución mexicana pasada por el tamiz del psicoanálisis. Allí decía que "La revolución mexicana es un hecho que irrumpe en nuestra historia como una verdadera revelación de nuestro ser" (Paz, 2013: 148). Esta ontología de la experiencia nacional carece de significado cuando piensa en la revolución desde su criterio democrático-liberal: para los años ochenta, época todavía de grandes esperanzas revolucionarias, la revolución en México y América Latina es para él un fraude que desvía a nuestras naciones de su histórica ruta democrática. Su pensamiento político había soltado su lastre ideológico más poderoso: el mito de la revolución creadora.

8. Apuntes críticos sobre la política de Octavio Paz

No quisiera terminar este acercamiento a las ideas políticas de Octavio Paz sin agregar, a modo de apuntes generales que ameritarían mejor desarrollo en otro momento, un punto de vista crítico.

Indudablemente, Octavio Paz fue un pensador adelantado en Latinoamérica debido a su temprano y claro compromiso con un sistema democrático. Su hipótesis de que lo propio de la historia latinoamericana desde el momento mismo de las independencias del siglo XIX ha sido la construcción de un sistema democrático, le conduce a establecer una suerte de eje hermenéutico para articular una interpretación de largo plazo de la historia del subcontinente y, de manera específica, de México. Conforme a esta hipótesis, como hemos visto, las dictaduras militares deben ser vistas, incluso conceptualmente, como paréntesis autoconscientes respecto de una regularidad o tendencia democrática a la que a la larga no pueden revertir. Por ello, la implantación de un régimen comunista en la región, el cubano, constituye una fatídica novedad histórica porque, a diferencia de las dictaduras militares, genera una auto-consciencia política que reclama no ser un paréntesis temporal respecto de la democracia sino una alternativa a ella. Aunque puede y debe discutirse esa suerte de benevolencia de su eva-luación histórica de los gobiernos de seguridad nacional, lo cierto es que la gran virtud de Octavio Paz es destacar la oposición no sólo histórica y política, sino conceptual y normativa entre so-cialismo revolucionario y democracia moderna. Ahora bien, la idea de que el destino de las naciones latinoamericanas, desde su inde-pendencia, es la democracia, termina constituido en un argumento metafísico. Aun si se entendiera este destino como voluntad o proyecto políticos, lo que Paz supone es una suerte de teleología histórica que establece no sólo el sentido del proceso histórico sino su punto de llegada. Una cosa es decir que las repúblicas recién emancipadas construyeron un discurso político compatible con la democracia moderna y otra muy diferente es sostener que esto constituye un propósito histórico o el sentido de su experiencia en el tiempo. El argumento de la vocación histórica de América Latina por la democracia es una petición de principio y no una descripción documentada de procesos o tendencias que pudieran ser evaluadas, documental y objetivamente, por otros historiadores y teóricos de la política. Constituye una forma de filosofía de la historia que lleva incluso a relativizar, y en cierto sentido a jus-tificar, las tendencias autoritarias ampliamente expresadas en el militarismo latinoamericano. Conforme a esta explicación, las dictaduras militares no sólo son transitorias sino conscientemente transitorias. Si la democracia es una vocación histórica, una suerte de rasgo identitario de largo plazo de sociedades que sin embargo han podido vivir sin este régimen político durante siglos, ha de suponerse a la democracia como una suerte de hegeliana "astucia de la razón" que ha de sobrevivir a los avatares violentos y autoritarios que la desfiguran y enajenan.

Esta seguridad histórica, propia en efecto de las filosofías modernas de la historia que siempre se acompañaron de un cierto providencialismo, contrasta con argumentos sensatos del escritor acerca del carácter casi accidental y azaroso de las experiencias democráticas. En realidad, la interpretación del proceso democrático como realización de un sentido predeterminado no es un aporte sino un obstáculo para comprender los desafíos históricos de la construcción democrática en el subcontinente.

En segundo lugar, el pensamiento político de Octavio Paz es historicista, esto es, obtiene su consistencia argumental y su plausibilidad analítica de los referentes históricos que utiliza y de los contextos sociales de significación a los que se refiere. Estas cualidades dan sentido a su rechazo de los esquemas y geometrías de la filosofía política. Estos esquemas, según Paz, no son adecuados porque, al no articularse sobre la base de la experiencia socio-histórica, se convierten en discursos formalistas, copiados de otras experiencias culturales. El problema de este argumento es que recurre a un contextualismo que el propio autor no mantiene como divisa de argumentación, es decir, exige una pragmatización radical de las categorías del análisis político que las conecte con su contexto y tradiciones políticas, mientras que utiliza de manera asidua un discurso cosmopolita e ilustrado. Si esto es así, sus consideraciones sobre el sentido general de la democracia, el riesgo mundial de la estatización, los valores superiores de la democracia, la crítica del comunismo como proyecto internacional y otros argumentos de gran peso en su obra adolecerían del mismo formalismo. Puede decirse, además, que la crítica de Paz es acertada respecto de las filosofías políticas que son meros trasplantes de discusiones académicas tomadas como préstamo intelectual, pero no lo es respecto de los intentos de conceptualizar la realidad propia recurriendo a argumentos construidos en circuitos de deliberación internacional y que, siendo abstractos, no son meras idealizaciones. ¿Podría en virtud de la crítica de Paz a la teoría suponerse, por ejemplo, que por tener raíces culturales propias el proyecto democrático en México no podría evaluarse y criticarse con el apoyo de las teorías filosóficas de la democracia o de la justicia? Las teorías políticas contemporáneas son, en general, artefactos discursivos para el debate político. Su utilidad práctica no deriva de su forma conceptual o de su organización discursiva sino de su capacidad explicativa, de su sentido crítico y hasta de su posibilidad de apelar al interés intelectual de sus lectores. Del mismo modo que, como hemos dicho, no se puede sostener que sólo la filosofía y ciencias de la política pueden explicar y criticar el mundo político, tampoco se puede negar a estos esquemas y geometrías de la política sus capacidades explicativas y sus poderes críticos.

En tercer lugar, evidentemente, Octavio Paz no fue un marxista revolucionario sino un demócrata liberal. Sin embargo, resulta significativo que su crítica a los proyectos de construcción del socialismo en América Latina recurra a uno de los más criticados argumentos de la tradición marxista: el fatalismo o mecanicismo histórico. Conforme al argumento de Paz, ninguna sociedad puede alterar el orden secuencial de las etapas históricas. No se puede llegar al socialismo sin construir previamente una sociedad capitalista. El argumento fatalista de la teoría marxista contamina la propia posición del escritor con su esquematismo y pobreza histórica. Paz podría haber sostenido que, por ejemplo, el socialismo es indeseable en América Latina porque sus experiencias históricas en zonas de subdesarrollo sólo han dado lugar a dictaduras burocráticas y a Estados autoritarios, pero el argumento de que la secuencia de etapas históricas es la razón de fondo de la inviabilidad del socialismo aparece como un argumento especioso y maniqueo. La paradoja del argumento de Paz es que recurre a la visión fatalista histórica del marxismo para negar sus pretensiones políticas en América Latina, como si en el caso europeo o norteamericano ese fatalismo histórico hubiera tenido una función explicativa plausible.

Una cuarta crítica que vale la pena enderezar tiene que ver con la defensa del enunciado "democracia sin adjetivos". Como argumento a favor de entender un recto sentido de la democracia es de enorme valor. Tal es la tarea que se propusieron pensadores como Norberto Bobbio y Giovanni Sartori y su resultado fue acreditar una idea clara y distinta de la democracia política, salvándola de la confusión semántica a la que la sobrecarga de expectativas la había condenado. Lo que no queda claro en la posición de Paz es si la idea de una democracia sin adjetivos es una sana distinción analítica que resalta el carácter procedimental y formal del régimen democrático o bien es un programa político que propone una prioridad temporal y práctica entre los procesos democráticos y las exigencias de nivelación social y de justicia distributiva. La distinción analítica es crucial, porque al reflejarse en los diseños institucionales permite que el régimen político de una sociedad genere legalmente los métodos y legislación democráticos y permita, con ello, la construcción pacífica de las decisiones colectivas y la articulación del pluralismo sociopolítico. Pero esta construcción analíticamente diferenciable es, en los hechos, simultánea con la expresión de las exigencias democráticas de justicia social y reducción de las desigualdades, por lo que no puede suponerse que la democracia sin adjetivos puede ser, en la práctica, una democracia sin agenda de igualdad y justicia. La confusión de Paz, en resumen, proviene de tratar el concepto de democracia como si la distinción analítica entre método democrático y contenidos igualitarios de la democracia significara una prioridad o necesaria precedencia histórica de la forma democrática sobre sus contenidos posibles.

El último apunte crítico, aunque no el menos importante, tiene que ver con la crítica de Paz al estatismo. Esta crítica, plausible en gran parte de su formulación, incurre sin embargo en el defecto de una generalización ideológica. El antiestatismo de Paz también constituye una forma de filosofía de la historia, conforme a la cual toda forma estatal es un riesgo para las libertades y su función social es siempre negativa. Cuando se supone una línea hermenéutica que anuda todas las formas estatales como amenazas para la libertad sin reparar en las diferencias específicas de las formas estatales, se pueden construir enunciados como el del "monstruo frío", literariamente afortunados pero históricamente insostenibles. Paz elude la referencia a la función constitutiva de los Estados respecto de las relaciones de mercado (no sólo la vigilancia de sus externalidades, sino la construcción política y legal de sus condiciones de posibilidad), a la función de construcción (que el lenguaje constitucional llama "garantías") de los derechos humanos e incluso a la compleja y difícil construcción de programas de igualdad en el marco de sociedades democráticas. La idea de un Estado republicano se le escapa, al menos en sus implicaciones teóricas, lo mismo que la de un Estado social y democrático de derecho.

Finalmente, debe decirse que el antiestatismo de Paz le conduce a sostener un liberalismo anacrónico y en gran medida esquemático. Paz renuncia a considerar con seriedad las posibilidades prácticas de los liberalismos distributivos de los siglos XIX y XX, que van de John Stuart Mill a John Rawls, y que defienden no el pretendido equilibrio decimonónico entre democracia y mercado, sino el equilibrio entre democracia liberal y justicia social. Su preferencia declarada por un socialismo pluralista y respetuoso de las libertades hubiera sido perfectamente compatible con la defensa de un liberalismo distributivo y sensible a las desigualdades socioeconómicas. Empero, como dijimos en el texto, prefirió la idea, de muy difícil verificación histórica, de que el mercado es un espacio espontáneo de libertad y que es la contraparte necesaria del sistema de libertades civiles y políticas.

Bibliografía

Arendt, Hannah (2002 [1951]). *Los orígenes del totalitarismo*, Madrid, Alianza editorial.

Arreola, Juan José (1978). "Prólogo" a Michel de Montaigne, *Ensayos escogidos*, México, UNAM, Col. Nuestros clásicos.

Cruz, Juan (2014). "Los otros todos" en *El País* (2 de febrero, 2014), en: http ://elpais.com/elpais/2014/01/31/opinion/1391172731072906.html.

Grenier, Yvon (2009). "El socialismo en una sola persona: el espectro de Marx en la obra de Octavio Paz" en Anthony Stanton (ed.) (2009) *Octavio Paz: entre poética y política*, México, El Colegio de México.

Krauze, Enrique (1984). "Por una democracia sin adjetivos" en *Vuelta* 134, enero de 1984.

Loaeza, Soledad (2009). "Octavio Paz en el debate de la democratización mexicana" en Anthony Stanton (ed.) (2009) *Octavio Paz: entre poética y política*, México, El Colegio de México.

Paz, Octavio (1979). *El ogro filantrópico*, Barcelona, Seix Barral.

Paz, Octavio (1985). *Tiempo nublado*, México, Origen-Planeta.

Paz, Octavio (1987). *El peregrino en su patria. Historia y política de México*, Tomo I de la colección "México en la obra de Octavio Paz", México, FCE.

Paz, Octavio (1990). *Pequeña crónica de grandes días*, México, FCE.

Paz, Octavio (1994). "Primeros pasos" en *Vuelta* 206, enero de 1994, México.

Paz, Octavio (2013). *El laberinto de la soledad*, en *El laberinto de la soledad, Postdata y Vuelta a "El laberinto de la soledad"*, México, FCE.

Paz, Octavio (2013a). *Postdata* en *El laberinto de la soledad, Postdata y Vuelta a "El laberinto de la soledad"*, México, FCE.

Santí, Enrico Mario (2009). "Poesía e historia" en Anthony Stanton (ed.) (2009) *Octavio Paz: entre poética y política*, México, El Colegio de México.

Sheridan, Guillermo (2013). "Perdón, pero soy de nadie" en *El Universal*, 26 de noviembre de 2013.

Woldenberg, José (2009). "Octavio Paz: remembranza" en Anthony Stanton (ed.) (2009) *Octavio Paz: entre poética y política*, México, El Colegio de México.

Modernidad, libertad y democracia en el pensamiento político de Octavio Paz

Guillermo Flores Miller[*]

En este artículo presentamos un estudio de algunos conceptos centrales del pensamiento político de Octavio Paz. Sin duda, Octavio Paz ha sido el intelectual mexicano más importante que ha vivido en el siglo XX, y es por ello que consideramos que se requiere profundizar más en el conocimiento de su obra, en este caso de su obra consagrada a la reflexión política, pero que no excluye otros aspectos del pensamiento también vinculados a la política. El acercamiento que en esta ocasión hacemos a la obra de Paz no es con fines apologéticos o laudatorios, ni tampoco con el objetivo de criticar su obra, lo cual requeriría un mayor desarrollo y extensión del texto, más bien, hemos optado por presentar algunas ideas centrales de su pensamiento político que contienen una carga de reflexión suficiente para considerarlas para su discusión pública. Como se sabe, en Paz hubo un sentido de universalidad de los temas que abordó en los que dejó ver su solvencia intelectual pero también es justo señalar que además se preocupó por las condiciones históricas, culturales, sociales y políticas de nuestro país y de Latinoamérica en general. Es decir, Paz fue al mismo tiempo un hombre que se interesó por las ideas en un sentido universal pero también se interesó directamente por reflexionar sobre el mundo en que vivía, y más en particular por México. Es esta unidad de lo universal y lo particular y de su escisión o fragmentación parte de las preocupaciones intelectuales de Paz. El hilo conductor del texto se basa en un orden básico en el que primero analizamos el concepto de modernidad de Paz; después abordamos su concepto de la libertad, o experiencia de la libertad como Paz solía expresarlo en sus textos, y por último, trataremos el tema de la democracia en la obra de Octavio Paz, y dentro de ese análisis haremos referencia a algunos aspectos de las sociedades democráticas modernas que Paz criticó. Sin más preámbulos paso directamente a abordar los temas a tratar.

---

[*] Doctor en Filosofía Moral y Política por la Universidad Autónoma Metropolitana (Unidad Iztapalapa).

1. Modernidad

En la obra ensayística de Octavio Paz hay una constante referencia y respectiva reflexión sobre la modernidad. En obras como: *El laberinto de la soledad*, *El arco y la lira*, *Posdata*, *Los hijos del limo*, *El signo y el garabato*, *Corriente alterna*, hasta algunas de sus últimas obras ensayísticas como *Pequeña crónica de grandes días* o *Itinerario*,[1] se encuentra una incesante y profunda reflexión sobre la modernidad.[2] Para los temas que nos interesa abordar en este artículo, que son propios del pensamiento político en la obra de Paz, hemos recurrido a la articulación de algunos aspectos centrales para comprender la reflexión paciana sobre la modernidad en su sentido político, es decir, de la modernidad política propiamente dicha. En Paz hay un proceder conceptual que recurre a la tensión de opuestos y que es propia de una dialéctica. Dicha dialéctica se basa en concentrar polos antitéticos o contrarios en una relación dinámica y de recíproca referencia entre tales opuestos. Tal proceder lo encontramos en la relación entre modernidad/tradición como primer aspecto esencial que sirve a Paz para explicar la trayectoria de la modernidad. Para ello, Paz recurre a la historia, a la filosofía y al estudio de la cultura, en la que se incluyen los mitos, símbolos, costumbres,

---

[1] Octavio Paz, *El laberinto de la soledad, Posdata, y Vuelta a El laberinto de la soledad*, 2ª edición, México, FCE, 1993; O. Paz, *El arco y la lira. El poema. La revelación. Poesía e historia*, 4ª edición, México, FCE, 2006; O. Paz, "Los hijos del limo", en *Obras Completas 1, La casa de la presencia*, México, FCE, 1994, pp. 321-380; O. Paz, *El signo y el garabato*, México, Joaquín Mortiz, 1973; O. Paz, *Corriente alterna*, México, Siglo XXI editores, 1967; O. Paz, *Pequeña crónica de grandes días*, México, FCE, 1990; O. Paz, *Itinerario*, México, FCE, 1993. Algunos estudios que indagan en la idea de modernidad en Paz son los siguientes: Xavier Rodríguez Ledesma, *El pensamiento político de Octavio Paz. Las trampas de la ideología*, México, Plaza y Valdés-UNAM, 1996; Yvon Grenier, *Del arte a la política. Octavio Paz y la búsqueda de la libertad*, México, FCE, 2004. También se pueden consultar los trabajos de: Ricardo Pozas Horcasitas, "La modernidad de los modernizadores", en Anthony Stanton (ed.), *Octavio Paz: entre poética y política*, México, El Colegio de México, 2009, pp. 235-293; Jacques Lafaye, *Octavio Paz en la deriva de la modernidad*, México, FCE, 2013.

[2] O. Paz, "Unidad, modernidad, tradición", en *Obras Completas 3, Fundación y disidencia. Dominio hispánico*, México, FCE, 1994, p. 22.

prácticas y creencias; o mejor dicho, Paz recurre a la relación dinámica entre los mismos. Vista así, la sociedad sería, para Paz, un conglomerado de fuerzas históricas vivas, que representan mentalidades, imaginarios colectivos y formas de actuar en el mundo que se hallan en una tensión constante y cuyo resultado es parcial y relativo, pero que no deja de responder a la voluntad humana de los pueblos insertos dentro de un proceso histórico. Es así que Paz indica: "Creo que cada nación posee un carácter, una índole y un talante, es decir, una suma de disposiciones y de limitaciones. Creo que esas cualidades son variables y que cambian sin cesar como la historia misma".[3] La modernidad sería, entendida de ese modo, un proceso histórico a la vez que sería el resultado actualizado de ese proceso, pero envuelto en una dinámica interna de cambio, es decir, que la historia no responde a valores o principios inamovibles sino que responde a los aspectos sociales y culturales que se encuentran involucrados directamente en el proceso histórico.[4]

Bajo la óptica de Paz se da una relación paradójica entre modernidad y tradición, puesto que la tradición alimenta en su relación con la modernidad la vitalidad y+ actualidad de la modernidad dado que no hay modernidad que pueda entenderse sin su relación con la tradición. Es en la obra *Los hijos del limo*, donde Paz aclara esta relación con mayor claridad.[5] La religión sería para Paz uno de los aspectos de la cultura que sirve para explicar la relación de la tradición con la modernidad. Así como la religión cristiana ha sido uno de los aspectos fundamentales de la tradición, también ha sido un elemento central para dar paso al proceso de la modernidad.[6] Dice Paz: "la modernidad se inicia con un despren-

---

[3] Ibid, p. 15.

[4] Cfr. para una valoración y explicación hecha con mucha claridad sobre la noción de historia en Paz, David Brading, *Octavio Paz y la poética de la historia mexicana*, México, FCE, 2002; para la crítica a la concepción de la historia y la modernidad en Octavio Paz, y que sigue siendo posiblemente la obra crítica hacia Paz más relevante que se ha hecho desde una postura estructuralista y marxista: Jorge Aguilar Mora, *La divina pareja. Historia y mito en Octavio Paz. Valoración e interpretación de la obra ensayística de Octavio Paz*, México, Era, 1978.

[5] O. Paz, "Los hijos del limo", en *Obras Completas 1, La casa de la presencia*, México, FCE, 1994.

[6] La religión es un tema que acompaña a los análisis de Paz sobre la modernidad. Pueden encontrarse referencias a ella, en muchos de sus textos, destacándose los estudios que se encuentran en: *Obras Completas 8, El*

dimiento de la sociedad cristiana".[7] Esto significa, siguiendo a Paz, que la crítica de la religión emprendida por la modernidad es también parte de la relación modernidad-tradición. De este modo, la obra de Paz sobre la modernidad ilustra la tensión entre tradición y modernidad y el papel de la religión dentro de esa tensión. Tal tensión es la crítica que efectúa la modernidad a la tradición, incluyendo a la religión, de la que, sin embargo, es deudora por ser parte de su negatividad.

El punto central en el que Paz encuentra una diferencia fundamental entre la modernidad y la tradición religiosa cristiana se encuentra en la "imagen del mundo" moderna del tiempo y de la historia;[8] y sin embargo tal concepción desciende de la concepción cristiana y de su crítica. Es por eso que el tema primigenio para explicar la modernidad, al que acude Paz, es el tiempo y, con él, la historia. La noción del tiempo en Paz explica en buena medida su perspectiva de la modernidad, de la filosofía de la historia moderna y su crítica a la misma.[9]

> Todas las sociedades poseen lo que comúnmente se llama una "imagen del mundo". Esa imagen hunde sus raíces en la estructura inconsciente de la sociedad y la nutre una concepción particular del tiempo. La función cardinal del tiempo en la formación de la imagen del mundo se debe a lo siguiente: los hombres no lo vemos nunca como mero suceder

---

peregrino en su patria. Historia y política en México, México, FCE, 1994; *Obras Completas 9, Ideas y costumbres I: La letra y el cetro*, México, FCE, 1995; pero también la religión se halla en sus estudios sobre Oriente, en particular sobre las religiones de la India, contenidos en O. Paz, *Obras Completas 10, Ideas y costumbres II: Usos y costumbres*, México, FCE, 1996.

[7] O. Paz, "Los hijos del limo", en *Obras Completas 1, La casa de la presencia*, p. 355.

[8] Lo que Octavio Paz entiende por "imagen del mundo" se corresponde en gran medida con la *Weltanschauung* de Dilthey y, sobre todo, con la del mismo Heidegger, aunque la mayor influencia en su crítica de la modernidad es, sin lugar a dudas, éste último, quien también influirá de modo considerable en la teoría poética y estética de Paz. Véanse: W. Dilthey, *Teoría de la concepción del mundo*, trad. de Eugenio Ímaz, México, FCE, 1945; M. Heidegger, "La época de la imagen del mundo", en *Caminos de bosque*, trad. de Helena Cortés y Arturo Leyte, Madrid, Alianza, 1995, pp. 63-90.

[9] O. Paz, *El signo y el garabato*, México, Joaquín Mortiz, 1973.

sino como un proceso intencional, dotado de una dirección y apuntando hacia un fin ... el tiempo es el depositario del sentido.[10]

Paz explica que la imagen del mundo ha estado presente en toda cultura y civilización y todas ellas han recurrido a una imagen del mundo que contiene una concepción del tiempo. De este modo Paz presenta al tiempo como base de las distintas visiones o imágenes del mundo y hace un repaso de ellas:

> Cada civilización ha tenido una visión distinta del tiempo; algunas lo han pensado como eterno retorno, otras como eternidad inmóvil, otras como vacuidad sin fechas o como línea recta o espiral. Año platónico, circular y perfecto a la manera del movimiento de los cuerpos celestes o tiempo apocalíptico, en línea recta de los cristianos; tiempo ilusorio del hindú, molino de las reencarnaciones o tiempo infinito, progreso continuo del siglo XIX.[11]

Ya adelantábamos que, en la reflexión de Paz sobre el tiempo, el cristianismo influye de modo fundamental para la construcción de la imagen del mundo que da lugar a la idea de tiempo de la modernidad como tiempo lineal pero también como crítica y como historia, es decir, de la conciencia de ser o estar en el tiempo como historia.

> La época moderna se inició como una crítica de todas las mitologías, sin excluir a la cristiana. Esto último no es extraño: el cristianismo rompió el tiempo circular de la antigüedad grecorromana y postuló un tiempo rectilíneo y finito, con un principio y un fin: la Caída y el Juicio Universal. El tiempo moderno es hijo del tiempo cristiano. El hijo y la negación: es un tiempo en línea recta e irreversible pero carece de comienzo y no tendrá fin, no ha sido creado ni será destruido. Su protagonista no es el alma caída sino la evolución de la especie humana y su verdadero nombre es historia.[12]

---

[10] Ibid., p. 11.

[11] Ibid., p. 12.

[12] Idem.

La historia sustituye a los relatos míticos y demás imágenes del mundo anteriores al mundo cristiano. Bajo la perspectiva de Paz, el progreso sería el nombre de la historia en la modernidad. La modernidad con su imagen del mundo sustituye las mitologías por un sentido teleológico del tiempo en el que se vislumbra la consecución de fines humanos, por lo que el tiempo se concibe como futuro, como un tiempo adelante dado su sentido evolutivo, lo cual significa progreso como proceso inexorable colocado siempre adelante como fin.

> El fundamento de la modernidad es una paradoja doble: por una parte, el sentido no reside ni en el pasado ni en la eternidad sino en el futuro y de ahí que la historia se llame asimismo progreso; por la otra, el tiempo no reposa en ninguna revelación divina ni en ningún principio inconmovible: lo concebimos como un proceso que se niega sin cesar y así se transforma.[13]

El progreso sería el cambio permanente y lo propio de la noción de tiempo en sentido moderno. No hay ya una sustancia de la cual dimanen los demás elementos del ser, pues ahora la sustancia sería el cambio incesante del progreso. Al no haber alguna sustancia propiamente dicha, es decir, una sustancia que se conciba a sí misma y que produzca las entidades del ser en el sentido de la metafísica tradicional, sino un cambio que genera su negatividad y con ello su crítica a través de la verificación de las tensiones y contradicciones internas de su propio automovimiento, entonces, lo que hay no es propiamente una sustancia sino la negación de aquella noción, que viene siendo sustituida por la de una concepción de historia que en su proceso de cambio se encarga de su crítica y que además opera en base a momentos de ajuste o cambio entendidos históricamente como revolución:

> El fundamento del tiempo es la crítica a sí mismo, su división y separación constantes; su forma de manifestación no es la repetición de una verdad eterna o de un arquetipo: el cambio es su sustancia. Mejor dicho: nuestro tiempo carece de sustancia; y más: su acción es la crítica de todo sus-

---

[13] Idem.

tancialismo. Por esto el lugar de la Redención lo ocupa la Revolución.[14]

Octavio Paz sostiene que la modernidad produce sus vástagos como utopías que pretenden restaurar la igualdad original y justicia que la misma modernidad niega al producirse en su seno la desigualdad entre los hombres, y de este modo afectar la libertad e igualdad, como dijera Rousseau, pero que, a través de la razón crítica y al afán emancipador de la autonomía humana, en un futuro estas utopías puedan revertir la situación de injusticia que afecta el progreso social. Es precisamente la idea de revolución el mecanismo que, ajustado a la idea de cambio y de progreso, domina la versión teleológica del tiempo moderno como futuro, dado que "la idea de revolución, en su significado moderno, representa con la máxima coherencia la concepción de la historia como cambio y progreso ineludible: si la sociedad no evoluciona y se estanca, estalla una revolución",[15] puesto que "las revoluciones son expresiones del tiempo irreversible y, por tanto, manifestaciones de la razón crítica: la libertad misma".[16] Esta última idea: la libertad, merece un tratamiento detenido dado que el concepto de libertad moderno es central tanto para la modernidad política misma como para el pensamiento político de Octavio Paz. Son entonces para Paz las ideas de progreso y revolución dos de las mayores características distintivas de la modernidad y de su condición crítica.[17]

Recordemos que para Paz la modernidad también es: "sinónimo de crítica y se identifica con el cambio; no es la afirmación de un principio atemporal, sino el despliegue de la razón crítica que sin cesar se interroga, se examina y se destruye para renacer de nuevo",[18] y añade, "no nos rige el principio de identidad … sino la alteridad y la contradicción en sus vertiginosas

---

[14] Idem.

[15] O. Paz, "Los hijos del limo", en *Obras Completas 1*, *La casa de la presencia*, p. 357.

[16] Idem.

[17] Octavio Paz recurre a una distinción entre revolución y lo que serían la rebelión y la revuelta; véase, O. Paz. "Revuelta, revolución, rebelión", en *Corriente alterna*, pp. 147-152.

[18] O. Paz, "Los hijos del limo", en *Obras Completas 1*, *La casa de la presencia*, p. 354.

manifestaciones",[19] además de que, "en el pasado, la crítica tenía por objeto llegar a la verdad; en la edad moderna, la verdad es crítica. El principio que funda a nuestro tiempo no es una verdad eterna, sino la verdad del cambio".[20] En esta argumentación se puede entender que Paz rastrea y encuentra los conceptos modernos que sustituyen a los religiosos, estos conceptos son: cambio, crítica, progreso; sin embargo la modernidad también recurre a conceptos que contienen un alto sentido religioso como lo es el concepto de "verdad", por lo que la modernidad también recoge conceptos de la religión pero los seculariza; aunque tal secularización moderna no les quita la fuerte carga simbólica que contienen y, de este modo, tales conceptos terminan acercándose o asemejándose al uso imaginario dado por la religión; por ello Paz añade: "el hombre moderno se ve lanzado hacia el futuro con la misma violencia que el cristiano se veía lanzado hacia el cielo o al infierno".[21]

En su crítica a la modernidad y a su concepción del tiempo, Paz plantea un aspecto fundamental: la negación del otro, es decir, el no reconocimiento de aquel que no soy yo, a partir de dos aspectos que Paz considera presentes en la noción del tiempo lineal occidental: la identidad y la homogeneidad. Paz asevera al respecto que "en Occidente, el tiempo rectilíneo postuló la identidad y la homogeneidad; por lo primero negó que el hombre es pluralidad: un yo que es siempre otro, un desemejante semejante que nunca conocemos enteramente y que es nuestro yo mismo; por lo segundo, exterminó o negó a los otros … a los que, de una u otra manera, eran o se sentían distintos".[22] Esta es una perspectiva interesante que va en contra de la idea predominante en la modernidad occidental, y en la que Paz parece dar un paso adelante en su crítica, para la que añade lo siguiente: "El tiempo rectilíneo intenta anular las diferencias, suprimir la alteridad; la revuelta contemporánea aspira a reintroducir la otredad en la vida histórica".[23] No obstante esta última frase es un poco confusa porque al utilizar el verbo "reintroducir" pareciera que en algún momento hubiera ya existido dicha concepción de la otredad en la historia y

---

[19] Idem.

[20] Idem.

[21] Ibid., p. 357.

[22] O. Paz, *Corriente alterna*, p. 222.

[23] Idem.

que sólo se trata de regresar a ella. En relación con el tema de la otredad, no quisiera dejar de acudir a una cita de Paz con la que concluye *Corriente alterna*, la cual sirve para explicar mejor la relevancia de la idea de alteridad en Paz y su potencial crítico:

> Peleamos para preservar nuestra alma; hablamos para preservar nuestra alma; hablamos para que el otro la reconozca y para reconocernos en la suya, distinta a la nuestra. Los poderosos conciben la historia como un espejo: ven en el rostro deshecho de los otros –humillados, vencidos o "convertidos"– el esplendor del suyo propio. Es el diálogo de las máscaras, ese doble monólogo del ofensor y del ofendido. La revuelta es la crítica de las máscaras, el comienzo del verdadero diálogo. También es la invención del propio rostro.[24]

Otro aspecto fundamental que Paz encuentra en la modernidad es el de la escisión tanto social como individual. Para Paz es importante explicar que la modernidad no es un concepto abstracto que se mueve bajo un mecanismo en el que aparecen los individuos como simples autómatas, sino todo lo contrario, le interesan los resultados que la aplicación de la concepción del mundo moderno produce en los individuos, y más precisamente en la conciencia de estos individuos, así como también la repercusión social de los efectos que provoca la modernidad. La modernidad para Paz es: "el periodo de la escisión".[25] Dice Paz que dicha escisión "comenzó como un fenómeno colectivo; a partir de la segunda mitad del siglo XIX".[26] Y de ahí "se interiorizó y dividió a cada conciencia".[27] Por ello "nuestro tiempo es el de la conciencia escindida y de la conciencia de la escisión".[28] Y esta escisión se produce por la distancia entre ideas y creencias,[29] o dicho de otro

---

[24] Ibid., p. 223.

[25] O. Paz, *Itinerario*, p. 43.

[26] Idem.

[27] Idem.

[28] Idem.

[29] Esta distinción no es original de Octavio Paz sino que, como sabemos, pertenece a Ortega y Gasset. Véase, José Ortega y Gasset, "Ideas y creencias", en *Obras completas*, tomo V, Madrid, Revista de Occidente, 1947, pp. 379-409.

modo: entre modernidad y tradición. Hay que enfatizar que la noción de escisión está presente en toda la reflexión de Paz sobre la modernidad, pero también está presente en su reflexión sobre la libertad y la democracia, como más adelante veremos.

Para finalizar esta parte del texto dedicado a la modernidad, recapitulamos algunos aspectos que hasta ahora han sido expuestos. En Octavio Paz hay una idea de modernidad que está asociada a una noción de proceso histórico que contiene siempre a su opuesto: la tradición, que siempre está en relación y tensión dinámica con la modernidad y que, por lo mismo, forma parte indisociable de la dialéctica de la modernidad; en segundo lugar, la idea de historia en Paz se construye en base a una *imagen del mundo* dominada por una idea del tiempo que se concibe como cambio perpetuo rectilíneo y bajo una concepción del progreso como futuro y fin en el que la historia contiene su negatividad interna como crítica de sí misma y de todo otro, y que además contiene un mecanismo de ajuste a las distorsiones y contradicciones que se presenten en la evolución del proceso. Tal mecanismo crítico de la emancipación social de la modernidad política lo ubica Paz en la idea de revolución, idea que, sin embargo, él mismo critica por no poder resolver la contradicción que para la modernidad parece irresoluble: la libertad y la fraternidad. La crítica es el principio de la negatividad que contiene la modernidad, de él dice Paz: "la sociedad moderna porta en sí un principio que la niega y del que no puede renegar sin renegar de sí misma y destruirse. La crítica es su alimento y veneno".[30] Y una de las posiciones que se presenta como crítica total a la modernidad es el nihilismo, que suelta un reto a la idea de modernidad yendo directamente contra sus principios fundamentales; esta actitud vitalista e irracionalista termina siendo, para Paz, una postura contradictoria pero también moderna.[31] Pero volviendo al planteamiento de la negatividad como negación del otro y también de la negación del mismo yo, tenemos como resultado la escisión o separación. De

---

[30] O. Paz, *El arco y la lira. El poema. La revelación. Poesía e historia*, p. 224.

[31] Cfr. O. Paz, "Nihilismo y dialéctica", en *Corriente alterna*, pp. 125-131. En este texto hay una exposición y crítica de Nietzsche en su intento de subversión de los valores y principios de la modernidad que el autor de *El crepúsculo de los ídolos* intenta sepultar; aunque también hay que apuntar que en este mismo texto de Paz hay una crítica a la dialéctica marxista.

este modo, el resultado de la modernidad es una escisión tanto colectiva como individual. Frente a esta condición moderna que se presenta como un reto intelectual y político, Paz pretende dar algunas luces a través de algunos principios que son medulares para la modernidad. En primer lugar, Paz acudirá al principio de libertad como fundamento de la modernidad política.

2. Libertad

La modernidad para Octavio Paz es una condición que tiene como uno de sus aspectos centrales su propia crítica, su negatividad que hace cuestionar sus propias bases. La historia y el tiempo, como hemos explicado anteriormente, en la obra de Paz tiene en la crítica una de sus característica centrales. La crítica para Paz es ya en sí un ejercicio de libertad. La libertad sin crítica no es libertad plena y la crítica sin libertad no puede ser ejercida. La crítica sería uno de los aspectos de la libertad, los otros serían: la libertad como experiencia concreta; la libertad en la relación con el otro; en el caso de los intelectuales, la libertad de expresión de las ideas; y la libertad en el sentido político propio de las democracias y la modernidad política.[32]

La libertad como experiencia del individuo es el sentido primigenio de lo que Octavio Paz entiende por libertad en su acepción práctica y más básica, por eso Paz, más que explicar la libertad como una idea o concepto en sentido abstracto, entiende la libertad como una experiencia de la conciencia: "La libertad no es una filosofía y ni siquiera es una idea: es un movimiento de la conciencia que nos lleva, en ciertos momentos, a pronunciar dos monosílabos: Sí o No".[33] Esta descripción de la libertad es constante en algunas de las obras de Paz. Paz separa tajantemente

---

[32] Algunos de los textos sobre Octavio Paz que abordan el tema de la libertad son: Juan Federico Arriola, *La filosofía política en el pensamiento de Octavio Paz*, México, Instituto de Investigaciones Jurídicas, UNAM, 2008; Yvon Grenier, *Del arte a la política. Octavio Paz y la búsqueda de la libertad*, México, FCE, 2004; Ricardo Pozas Horcasitas, "La libertad en el ensayo político", en Enrico Mario Santí (sel.), *Luz espejeante: Octavio Paz ante la crítica*, México, UNAM, 2009, pp. 628-650.

[33] O. Paz, "Poesía, mito, revolución", en *Obras Completas 1, La casa de la presencia*, p. 523.

lo que pueda decir un sistema filosófico de la libertad y la experiencia individual de la libertad:

> La libertad no es un sistema de explicación general del universo y del hombre. Tampoco es una filosofía: es un acto, a un tiempo irrevocable e instantáneo, que consiste en elegir una posibilidad entre otras. No hay una teoría general de la libertad porque es la afirmación de aquello que, en cada uno de nosotros, es singular y particular, irreductible a toda generalización. Mejor dicho: cada uno de nosotros es una criatura singular y particular. La libertad se vuelve tiranía en cuanto pretendemos imponerla a otros.[34]

Tenemos que seguir avanzando en esta misma exposición de Paz sobre la libertad como experiencia de la particularidad y la singularidad porque contiene un aspecto que, posiblemente, sea complementario a la primera caracterización que hace Paz de la libertad como experiencia particular y singular, y que es contraria a la libertad como idea o como generalización: "la libertad, que comienza por ser la afirmación de mi singularidad, se resuelve en el conocimiento del otro y de los otros: su libertad es la condición de la mía",[35] y enseguida añade: "Para realizarse, la libertad debe encarnar y enfrentarse a otra conciencia y a otra voluntad: el otro es, simultáneamente, el límite y la fuente de mi libertad".[36] Su argumento nos parece que transita por un camino sólido, al recurrir a los elementos que constituyen la libertad como relación con los otros. Sin embargo, pensamos que la libertad de Paz no considera explícitamente que la relación de la individualidad con los otros es también la del *nosotros* humano en su sentido universal, es decir, de la condición que plantea que somos seres singulares pero que esa misma condición, al ser compartida, es también un aspecto que encierra una condición universal, puesto que la libertad es un tema que trasciende el mero ámbito privado del individuo, ámbito en el que, sin duda, el individuo tiene que ejercer su libertad, pero que, además de lo anterior, la libertad en su sentido amplio, al implicar relación con los otros, es una libertad que requiere de una relación

---

[34] O. Paz, "La tradición liberal", en *Obras Completas 3, Fundación y disidencia. Dominio hispánico*, p. 306.

[35] Idem.

[36] Idem.

intersubjetiva concreta, a saber, de la experiencia que requiere necesariamente a los otros. Con ello el ejercicio de la libertad es la relación con el otro, lo cual es más que una situación que se refiera única y exclusivamente al individuo particular y su libertad, sino que, más bien, la relación del "nosotros" humano es una condición humana universal concreta para el ejercicio de la libertad. De cualquier modo, el mismo Paz agrega aspectos interesantes sobre la necesidad de la relación con el otro para realizar la libertad:

> La libertad, que comienza con la afirmación de mi singularidad, se resuelve en el conocimiento del otro y de los otros: su libertad es la condición de la mía. En su isla Robinson no es realmente libre; aunque no sufre voluntad ajena y nada lo constriñe, su libertad se despliega en el vacío. La libertad del solitario es semejante a la soledad del déspota, poblada de espectros.[37]

De este modo podemos señalar que, sin dudas, la idea de libertad en el pensamiento de Paz no es la de una libertad como concepto o idea abstractos del individuo solipsista, sino que en Paz la libertad es básicamente la libertad de la experiencia de la conciencia del individuo en su relación con el otro; o más bien, la relación con los otros es la condición de la libertad, pues la vida del individuo sin relación con los otros, como sería el caso de Robinson Crusoe, tal y como Paz ha explicado, no es la experiencia de la libertad, sino la experiencia de la soledad y el vacío, que viene siendo lo contrario a una experiencia de la libertad humana en su sentido de relación con el otro. Más bien, la libertad es reconocimiento de la libertad de los demás: "mi libertad comienza con el reconocimiento de la libertad de los otros".[38]

Otro aspecto fundamental de la libertad para Paz, partiendo de su condición de poeta y hombre de letras, se encuentra en la tradición literaria de habla castellana y se refiere más específicamente a las condiciones de la crítica como elemento central de la modernidad. La crítica juega un papel central para el ejercicio de la libertad dentro del mundo moderno y para el caso del intelectual y el ejercicio de las ideas es necesaria la libertad para expresar sus

---

[37] Idem.

[38] O. Paz, "Poesía, mito, revolución", en *Obras Completas 1, La casa de la presencia*, p. 521.

ideas. Paz encuentra el ejercicio de la crítica, y por lo mismo, de la libertad, en los comienzos de la tradición literaria en nuestra lengua y en la novela moderna: el *Quijote* y la manera en que Cervantes hace uso de la crítica:

> Con Cervantes comienza la crítica de los absolutos: comienza la libertad … El hombre es un ser precario, complejo, doble o triple, habitado por fantasmas, espoleado por los apetitos, roído por el deseo: espectáculo prodigioso y lamentable. Cada hombre es un ser singular y cada hombre se parece a todos los otros. Cada hombre es único y cada hombre es muchos hombres que él no conoce: el yo es plural. Cervantes sonríe: aprender a ser libre es aprender a sonreír.[39]

Cuando Paz se refiere a que "Cervantes sonríe", se refiere al papel de la ironía en el ejercicio de la crítica, y en cómo la ironía que produce sonrisas es un espacio a la vez de crítica y de libertad, por lo cual, para Paz, los comienzos de la libertad y crítica modernas se encontrarían en la tradición hispana, a partir del *Quijote*, que es también cuna u origen de la novela moderna. Paz piensa que serían también los inicios de una tradición liberal en el sentido de la libertad que se construye a través de una tradición de pensamiento moderno, en este caso del liberalismo de raíz hispánica. Sin embargo, parece discutible si ésta es una expresión de liberalismo en un sentido genuino, y no sólo un elemento de la cultura hispana que, aun teniendo rasgos modernos, y de cierto contenido liberal, y acudiendo a los conceptos que Paz menciona: crítica y libertad, no sería más que eso: un aspecto que, aunque relevante como rasgo de modernidad, no termina por consolidar una tradición liberal. Además dicha tradición liberal hispánica a nivel histórico y cultural no terminó, por circunstancias u obstáculos a los que se enfrentaron aquellos liberales, por contribuir a edificar una sociedad moderna con un sentido crítico; lo cual, más bien, hallaríamos en aquellas sociedades que participaron más directamente de la Ilustración como manifestación de la crítica en la edad moderna.[40] Advierto

---

[39] O. Paz, "La tradición liberal", en *Obras Completas 3, Fundación y disidencia. Dominio hispánico*, p. 306-307.

[40] Cfr. para una explicación histórica y cultural de las tradiciones liberales, incluyendo la hispana, la francesa y la norteamericana, y su recepción en la Nueva España y en el México independiente, sobre todo la dificultad de que

que, aunque es un tema importante para comprender la modernidad, no entraré a la discusión en la que Paz, como buen romántico, se muestra crítico de la Ilustración; aunque habría de reconocerse en Paz cierta simpatía por algunos aspectos de la Ilustración, por ejemplo cuando sostiene que "la crítica de la religión emprendida por la filosofía del siglo XVII quebrantó al cristianismo como fundamento de la sociedad".[41]

Para Paz la libertad de expresión es un principio fundamental de la modernidad y que, tanto para la vida pública como para la labor del intelectual en las sociedades democráticas, sirve para expresar las ideas; por ello Paz indica que "el fundamento del poder moderno es precisamente la posibilidad de discutirlo".[42] Las ideas de diálogo, de deliberación pública y de crítica al poder, no pueden ejercerse sin una libertad de expresión que sea garantizada para quienes estén dispuestos a hacer uso de la misma. La vida pública se alimenta de la discusión sobre el ejercicio del poder; y dicho poder político debe de garantizar la libertad de expresión y la crítica al poder para darle vida a una democracia plena. Y es el poder del ejercicio del intelecto y la discusión pública la forma de actuar crítico y de la acotación del poder político como condición

---

México llegara a ser moderno siendo un país donde, dada su tradición religiosa proveniente de España, no se realizó la crítica a la Iglesia, entendiendo esta crítica como un aspecto modernizador e ilustrado, por lo cual México se mantuvo lejos de consolidar una verdadera tradición ilustrada, liberal y moderna: O. Paz, *Obras Completas 5, Sor Juana Inés de la Cruz o las trampas de la fe*, México, FCE, 1994.

[41] O. Paz, "Los hijos del limo", p. 377. Es necesario enfatizar que Paz es deudor filosófico en muchos aspectos del romanticismo alemán, aunque algunos de los cercanos a Paz no lo entiendan o se empeñen en negarlo, tal vez debido a la intención de construir una imagen mítica de Paz en la que se le coloque lejos de la tradición estética romántica; aunque, de cualquier modo, no es comprensible por qué se niega el vínculo de Paz con el romanticismo. Basta con acudir a *Los hijos del limo* y otros textos contenidos en el primer volumen de las *Obras Completas* de Octavio Paz para comprender la amplia influencia del romanticismo en el pensamiento de Octavio Paz. Si se quiere rastrear la influencia intelectual del romanticismo en Paz véase David Brading, *Octavio Paz y la poética de la historia mexicana*; Yvon Grenier apunta el aspecto romántico de la libertad y de la crítica en Paz en su estudio *Del arte a la política. Octavio Paz y la búsqueda de la libertad.*

[42] O. Paz, *El arco y la lira. El poema. La revelación. Poesía e Historia*, p. 224.

de las sociedades modernas. Por ello, tanto el papel del intelectual, así como la necesidad de la libertad para expresar las ideas propias, es básico en cualquier sociedad moderna. Sin libertad de expresión se cancela la labor del intelectual, por lo cual, sin libertad de expresión no hay posibilidad del papel del intelectual y su incidencia en la vida pública de una sociedad democrática.[43]

Con lo anteriormente dicho queda claro que Paz es un intelectual liberal que considera a la libertad como el principio básico de las sociedades democráticas modernas. Por ello Paz sostiene que los principios de libertad de expresión y del ejercicio crítico del intelectual frente al poder, son esenciales para este tipo de sociedades propias de la modernidad política. Y por eso mismo, no pueden disociarse la modernidad política de la libertad, ni la libertad puede disociarse de la democracia, así como tampoco

---

[43] Existe una amplia literatura que cuestiona el papel de Octavio Paz como intelectual y que, además, critica que Paz fuera ambiguo al defender la libertad de ideas y a la vez desempeñar el papel que, según esta crítica, Paz jugó en el ámbito del mundo intelectual mexicano. La crítica también va en el sentido de que, aunque Paz insistió en la importancia de la libertad de ideas que se autoimpone el intelectual crítico y la distancia que debe guardar con el poder, Paz prefirió mantener en algunos momentos una relación cercana con el poder, y por la cual su libertad como intelectual también se vio afectada. Lo cierto es que Paz, aunque mantuvo en algunos momentos una posición crítica al poder en México, también mantuvo en muchos otros momentos una cercanía bastante estrecha con el poder en México, incluido el poder mediático de Televisa que dista mucho de ser un estímulo al ejercicio de la libertad de los mexicanos en general y del ejercicio intelectual de aquellos artistas e intelectuales que han sucumbido al encanto del poder mediático, económico y político. Para este tipo de críticas véase Enrique González Rojo, *El rey va desnudo. Los ensayos políticos de Octavio Paz*, México, Posada, 1989; Enrique González Rojo, *Cuando el rey se hace cortesano. Octavio Paz y el salinismo,* México, Posada, 1990; y el fragmento de este último libro llamado "El PRI de Octavio Paz. Los partidos políticos en la realidad actual del país", recogido en José Vicente Anaya, *Versus: otras miradas a la obra de Octavio Paz,* México, Ediciones de medianoche, 2010, pp. 175-185; véase también: José Vicente Anaya, "Prólogo", en José Vicente Anaya (comp.), *Versus: otras miradas a la obra de Octavio Paz,* pp. 9-15; Heriberto Yépez, "Octavio Paz: la alquimia que no" y "Pazcentrismo en la literatura mexicana del s. XXI", en José Vicente Anaya (comp.), *Versus: otras miradas a la obra de Octavio Paz,* p. 249 y ss.

puede disociarse la democracia de la modernidad política, que será parte del siguiente apartado.

3. Democracia

Otro de los conceptos fundamentales en el pensamiento político de Octavio Paz, y vinculado estrechamente a lo que Paz entiende por modernidad y también por libertad, es el de democracia.[44] Octavio Paz explica su idea de la democracia como democracia moderna y parte de una distinción básica para encontrar en qué se diferencia la democracia moderna de la democracia antigua. Según Octavio Paz, la democracia moderna se distingue de la griega en que ésta última "había conquistado para el ciudadano el derecho a participar en la vida pública",[45] en cambio, en la democracia moderna se "invierte la relación: el Estado pierde el derecho a intervenir en la vida privada de los ciudadanos. El valor central, el eje de la vida social, ya no es la gloria de la *polis*, la justicia o cualquier otro valor metahistórico sino la vida privada, el bienestar de los ciudadanos y sus familias".[46] Dicho esto queda claro que Paz no habla de una noción de democracia que apela a los valores de la democracia antigua. Pero ahora veamos cuáles son los pilares en los que se funda la democracia moderna, de acuerdo a lo que Octavio Paz piensa que es la democracia moderna.

Para Paz, la democracia moderna cuenta con dos principios básicos complementarios, a saber: la neutralidad y la libertad. Del primero dice Paz que se trata de "la neutralidad del Estado en materia de religión y de filosofía, su respeto a todas las opiniones".[47] En este caso frente a la creencia en valores comunes de la

---

[44] Alguna bibliografía sobre el tema de la democracia en Paz es la siguiente: Yvon Grenier, "El pensador del siglo que viene", en *Revista X Cultura y sociedad*, N° 11, marzo 1999, pp. 33-37; Yvon Grenier, *Del arte a la política. Octavio Paz y la búsqueda de la libertad*. Para el caso mexicano véase Soledad Loaeza, "Octavio Paz en el debate de la democratización mexicana", en Anthony Stanton (ed.), *Octavio Paz: entre poética y política*, pp. 155-197.

[45] O. Paz, "Democracia: lo absoluto y lo relativo", en *Vuelta*, vol. 16, N° 184, marzo 1992, p. 11.

[46] Idem.

[47] Idem.

democracia antigua, la democracia moderna parte del principio de la neutralidad del Estado ante las distintas creencias, valores y formas de vida buena; el principio de libertad refiere a "la libertad de cada uno para escoger este o aquel código moral, religioso o filosófico".[48] Para Paz esto supone que la democracia moderna llega a una resolución de "la contradicción entre la libertad individual y la voluntad de la mayoría mediante el recurso al relativismo de los valores y el respeto al pluralismo de las opiniones".[49]

El núcleo de la argumentación de Paz en favor de la democracia moderna se encuentra en el relativismo axiológico. El relativismo es fuente del pluralismo democrático que ofrece el mejor arreglo para que una sociedad pueda brindar las condiciones de libertad y de bienestar a sus ciudadanos, tolerando los distintos sistemas de creencias y valores individuales. Paz arguye que "nuestro relativismo es racional, o más bien, razonable. Asegura la coexistencia de los dos principios, el del gobierno de los representantes de la mayoría y el de la libertad de los individuos y de los grupos; al mismo tiempo le retira al hombre ... el sentirse y saberse parte de un grupo con creencias, tradiciones y esperanzas comunes".[50]

Como suele suceder en los textos de Octavio Paz, lo que parecía un terreno armónico e ideal pasa a encerrar una serie de dilemas y contradicciones que serían parte de esa negatividad interna de la modernidad llamada crítica, y a la que Paz acude para presentar los problemas o antinomias que se hallan, en este caso, dentro de las democracias modernas. Paz ha señalado la importancia de la democracia moderna y sus principios básicos: la neutralidad y la libertad. Y también ha indicado que la democracia moderna requiere de un relativismo en forma de pluralismo que permita que dentro de las sociedades se puedan pensar, creer, difundir y tolerar distintos valores y formas de vida. Pero uno de los problemas que vislumbra Paz viene por el lado del ejercicio de la libertad. En efecto, para Paz, así como

>...la democracia moderna nos defiende de las exigencias exorbitantes y crueles del antiguo Estado, mitad providencia y mitad Moloc. Nos da libertad y, con ella, responsabilidad. Pe-

---

[48] Idem.

[49] Idem.

[50] Idem.

ro esa libertad, si no se resuelve en el reconocimiento de los otros, si no los incluye, es una libertad negativa: nos encierra en nosotros mismos. Cruel dilema: la libertad sin fraternidad es petrificación; la democracia sin libertad es tiranía.[51]

Con lo anterior, la libertad que conlleva la responsabilidad del individuo, al no contar con el referente de la fraternidad, se queda a medio camino. El individuo queda atrapado en el ejercicio de una libertad incompleta, libertad entendida como libertad negativa; y reduciendo al individuo a vivir una interioridad carente de la relación con los otros en la que sea capaz de reconocerse como ciudadano dentro de una sociedad política en la que se compartan ciertos principios y valores básicos para la convivencia social y la construcción común de la libertad. Paz avanza todavía más en la aporía que encuentra en la democracia moderna y la libertad del individuo fragmentado:

Caemos en un abismo sin fin: el de nosotros mismos. Esto último es lo que ocurre en las modernas sociedades liberales: la comunidad se fractura y la totalidad se vuelve dispersión. A su vez, la escisión de la sociedad se repite en los individuos: cada uno está dividido, cada uno es fragmento y cada fragmento gira sin dirección y choca con los otros fragmentos. Al multiplicarse, la escisión engendra la uniformidad: el individualismo moderno es gregario. Extraña unanimidad

---

[51] Ibid, pp. 11-12. Paz se muestra como un liberal más crítico respecto a este tema que el filósofo liberal Isaiah Berlin, quien, como se sabe, tiene en gran valor a la libertad negativa, véase "Dos conceptos de libertad", en Isaiah Berlin, *Cuatro ensayos sobre la libertad*, trad. de Julio Bayón, Madrid, Alianza, 2000, pp. 215-280; junto con el texto clásico de Benjamin Constant, "Sobre la libertad en los antiguos y en los modernos", en *Sobre el espíritu de conquista. Sobre la libertad en los antiguos y en los modernos*, 2ª edición, trad. de Marcial Antonio López y M. Magdalena Truyol, Madrid, Tecnos, 2002, pp. 65-93. La conferencia de Berlin (presentada después como ensayo) es la piedra de toque del liberalismo político para el tema de la libertad. En ese texto Berlin intenta hacer la distinción entre dos formas de libertad: la "libertad negativa" y la "libertad positiva". Hay que mencionar que en el caso de Constant hay una distinción mucho más equilibrada de esas mismas formas de libertad que la establecida por el historiador de las ideas británico de origen letón.

hecha de la exasperación del yo y de la negación de los otros.[52]

La crítica a la escisión del individuo y a la escisión social que Paz hacía a la modernidad, y de la que anteriormente hemos dado cuenta muy brevemente, la hace extensiva a la democracia liberal, puesto que la base tanto del individuo como de la sociedad moderna parte de una "negación de los otros", yo soy lo que no eres tú, nosotros somos lo que ustedes no son. La conciliación de esta escisión Paz sólo la postula como un reconocimiento de la otredad deseable, pero su postura no es precisamente optimista, por lo cual la negación se queda en su crítica, que sería precisamente parte de la condición moderna.

Por otra parte, y avanzando en los rasgos que caracterizan a la democracia moderna, según Paz la modernidad política nace y se forma en base a la democracia moderna: "Lo que llamamos modernidad nació con la democracia. Sin la democracia no habría ciencia, ni tecnología, ni industria, ni capitalismo, ni clase media, es decir, no habría modernidad".[53] Y añade: "la modernización sin democracia tecnifica a las sociedades pero no las cambia. Mejor dicho: las convierte en sociedades estratificadas, en sociedades jerárquicas de castas".[54] En esta cita está presente la crítica de Paz a todo régimen autoritario o totalitario que se oponga a los principios democráticos. El caso del bloque socialista de Europa del Este es el ejemplo que Paz suele ofrecer para señalar que una modernización sin democracia es un obstáculo a la libertad de las personas en un sentido general.[55]

[52] O. Paz, "Democracia: lo absoluto y lo relativo", p. 12.

[53] O. Paz, *Tiempo nublado*, Barcelona, Seix Barral, 1983, p. 120.

[54] Idem.

[55] Cfr. para las críticas de Paz a lo que llama "socialismo autoritario" la segunda parte del tomo 9 de las *Obras Completas, Ideas y costumbres I: La letra y el cetro*. Para profundizar en la relación de Paz con el pensamiento socialista y también con el marxismo véase: Yvon Grenier, "El socialismo en una sola persona: el espectro de Marx en la obra de Octavio Paz", en Anthony Stanton (ed.), *Octavio Paz: entre poética y política*, pp. 211-233. Y si se quiere ahondar más en la relación de Paz con la izquierda mexicana, en particular con la izquierda marxista, véanse los textos ya citados de Enrique González Rojo. Para una reconstrucción de las polémicas y debates de Paz con parte de la intelectualidad mexicana de izquierda véase también Xavier Rodríguez Ledesma, *El pensamiento político de Octavio Paz. Las trampas de*

La democracia en Paz no se produce por sí sola o al margen del proceso más amplio de modernidad, sino que es precisamente gracias a algunos de los proyectos de construcción de las sociedades políticas modernas que se ha considerado que la modernidad es un paso hacia la democracia, y por ello Paz sostiene que la democracia es un resultado de la modernidad. Paz lo explica del siguiente modo en su obra *Tiempo nublado*:

> Nuestros pueblos escogieron la democracia porque les pareció que era la vía hacia la modernidad. La verdad es lo contrario: la democracia es el resultado de la modernidad, no el camino hacia ella. Las dificultades que hemos experimentado para implantar el régimen democrático es uno de los efectos, la más grave quizá, de nuestra incompleta y defectuosa modernización.[56]

Paz en su reflexión es capaz de contextualizar el valor de la democracia al indicar su implementación y la dificultad que implica querer importar conceptos abstractos o modelos de difícil arraigo social e institucional en sociedades que tienen una historia y cultura que requieren de una profunda reflexión sobre cómo se podría aplicar un sistema democrático y también un proyecto modernizador. Paz sugiere que en el caso latinoamericano hay que voltear a ver hacia dentro de los mismos pueblos y en lo que constituye la posible tradición de valores compatibles con la democracia que ya están presentes en dichos pueblos:

> Pero no nos equivocamos al escoger ese sistema de gobierno: con todos sus enormes defectos, es el mejor entre todos los que hemos inventado los hombres. Nos hemos equivocado, eso sí, en el método para llegar a ella, pues nos hemos limitado a imitar los modelos extranjeros. La tarea que espera a los latinoamericanos y que requiere una imaginación que sea, a un tiempo, osada y realista, es encontrar en nuestras

---

la ideología, y para una panorámica sobre el tema de la relación de Paz con la izquierda escrita por uno de los protagonistas directos de algunas de las polémicas con Paz, véase Carlos Monsiváis, "Octavio Paz y la izquierda", en Enrico Mario Santí (sel.), *Luz espejeante: Octavio Paz ante la crítica*, pp. 92-103.

[56] O. Paz, *Tiempo nublado*, p. 119.

tradiciones aquellos gérmenes y raíces –los hay– para fincar y nutrir una democracia genuina.[57]

En el caso mexicano, Paz acude en muchas ocasiones a la historia nacional para tratar de comprender las posibles limitaciones que obstaculizan que México sea una nación plenamente moderna y con una democracia sólida. Paz no es de la idea de un proyecto modernizador que acuda a una especie de tabla rasa o que intente borrar la tradición. Por el contrario, Paz piensa que ambos pueden convivir y que la síntesis de ambos sería pensar a un México más acorde a su realidad histórico-social, pues el país ya ha sufrido en muchas ocasiones un fervor modernizador que se queda en simples proyectos abstractos e incompletos y que no responden a la verdadera condición social, cultural e histórica de la nación mexicana:

> No sé si la modernidad es una bendición, una maldición o las dos cosas. Sé que es un destino: si México quiere ser, tendrá que ser moderno. Nunca he creído que la modernización consista en renegar de la tradición sino en usarla de un modo creador. La historia de México está llena de modernizadores entusiastas ... La falla de muchos de ellos consistió en que echaron por la borda las tradiciones y copiaron sin discernimiento las novedades de fuera. Perdieron el pasado y también el futuro. Modernizar no es copiar sino adaptar; injertar y no trasplantar.[58]

Ya habíamos hecho referencia a cómo Octavio Paz explica que a lo largo de la historia política de México han fracasado los proyectos modernizadores que se han implementado y, con ellos, el proceso democratizador del país. Este fracaso de prueba y error fue

---

[57] Idem.

[58] O. Paz, *Pequeña crónica de grandes días*, México, FCE, 1990, pp. 57-58. En esta obra, Paz pareció entusiasmarse de modo ingenuo con la entonces recién llegada de Carlos Salinas al poder y creer que la pretendida modernidad ofrecida por el ex-presidente era la solución a los graves problemas nacionales; el tiempo nos ha indicado que el proceso de modernización iniciado por Salinas fue el de una modernización fallida y envuelta en muy serias contradicciones, las cuales hasta hoy en día siguen incidiendo en la vida social y política del país.

uno de los temas que siempre acompañó a la obra de Paz desde la publicación de *El laberinto de la soledad* en 1950, y que continuó en otras obras relevantes como: *Corriente alterna, Posdata, El ogro filantrópico*, hasta *Sor Juana Inés de la Cruz o las trampas de la fe, Tiempo nublado* e *Itinerario*, por nombrar sólo algunas de las más relevantes.[59] Esta falla en la modernización social y política del país, así como en su democratización, contiene una escisión y contradicción entre las ideas promovidas y las creencias practicadas, tanto dentro de los individuos como en el nivel colectivo. Hay que decir que Paz solía expresarse públicamente sobre la democracia y la modernidad en el contexto mexicano, ejemplo de ello son las largas entrevistas que concedió y en las que tuvo oportunidad de abordar estos temas.[60]

Con lo expuesto hasta ahora es evidente que Octavio Paz no sólo fue un liberal en el sentido tradicional del término, sino que, ejerciendo su capacidad crítica, fue también capaz de cuestionar las que consideraba insuficiencias o problemas que se generan dentro del seno de las sociedades capitalistas, liberales, democráticas y, por lo tanto, modernas. Pero antes de pasar a analizar algunas de las críticas de Paz al liberalismo, sería necesario acudir un poco a lo que entiende Paz por liberalismo, liberalismo que él entiende como propio de las sociedades democráticas modernas:

El liberalismo democrático es un modo civilizado de convivencia. Para mí es el mejor de todos los que ha concebido la filosofía política. No obstante, deja sin respuesta a la mitad de las preguntas que los hombres nos hacemos: la

---

[59] No he agotado la lista de textos de Paz sobre el tema de modernidad y democracia en México puesto que la referencia al tema es constante en bastantes obras; aunque muchos de estos textos se encuentran compilados en: *México en la obra de Octavio Paz, I. El peregrino en su patria. Historia y política en México*, 3ª edición, México, FCE, 1992; y en *Obras Completas 8, El peregrino en su patria. Historia y política en México*.
[60] Una muy buena muestra de las entrevistas-diálogo que mantuvo Paz sobre la realidad política y social del país es la entrevista que le concedió al decano del periodismo mexicano Julio Scherer al comienzo de la publicación de la revista *Proceso*. Véase O. Paz, "Tela de juicio", entrevista con Julio Scherer, en *Obras Completas 15, Miscelánea III, Entrevistas*, México, FCE, 2003, pp. 552-584.

fraternidad, la cuestión del origen y la del fin, del sentido y el valor de la existencia.[61]

En la crítica de Paz al liberalismo se halla una referencia constante al individualismo, al mercado, así como a la publicidad y los medios de comunicación. En textos de la última etapa de vida de Octavio Paz se intensifican ostensiblemente dichas críticas que ya estaban presentes en textos anteriores pero que ahora se convierten en uno de los centros de crítica. Hay que señalar que esta crítica al liberalismo es también una crítica a la modernidad, a las democracias liberales modernas y al ejercicio de la libertad en las democracias modernas entendido como individualismo, por lo que se puede considerar como una crítica que engloba los tres conceptos políticos básicos que hemos abordado. Paz asocia al individualismo con la escisión de la conciencia moderna: "la edad moderna ha exaltado al individualismo y ha sido, así, el periodo de la dispersión de las conciencias".[62] Además, Paz encuentra que el mercado, la desigualdad social y económica, la publicidad y los medios de comunicación potencian esa escisión de la conciencia moderna: "la sociedad moderna está lejos de ser un ejemplo: muchas de sus manifestaciones –la publicidad, el culto al dinero, las desigualdades abismales, el egoísmo feroz, la uniformidad de los gustos, las opiniones, las conciencias– son un compendio de horrores y estupideces".[63] En la enumeración de las críticas que Paz le hace a la democracia liberal comenzamos por uno de sus principales mecanismos:

> El mercado ha minado todas las antiguas creencias ... pero en su lugar no ha instalado sino una pasión: la de comprar cosas y consumir este o aquel objeto. Nuestro hedonismo no es una filosofía del placer sino una abdicación del albedrío ... El

---

[61] O. Paz, "Poesía, mito, revolución", en *Obras Completas 1, La casa de la presencia*, p. 527.
[62] Idem.
[63] O. Paz, *Itinerario*, p. 40. Sobre la crítica de Paz al mercado y al predominio de la economía en el mundo actual véase también Yvon Grenier, "El pensador del siglo que viene", en *Revista X Cultura y sociedad*, pp. 33-37; en este artículo su autor perfila a Paz como a un intelectual liberal de izquierda pero que en su crítica al mercado se sitúa del lado del romanticismo más que del socialismo.

hedonismo no es el pecado de las democracias modernas: su pecado es su conformismo, la vulgaridad de sus pasiones, la uniformidad de sus gustos, ideas y convicciones.[64]

Paz se muestra como un crítico acérrimo de la banalidad y la chabacanería propia del consumismo enajenante que produce una negación del ejercicio de la libertad; el predominio de las pasiones sobre la decisión libre: el albedrío; es una característica del poder del mercado y de las mercancías que invaden y secuestran la conciencia del individuo incapaz de comprender su rendición fetichista al consumo efímero y hueco. Otro de los graves problemas asociados a la economía de mercado y al mercado en particular es el de la creación infinita de desigualdad y pobreza: "El mercado es un mecanismo que crea, simultáneamente, zonas de abundancia y de pobreza. Con la misma indiferencia reparte bienes de consumo y la miseria".[65] Paz va más lejos en su crítica y alude directamente a la despiadada injusticia en varias esferas del ámbito económico y social capitalista y a la inseguridad social y económica que produce sobre los individuos:

A la injusticia y desigualdad hay que añadir la inestabilidad. Las sociedades capitalistas sufren crisis periódicas, desastres financieros, quiebras industriales, altas y bajas de sus productos y sus precios, cambios repentinos de fortuna entre los propietarios, desempleo crónico entre los trabajadores. La angustia psicológica, la incertidumbre, el no saber qué será de nosotros mañana, se ha convertido en nuestra segunda naturaleza.[66]

En la crítica de Paz se destaca siempre la falta de reconocimiento del otro, de los otros; en este caso: los afectados por la desigualdad, es decir, los pobres, los marginados. Pareciera preguntarse: ¿por qué la indiferencia hacia los otros, los oprimidos? ¿Por qué tanto egoísmo? En las sociedades donde la insensibilidad y falta de reconocimiento del otro se produce, hay, para Paz, una notable escisión mental del individuo y también una profunda escisión social:

---

[64] O. Paz, *Itinerario*, p. 132.

[65] Ibid., p. 119.

[66] Ibid., pp. 119-120.

A las democracias modernas les falta el otro, los otros. No es necesario hacer, otra vez, la división de las sociedades contemporáneas, unas ricas y otras pobres y aun miserables. En el interior de cada sociedad se repite la desigualdad. Y en cada individuo aparece la escisión psíquica. Estamos separados de los otros y de nosotros mismos por invisibles paredes de egoísmo, miedo e indiferencia.[67]

La insultante desigualdad y la indiferencia hacia esa desigualdad, la banalidad del consumo y el hedonismo insaciable, son aspectos de las democracias modernas que no se pueden entender sin el estímulo permanente que se lanza a individuos obedientes que siguen el dictado de uno de los principales promotores del mercado: la publicidad. Para Paz, la publicidad es una de las caras más antidemocráticas de las sociedades de mercado, y que se sirve de la fragilidad del individuo que sigue fielmente a las campañas publicitarias ofertadas a través de los medios de comunicación: "La publicidad y los medios de comunicación crean por temporadas este o aquel consenso en torno a esta o aquella idea, persona o producto".[68] La publicidad y los medios de comunicación crean productos y las tendencias dominantes que indican lo que la masa debe consumir, no importa si es un refresco o comida chatarra o si es un candidato político, da lo mismo, se tiene que ofrecer como un producto que se consuma, no importa si dicho producto contiene elementos valiosos o no: "la publicidad no postula valor alguno; es una función comercial y reduce todos los valores a número y utilidad".[69] En la dinámica de la publicidad la tendencia es la de la homogeneidad del consumidor, además de que lo que se considera como valioso es lo que se vende y tiene un precio que es pagado. Para Paz el relativismo axiológico nihilista de la publicidad atenta contra uno de los principios de la democracia liberal que ha defendido en su obra: la pluralidad.

La democracia está basada en la pluralidad de opiniones; a su vez, esa pluralidad depende de la pluralidad de valores. La publicidad destruye la pluralidad no sólo porque hace intercambiables a los valores sino porque les aplica a todos el

---

[67] O. Paz, "Democracia: lo absoluto y lo relativo", p. 13.
[68] Idem.
[69] Idem.

común denominador del precio. En esta desvalorización universal consiste, esencialmente, el complaciente nihilismo de las sociedades contemporáneas. Banal nihilismo de la publicidad: exactamente lo contrario de Dostoievski. Decir que todo está permitido porque Dios no existe, es una afirmación trágica, desesperada, reducir todos los valores a un signo de compra-venta es una degradación.[70]

El proceder mercantil de la publicidad en su afán de transmitir lo que no encontramos en un mundo que, más que un mundo social, es una feria de mercancías con precio, vacía de sentido a lo socialmente importante y relativiza su valor, y, en cambio, concede valor a la estulticia y a la degradación del individuo enajenado dispuesto a seguir en la espiral infinita del hedonismo nihilista de las sociedades capitalistas. Por eso no es fortuito que "los medios tratan a las ideas, a las opiniones y a las personas como noticias y a éstas como productos comerciales. Nada menos democrático y nada más infiel al proyecto original del liberalismo que la ovejuna igualdad de gustos, aficiones, antipatías, ideas y prejuicios de la masa contemporánea".[71] Paz llega a la conclusión de que el principal enemigo de las sociedades democráticas modernas se halla en casa:

La democracia moderna no está amenazada por ningún enemigo externo sino por sus males íntimos. Venció al comunismo pero no ha podido vencerse a sí misma. Sus males son el resultado de la contradicción que la habita desde su nacimiento: la oposición entre la libertad y la fraternidad. A esta dualidad en el dominio social corresponde, en la esfera de las ideas y las creencias, la oposición entre lo relativo y lo absoluto.[72]

Como conclusión a este repaso de las concepciones de la modernidad, la libertad y la democracia en la obra de Octavio Paz, quisiera acudir a la idea de lo que Paz entiende por diálogo como un elemento que pudiera contribuir a comprender los problemas de la otredad planteados de modo histórico, en un afán de explicar que

---

[70] Idem.

[71] Idem.

[72] Ibid, pp. 13-14.

es necesario ir reconociendo las diferencias pero también las posibilidades del entendimiento y el reconocimiento recíproco sin caer en las fáciles fórmulas abstractas e irrealizables:

> Una nueva forma emerge en la confusión presente, una figura en movimiento que se hace y rehace sin cesar. A la manera de los átomos y las células, esa forma es dinámica porque es hija de la oposición fundamental: la relación binaria entre yo y tú, nosotros y ellos. Relación binaria: contradicción: diálogo. En el diálogo está la salud. Gracias a la contradicción, la sociedad industrial recobrará la gravedad, contrapeso de su actual ligereza; y el "tercer mundo" al fin empezará a caminar. No tengo una idea idílica del diálogo: afrontamiento de dos alteridades irreductibles, es más frecuentemente lucha que abrazo. Ese diálogo es la historia: no excluye la violencia, pero tampoco es sólo violencia.[73]

Después de presentar los distintos componentes del pensamiento político de Octavio Paz, podemos señalar que la reflexión política de Octavio Paz tiene como ejes fundamentales a la modernidad, la libertad y la democracia. En estos tres conceptos hay tres elementos constantes y dinámicos: la crítica, la fragmentación o escisión y la alteridad. En nuestro estudio hemos tratado de mostrar que para Paz la modernidad política se tendría que entender como el proceso histórico que tiene como principios básicos a la libertad y la democracia, y que internamente, tanto la modernidad como sus principios políticos, contienen la crítica, la escisión y la alteridad en sus propias entrañas. Con esta forma de conceptualizar la política moderna nos podemos preguntar si ésta ofrece un instrumental adecuado para su análisis. Eso ya quedaría a discusión, por lo pronto, nuestra tarea ha sido presentar dichas conceptualizaciones. Quisiera acabar citando a Jacques Lafaye, para quien el legado intelectual más importante en la obra de Octavio Paz sería "su mirada sobre la modernidad a la deriva, su *presencia* de centinela de la libertad".[74]

---

[73] O. Paz, *Corriente alterna*, pp. 222-223.

[74] J. Lafaye, *Octavio Paz en la deriva de la modernidad*, p. 230.

Bibliografía

Aguilar Mora, Jorge, *La divina pareja. Historia y mito en Octavio Paz. Valoración e interpretación de la obra ensayística de Octavio Paz*, México, Era, 1978.

Arriola, Juan Federico, *La filosofía política en el pensamiento de Octavio Paz*, México, Instituto de Investigaciones Jurídicas, UNAM, 2008.

Berlin, Isaiah, "Dos conceptos de libertad", en Isaiah Berlin, *Cuatro ensayos sobre la libertad*, trad. de Julio Bayón, Madrid, Alianza, 2000, pp. 215-280.

Brading, David A., *Octavio Paz y la poética de la historia mexicana*, México, FCE, 2002.

Constant, Benjamin, "Sobre la libertad en los antiguos y en los modernos", en B. Constant, *Sobre el espíritu de conquista. Sobre la libertad en los antiguos y en los modernos*, 2ª edición, trad. Marcial Antonio López y M. Magdalena Truyol, Madrid, Tecnos, 2002, pp. 65-93.

Dilthey, Wilhelm, *Teoría de la concepción del mundo*, trad. de Eugenio Imaz, México, FCE, 1945.

González Rojo, Enrique, *El rey va desnudo. Los ensayos políticos de Octavio Paz*, México, Posada, 1989.

González Rojo, Enrique, *Cuando el rey se hace cortesano. Octavio Paz y el salinismo*, México, Posada, 1990.

González Rojo, Enrique, "El PRI de Octavio Paz. Los partidos políticos en la realidad actual del país", en José Vicente Anaya (comp.), *Versus: otras miradas a la obra de Octavio Paz*, México, Ediciones de medianoche, 2010, pp. 175-185.

Grenier, Yvon, "El pensador del siglo que viene", en *Revista X Cultura y sociedad*, N° 11, marzo 1999, pp. 33-37.

Grenier, Yvon, *Del arte a la política. Octavio Paz y la búsqueda de la libertad*, México, FCE, 2004.

Grenier, Yvon, "El socialismo en una sola persona: el espectro de Marx en la obra de Octavio Paz", en Anthony Stanton (ed.), *Octavio Paz: entre poética y política*, México, El Colegio de México, 2009, pp. 211-233.

Heidegger, Martin, "La época de la imagen del mundo", en *Caminos de bosque*, trad. de Helena Cortés y Arturo Leyte, Madrid, Alianza, 1995, pp. 63-90.

Lafaye, Jacques, *Octavio Paz en la deriva de la modernidad*, México, FCE, 2013.

Loaeza, Soledad, "Octavio Paz en el debate de la democratización mexicana", en Anthony Stanton (ed.), *Octavio Paz: entre poética y política*, México, El Colegio de México, 2009, pp. 155-197.

Monsiváis, Carlos, "Octavio Paz y la izquierda", en Enrico Mario Santí (sel.), *Luz espejeante: Octavio Paz ante la crítica*, México, UNAM, 2009, pp. 92-103.

Ortega y Gasset, José, "Ideas y creencias", en *Obras completas*, tomo V, Madrid, Revista de Occidente, 1947, pp. 379-409.

Paz, Octavio, *Corriente alterna*, México, Siglo XXI editores, 1967.

Paz, Octavio, *El signo y el garabato*, México, Joaquín Mortiz, 1973.

Paz, Octavio, *El ogro filantrópico*, México, Joaquín Mortiz, 1979.

Paz, Octavio, *Tiempo nublado*, Barcelona, Seix Barral, 1983.

Paz, Octavio, *Pequeña crónica de grandes días*, México, FCE, 1990.

Paz, Octavio, "Democracia: lo absoluto y lo relativo", en *Vuelta*, vol. 16, N° 184, marzo 1992, pp. 9-14.

Paz, Octavio, *México en la obra de Octavio Paz, I. El peregrino en su patria. Historia y política en México*, 3ª edición, México, FCE, 1992.

Paz, Octavio, *Itinerario*, México, FCE, 1993.

Paz, Octavio, *El laberinto de la soledad, Posdata, y Vuelta a El laberinto de la soledad*, 2ª edición, México, FCE, 1993.

Paz, Octavio, *Obras Completas 1, La casa de la presencia*, México, FCE, 1994.

Paz, Octavio, *Obras Completas 3, Fundación y disidencia. Dominio hispánico*, México, FCE, 1994.

Paz, Octavio, *Obras Completas 5, Sor Juana Inés de la Cruz o las trampas de la fe*, México, FCE, 1994.

Paz, Octavio, *Obras Completas 8, El peregrino en su patria. Historia y política en México*, México, FCE, 1994.

Paz, Octavio, *Obras Completas 9, Ideas y costumbres I: La letra y el cetro*, México, FCE, 1995.

Paz, Octavio, *Obras Completas 10, Ideas y costumbres II: Usos y costumbres*, México, FCE, 1996.

Paz, Octavio, *Obras Completas 15, Miscelánea III, Entrevistas*, México, FCE, 2003.

Paz, Octavio, *El arco y la lira. El poema. La revelación. Poesía e historia*, 4ª edición, México, FCE, 2006.

Pozas Horcasitas, Ricardo, "La libertad en el ensayo político", en Enrico Mario Santí (sel.), *Luz espejeante: Octavio Paz ante la crítica*, México, UNAM, 2009, pp. 628-650.

Pozas Horcasitas, Ricardo, "La modernidad de los modernizadores", en Anthony Stanton (ed.), *Octavio Paz: entre poética y política*, México, El Colegio de México, 2009, pp. 235-293.

Rodríguez Ledesma, Xavier, *El pensamiento político de Octavio Paz. Las trampas de la ideología*, México, Plaza y Valdés-UNAM, 1996.

Yépez, Heriberto, "Octavio Paz: la alquimia que no", en José Vicente Anaya (comp.), *Versus: otras miradas a la obra de Octavio Paz,* México, Ediciones de medianoche, 2010, pp. 249-255.

Yépez, Heriberto, "Pazcentrismo en la literatura mexicana del s. XXI", en José Vicente Anaya (comp.), *Versus: otras miradas a la obra de Octavio Paz,* México, Ediciones de medianoche, 2010, pp. 256-270.

La constante pregunta por México
Reflexiones en el centenario de Octavio Paz

Suzanne Islas Azaïs[*]

En el centenario de su nacimiento, la lectura que proponemos aquí de la obra de Octavio Paz gira en torno a uno de sus temas principales: la constante pregunta por México y el sentido mismo de esa búsqueda de México en la historia. Se trata, para nuestro autor, de una pregunta sobre su país, su historia y su realidad y, por supuesto, al mismo tiempo se trata también de una pregunta sobre sí mismo. Hacia el final de nuestro trabajo buscaremos proponer al lector una serie de aspectos de la forma de pensamiento de Octavio Paz que nos parecen sugestivos para reconsiderar nuestra transición política fallida: esa expectativa de cambio que su muerte en abril del 1998 le impidió vivir y que para nosotros, más de una década después, no ha significado una transformación verdadera hacia formas de convivencia democráticas.

Que la pregunta por México es una constante en la obra de Octavio Paz puede constatarse en la consideración que hace sobre su obra en "Cómo y por qué escribí *El laberinto de la soledad*" (1992). Paz rememora que ya hacia principios de los años cuarenta la reflexión fundamental que le acompañaba era precisamente ésa: su experiencia con la cultura de los Estados Unidos de la Segunda Guerra Mundial (1943-1945) le llevó a la pregunta, dice allí, "sobre mí y mi destino de mexicano". La misma pregunta, abunda, "que me había hecho en México, leyendo a Ortega y Gasset o conversando con Jorge Cuesta en un patio de San Ildefonso.
¿Cómo contestarla? Antes de abandonar México, un año antes, había escrito para un diario una serie de artículos en los que trataba asuntos más o menos conectados con la pregunta que me atormentaba. Ya no me satisfacían. Ignoraba entonces que esas notas y mis encuentros con España y con los Estados Unidos eran una preparación para escribir *El laberinto de la soledad*" (Paz, 1993: 27-28).

De modo que su experiencia en el extranjero fue una de las primeras motivaciones que lo llevaron a la pregunta por México.

[*] Doctora en Humanidades (Filosofía Política) por la Universidad Autónoma Metropolitana (Unidad Iztapalapa).

De aquí el sentido de las primeras páginas que bajo el título de "El pachuco y otros extremos" inician esa obra clásica mexicana que es justamente *El laberinto de la soledad*. Pero la pregunta por México, como uno de los motivos principales de su obra, volverá a presentársele continuamente a lo largo de su vida. De nuevo se convierte en objeto central de su reflexión, por ejemplo, como una forma de enfrentar la propia circunstancia política del país: es éste el caso de su ensayo *Posdata*, escrito en 1969 como una reconsideración de *El laberinto...* después de los sucesos de 1968. *El ogro filantrópico* de 1979 e incluso el libro *Sor Juana Inés de la Cruz o las trampas de la fe* de 1982, así como también *Itinerario* de 1993, constituyen sin duda textos de su autoría que deben tenerse en cuenta cuando se trata de pensar la historia y la realidad mexicanas. Debemos destacar además que México, su historia, su naturaleza, su paisaje y sus tribulaciones son también con frecuencia —no podía ser de otra forma— el tema que inspira poemas como *Uxmal*, *Himno entre ruinas*, *Canción mexicana*, *México: olimpiada de 1968*, *El cántaro roto* y *Piedra de sol*, entre muchos otros.

Desde su juventud, Paz emprendió así un largo viaje espiritual por el mundo, su historia y literatura, pero al mismo tiempo también por su país, su historia y literatura, su realidad cotidiana; un viaje espiritual al interior de sí mismo. En buena medida, su obra es el testimonio escrito de ese viaje, la bitácora de ese *peregrinaje*, como en ocasiones el propio Paz lo define: el camino recorrido, las ideas que van resultando a lo largo del mismo, las inquietudes que le asaltan, su contacto y asombro ante la diversidad de culturas (su estancia en la India y su experiencia con Oriente, por ejemplo), su atenta mirada al arte como máxima manifestación de la libertad humana capaz de transgredir tiempo y espacio. Y México siempre como motivo de preocupación: su indagación y defensa, su deseo de encontrarle un lugar en el mundo. Un largo viaje espiritual que le habrá de ir dejando, paulatina e inevitablemente, huellas indelebles en su condición de mexicano, escritor y persona. Sus reflexiones sobre la sociedad y la historia de México encontraron así, por ejemplo, fundamento también tanto en los primeros románticos, como en la tradición modernista.

1. El ensayo como recurso interpretativo

Octavio Paz fue sobre todo un poeta; él mismo se consideraba fundamentalmente un poeta. Y, como se ha señalado, la "poesía es la clave de las claves de su obra" (Ruy Sánchez, 2013: 18). Pero la otra forma de expresión literaria privilegiada por Octavio Paz fue el ensayo: *prosa y poesía son para mí vías paralelas*, consignaba en una carta datada en la India en el año de 1968 (Paz, 2008: 200). En el presente trabajo nos interesa ahondar particularmente en lo que puede considerarse su ensayo político con tintes filosóficos e intención cívica y en el que se inscriben, entre otras, las obras arriba ya mencionadas. Como trataremos de ilustrar más adelante, de alguna manera también su libro sobre sor Juana Inés de la Cruz puede considerarse como parte de este subconjunto histórico-político de su obra en la medida en que el análisis desarrollado allí por Paz rebasa los límites de la biografía y la crítica literaria para constituirse en una reflexión sobre la propia historia de México.

José Luis Martínez ha hecho notar, al definir la peculiaridad del ensayo moderno mexicano frente al de origen francés o inglés, que el nuestro tiene como tema constante precisamente a México; "México en su totalidad o algunos de los asuntos que interesan a la formación del país: su historia, su cultura, sus problemas económicos y sociales, sus creaciones literarias y artísticas, su pasado y su presente". Pero Martínez anota que esta peculiaridad no es exclusiva de México sino "propia de países que se encuentran aún en proceso de formación, con más esperanzas que pasado y menos ricos en realizaciones y conquistas que en proyectos y esfuerzos" (Martínez, 1992: XI). Es este afán de búsqueda, y de indagación sobre lo propio, lo que explica la importancia del ensayo mexicano como género literario y, al mismo tiempo, el que se haya convertido en uno de los modos de expresión preferidos por Octavio Paz. En el contexto de un país todavía en formación, después de la Independencia, del proceso de Reforma y de la nueva crisis cívico-política que significó la Revolución, se trataba de ensayar ideas, aventurar hipótesis, de indagar en nuestra historia e, incluso, de proponer visiones de futuro posibles. Todo estaba (está aún) por construir: al interior y también con respecto a nuestra relación con el mundo.

En este sentido, el ensayo le permitió a Paz explorar por igual la política del país, su historia, sus personajes más destacados en la vida pública y en la sociedad, la situación cultural de México en general. La política internacional, la literatura clásica y contemporánea, el arte, el debate intelectual del momento fueron también motivo de algunos de sus ensayos. Como dijimos, con el ejercicio del ensayo Paz se incorporaba así a una consolidada tradición mexicana, pero también seguía en esa forma de reflexión —nos parece— a José Ortega y Gasset, quien —según el propio Paz declara— lo guió en sus primeros pasos e hizo posibles algunas de sus primeras *alegrías intelectuales*. Sobre Ortega y Gasset y su capacidad ensayística Paz afirma lo siguiente. "Fue un verdadero ensayista, tal vez el más grande de nuestra lengua: es decir, fue maestro de un género que no tolera las simplificaciones de la sinopsis. El ensayista tiene que ser diverso, penetrante, agudo, novedoso y dominar el arte difícil de los puntos suspensivos. No agota su tema, no compila ni sistematiza: explora" (Paz, 1998: 98).

En el caso de Octavio Paz, incluso cuando aborda el ensayo de corte estrictamente literario (de crítica literaria) el tema de México se le presenta también de manera constante. Así, por ejemplo, en su introducción a la antología de la poesía mexicana publicada por la UNESCO en 1952, Paz, luego de destacar que la *muy aguda* conciencia de las palabras que tenía López Velarde le llevó a *inventarse un lenguaje*, señala cómo la Revolución le lleva a volver sus ojos no hacia el exterior, sino hacia la patria misma. Por primera vez en nuestra historia, continúa Paz, López Velarde se atreve a *expresarla sin disfraces o sin reducirla a una abstracción*. El México que podemos encontrar en su poesía, concluye, *es un México vivo, esto es, vivido día a día por el poeta* (Martínez, 1992: 582): la poesía también como ejercicio y expresión de la identidad. México es en fin, para Paz, su *yo* y asimismo *su circunstancia*.

2. "Máscaras mexicanas"

La reflexión sobre México, sobre lo mexicano, es —como se sabe— una de las discusiones más importantes en la primera mitad de nuestro siglo XX. La Revolución mexicana, el "nacionalismo" revolucionario a que dio lugar este movimiento, pero también el auge económico del país luego de la Segunda Guerra Mundial impulsaron esta consideración sobre nuestra identidad, sobre el origen, presente y futuro de México, de lo mexicano. Samuel Ramos, Alfonso Caso, José Vasconcelos, Luis Villoro,

Emilio Uranga, son sólo algunos de nuestros pensadores más destacados que dedicaron su obra, o algunas de sus obras, a este tema. De modo que *El laberinto de la soledad* se inscribe en esta tradición, en este interés de autoconocimiento, si bien allí mismo y en posteriores referencias que el propio Paz hizo a su libro buscó deslindarlo de esta corriente de pensamiento para colocarlo en un lugar propio y definirlo, más bien, como un *ejercicio de imaginación crítica* y no un *ensayo sobre la filosofía de lo mexicano* o *una búsqueda de nuestro pretendido ser. El mexicano no es una esencia, sino una historia,* escribe en *Posdata* como explicación del enfoque que él desarrolla.

Y si el mexicano no es esencia, sino historia, lo primero que habrá que hacer será entonces conocer esta historia en la que se despliega.[1] En este sentido, *El laberinto de la soledad* es también una indagación en la historia del país. Para decirlo con mayor precisión, lo que Paz nos ofrece aquí es sobre todo una interpretación de la historia de México desde su propio oficio de poeta y que va de la época prehispánica ("Conquista y colonia") hasta "Nuestros días". El título de esta segunda sección de nuestro trabajo ("Máscaras mexicanas") reproduce a su vez un subtítulo de la obra que aquí comentamos y que, desde nuestro punto de vista, más que reflejar el conjunto de costumbres y actitudes propias del mexicano que se abordan en las páginas respectivas, en realidad recoge la visión de Octavio Paz sobre la historia de nuestro país.

En efecto, *máscaras mexicanas* parece ser más bien la imagen que guía tanto la perspectiva desde la que Paz realiza su recorrido histórico, como el juicio evaluativo final del mismo. Así, por ejemplo, cuando se refiere a las nuevas repúblicas independientes —México incluido por supuesto— Paz señala: "Cada una de las nuevas naciones tuvo, al otro día de la Independencia, una constitución más o menos (casi siempre menos que más) liberal y democrática". Pero esas leyes que en Europa y Estados Unidos respondían a una realidad histórica, en Hispanoamérica, en cambio,

---

[1] El mexicano y la mexicanidad, dice Octavio Paz, "se definen como ruptura y negación. Y, asimismo, como búsqueda, como voluntad por trascender ese estado de exilio. En suma, como viva conciencia de la soledad, histórica y personal. La historia, que no nos podía decir nada sobre la naturaleza de nuestros sentimientos y de nuestros conflictos, sí nos puede mostrar ahora cómo se realizó la ruptura y cuáles han sido nuestras tentativas para trascender la soledad" (Paz, 1994: 97).

"sólo servían para vestir a la moderna las supervivencias del sistema colonial. La ideología liberal y democrática, lejos de expresar nuestra situación histórica concreta, la ocultaba. La mentira política se instaló en nuestros pueblos casi constitucionalmente" (Paz, 1994: 133-134). En nuestro país, dice líneas más adelante Paz, la Reforma consuma la Independencia al someter a examen las bases mismas de la sociedad mexicana, sus supuestos históricos y filosóficos. Este examen, concluye, tuvo como consecuencia una *triple negación*: la de la herencia española, la del pasado indígena y la del catolicismo (Paz, 1994: 137).

Para Paz, el *programa liberal* que con la Reforma habría abierto una nueva etapa en la vida política del país al intentar fundar un México desde la negación de su pasado, el *programa liberal* que desde su punto de vista se habría alzado también victorioso luego del compromiso que se alcanzó con la Constitución de 1917, terminó por instalar nuevamente la mentira y la inautenticidad en el país. En ambos casos, el juicio del escritor no puede sino llamar la atención. Con relación al proceso de Reforma porque se trata en esos años del quizás único momento de la historia de México en que se asume su transformación jurídico-política de manera consciente y comprometida desde un proyecto de país claramente definido. Y con respecto a la Revolución, la definición de liberal no parece corresponderse con los contenidos de tipo social consignados en dicha Constitución, como es el caso de los artículos 3, 27 y 123. La derivación última del proceso revolucionario, además, fue más bien la instalación de un régimen presidencialista de partido único, sin separación de poderes ni ejercicio efectivo del voto. No menos importante: con el paso de los años y las sucesivas "transformaciones" del régimen de la Revolución la sociedad mexicana terminó por constituirse no en una sociedad de (pequeños) propietarios, sino en una sociedad "organizada" desde el poder: corporativizada, para decirlo en una palabra. Tlatelolco es, en 1968, la respuesta del gobierno ante la exigencia ciudadana de apertura y el reconocimiento de derechos fundamentales.

Todavía en una entrevista que le fue realizada en 1991, Paz achaca a grupos de intelectuales que habrían participado en el proceso de Independencia una inspiración en el liberalismo, dice, francés, inglés y norteamericano y un interés por establecer en nuestras tierras *repúblicas democráticas*. El resultado de esta trasposición de ideas ajenas a nuestros pueblos fueron, para él, *fachadas democráticas modernas y, tras ellas, realidades arcaicas*:

la historia *se volvió un baile de máscaras*. La imagen de la máscara cumple así su cometido crítico en cuanto visión del poeta sobre nuestra historia.

En este sentido, cabe señalar que en la obra de Octavio Paz "máscara" no tiene el carácter de concepto teórico fundacional del que parte el desarrollo sistemático de una determinada idea; en ninguna parte nuestro autor nos lo presenta así pues el interés de Paz no es ofrecernos un tipo de conocimiento que pueda considerarse "riguroso" desde el punto de vista científico-social, ni tampoco —digamos— consistente y sistemáticamente filosófico. Su interés es otro. En "Nueva España: orfandad y legitimidad", el prólogo que en el año de 1974 escribió a *Quetzalcóatl y Guadalupe* de Jacques Lafaye, el escritor mexicano ubica la historia a medio camino entre la poesía y la ciencia; y al oficio del historiador, por tanto, también a medio camino entre el del poeta y el del científico. Cada uno en su esfera, los tres no obstante echan mano de un importante recurso para desarrollar sus disciplinas: la imaginación. "La imaginación es la facultad que descubre *las relaciones ocultas entre las cosas*. No importa que en el caso del poeta se trate de fenómenos que pertenecen al mundo de la sensibilidad, en el del hombre de ciencia de hechos y procesos naturales y en el del historiador de acontecimientos y personajes de las sociedades del pasado. En los tres *el descubrimiento de las afinidades y repulsiones secretas vuelve visible lo invisible*".[2]

Así, el oficio del historiador es el de reconstruir, rehacer el pasado con la ayuda también de la imaginación. La historia comparte con la ciencia sus métodos y con la poesía su visión; es descubrimiento como la ciencia, pero es además recreación como la poesía. Más que un saber, afirma Paz, la historia es *sabiduría*. La idea de historia que él suscribe es aquella que se encarga de las *creencias*. Al respecto resulta importante destacar por lo menos dos consecuencias: en primer lugar, bajo esta consideración el punto de vista del historiador (su capacidad subjetiva de imaginar) se vuelve particularmente decisivo; en segundo lugar, el oficio del historiador se despliega más bien en el componente emocional, no estrictamente racional —digamos— de las distintas sociedades y épocas históricas. Un hombre se define más por lo que cree que por lo que piensa, afirma Paz en el prólogo que comentamos, y el libro de Lafaye —continúa— es *una admirable pintura de la Nueva*

---

[2] Cursivas nuestras (Paz, 1985: 38).

España durante los tres siglos de su existencia. Las creencias son lo que subyacen a una determinada sociedad, son su estructura ideológica, son lo que permanece. En este sentido, Quetzalcóatl y Guadalupe son dos mitos que recorren toda la historia de México: después de más de dos siglos, señala Paz, el pueblo mexicano no cree ya sino en la Virgen de Guadalupe y en la Lotería Nacional (Paz, 1985: 40).[3]

La historia, insistimos, se mueve para Paz en el espacio de las creencias, de la estructura ideológica. La historia se encarga de hacer visible lo que subyace a las sociedades; de descubrir incluso aquello que puede estar a la vista pero ante lo que no hemos reparado lo suficiente. Esto explica el papel que Paz otorga, en su estudio de la historia de México, a los mitos, fiestas y costumbres más que a las estructuras sociales, políticas y económicas. De esta manera, Paz recurre a la máscara no como mera metáfora o recurso literario. Por el contrario, para él la figura de la máscara supone algo aún más importante en términos de su concepción del pensamiento: le sirve, desde nuestro punto de vista, para revelar aquello que le parece esencial, le permite al mismo tiempo descubrir y transmitir con plena claridad para el lector el sentido de lo que pretende decir —en este caso su idea, reconstrucción y sobre todo evaluación de la historia de México.

En *Posdata* encontramos una precisión importante: "El carácter de México, como el de cualquier otro pueblo, es una ilusión, una máscara; al mismo tiempo, es un rostro real. Nunca es el mismo y siempre es el mismo. Es una contradicción perpetua: cada vez que afirmamos una parte de nosotros mismos, negamos otra" (Paz, 1994: 291). Esta acotación pareciera tener un doble propósito: por un lado, alejar del lector la idea de que las máscaras en la historia son característica exclusiva de México; por otro lado, tratar de asumir la normalidad de la máscara: "es una ilusión, una máscara; al mismo tiempo, es un rostro real", afirma. Sin embargo, se quiera o no el sentido primordial que transmite el empleo de la figura de la máscara es fundamentalmente el de un juicio de valor. Lo anterior no puede pasar desapercibido para un poeta y menos

---

[3] En el terreno de las creencias colectivas la Virgen de Guadalupe es, para Paz, "una imagen que ha hecho más por la formación de la idea y la conciencia de nación que todos los mitos oficiales y oficialescos que han propagado los sucesivos gobiernos republicanos durante los siglos XIX y XX" (Paz, 1982: 618).

aún para un poeta como Octavio Paz que asume el nombrar como acto creativo, la palabra como revelación del acto. De manera inevitable, la figura de la máscara nos transmite la idea de una mera fachada que esconde una realidad que no se corresponde con ella: apariencia, ocultamiento, superposición, inautenticidad, etc., todo ello como parte de la historia de México; aún más, como constitutivo de su identidad. Aquí radica la intención explicativa del recurso a la "máscara".

En *El laberinto de la soledad*, el momento de autenticidad queda reservado para una de las facciones en pugna en la Revolución mexicana: Zapata y el zapatismo. "El zapatismo fue una vuelta a la más antigua y permanente de nuestras tradiciones. En un sentido profundo niega la obra de la Reforma, pues constituye un regreso a ese mundo del que, de un solo tajo, quisieron desprenderse los liberales. La Revolución se convierte en una tentativa por reintegrarnos a nuestro pasado ... Contrasta esta voluntad de integración y regreso a las fuentes con la actitud de los intelectuales de la época, que no solamente se mostraron incapaces de adivinar el sentido del movimiento revolucionario, sino que seguían especulando con ideas que no tenían más función que la de máscaras" (Paz, 1994: 157-158). Frente al individualismo abstracto que según Paz subyace a la Reforma liberal, la Revolución mexicana —el zapatismo, en particular— supone fraternidad, comunión con nuestro pasado, con los otros, con nosotros mismos, con nuestro *ser*: "¿Y con quién comulga México en esta sangrienta fiesta? Consigo mismo, con su propio ser. México se atreve a ser. La explosión revolucionaria es una portentosa fiesta en la que el mexicano, borracho de sí mismo, conoce al fin, en abrazo mortal, al otro mexicano" (Paz, 1994: 162). Con la Reforma México rompe con su pasado y con su herencia, con la Revolución México busca recuperar su pasado; la Reforma es soledad, la Revolución es por el contrario comunión.

3. Identidad e historia

En la obra de Octavio Paz, todo intento de respuesta a la pregunta por México se encuentra siempre con un pasado no reconciliado, con una escisión en el origen. Incluso confrontado con la profunda crisis de legitimidad del sistema que los lamentables hechos de 1968 pusieron al descubierto, la respuesta de

Octavio Paz miraba también al pasado. En efecto, si bien en su *Posdata* definía categóricamente la doble alternativa que el movimiento estudiantil le planteó al sistema, la alternativa que, afirma, definía la "presente situación mexicana ... [es] democratización o dictadura" (Paz, 1994: 269), unas cuantas líneas más abajo empieza a advertirnos en contra de la vía occidental de desarrollo (Estados Unidos y Europa, sobre todo), para concluir más adelante que "no hemos sido capaces de crear modelos de desarrollo viables y que correspondan a lo que somos" (Paz, 1994: 288). Todavía más. Las últimas páginas de la obra mencionada son una suerte de tentativa por explicar el 2 de octubre a partir de lo que él considera como *la verdadera, aunque invisible, historia de México*. La arriesgada interpretación de Paz propuso ver allí no sólo el ejercicio autoritario y abiertamente ilegítimo del poder por parte del régimen de la Revolución, sino también y sobre todo a Tlatelolco y, sobre las ruinas del Teocalli, otra vez el rito de los sacrificios humanos: el 2 de octubre como un acto ritual, como un sacrificio. La propuesta de Octavio Paz en este sentido es reconsiderar los hechos desde la simbología, ritos y costumbres del mundo prehispánico, azteca en particular, y del mismo modo el resto de nuestra historia política hasta reconocer en ella la prevalencia de "tlatoanis y caudillos: Juárez y Santa Anna, Carranza y Villa" (Paz, 1994: 311).

Por otra parte, bien puede decirse que la misma idea de un pasado no reconciliado está también en el origen de su imprescindible obra *Sor Juana Inés de la Cruz o las trampas de la fe*. En efecto, en el prólogo a la misma Paz explica que se trata de un estudio sobre su *vida*, su obra y su *tiempo*. Es decir, el ensayo que ha escrito es tanto biografía, como crítica literaria e historia. El final del prólogo es suficientemente elocuente con respecto a lo que hemos dicho hasta aquí. El propósito de Paz ha sido, nos dice, el de llevar a cabo un ensayo de *restitución*: "mi ensayo es una tentativa de *restitución*; pretendo restituir a su mundo, la Nueva España del siglo XVII, la vida y obra de sor Juana. A su vez, la vida y obra de sor Juana nos restituye a nosotros, sus lectores del siglo XX, la sociedad de la Nueva España en el siglo XVII" (Paz, 1982: 18). Es así que en la última parte de su texto —la que propiamente lleva el subtítulo de "Ensayo de restitución"— Paz subraya el legado cultural de la Nueva España que, afirma, *alcanzó logros y produjo obras que nosotros, sus descendientes, no hemos superado*. Y enumera: en lo social, paz casi ininterrumpida; en el terreno de las creencias la virgen de Guadalupe y su papel en la conciencia nacional; en lo jurídico, instituciones para proteger a los más débiles (los indios); en lo urbano monumentos, edificios y ciudades que *apenas si tienen paralelo en el continente* como Morelia, Oaxaca, Guanajuato; en las letras a notables poetas en el siglo XVI, mientras que en el XVII *uno de los grandes escritores de nuestra lengua: Juana Inés de la Cruz*. A la par de estos logros Paz reconoce en la Nueva España una sociedad jerárquica, autoritaria y de una *injusticia genética* que consagraba el privilegio, si bien —defiende— los indios de las colonias españolas y portuguesas en América escaparon del exterminio que sufrieron los indios del norte, "por más terrible que haya sido su condición" —acota (Paz, 1982: 618-620).

Es en este contexto que el escritor mexicano destaca la figura de sor Juana. En su ensayo, Paz nos introduce en primer lugar en la estructura social, política y eclesiástica del reino de la Nueva España para posteriormente llevarnos de la mano en el proceso por el que Juana Ramírez termina por convertirse en sor Juana Inés de la Cruz. En esta primera mitad se destaca su afán de conocimiento, lo que habría sido fundamental para inclinar su decisión de tomar los hábitos. La segunda mitad del estudio de Paz está dedicado sobre todo al análisis de la obra de sor Juana, así como al relato de los últimos años de su vida: años de renuncia y abjuración. Uno de los aspectos fundamentales de este estudio, nos parece, es el énfasis que pone Paz en el tipo de conocimiento al que sor Juana aspiraba. Se trataba, nos dice, de un tipo de conocimiento que iba mucho más allá del que le podía ofrecer la religión. En *Primero sueño* Paz cree reconocer dos tipos de saber que ella persigue: 1) el saber que le permita contemplar la *máquina del universo* y 2) el saber enciclopédico de las ciencias. Se trataba, así, de un saber *de este mundo*, de un saber que requería inevitablemente de la luz de la razón para poder penetrar en el *misterio de las cosas* (Paz, 1982: 617).

Todo esto según Paz la distingue de poetas como Calderón y Góngora, pero también de figuras como santa Teresa o san Juan de la Cruz. Ya en el prólogo a *Quetzalcóatl y Guadalupe* Paz había subrayado la "mirada intelectual" que caracteriza a sor Juana y por la que el mundo se vuelve, para ella, no un "objeto de conversión religiosa, meditación moral o acción heroica —las vías de la poesía española— sino ... objeto de conocimiento" (Paz, 1985: 44). La obra de sor Juana, concluye Paz en su ensayo, pertenece no sólo a la literatura en lengua española, "sino a la de nuestra civilización".[4] Y el poema *Primero sueño*, en particular, es para Paz "único en la poesía hispánica … por ser el poema de la aventura del conocimiento" (Paz, 1982: 627). Así, sor Juana Inés de la Cruz refleja y rebasa la cultura novohispana del siglo XVII, mientras que su abjuración obligada responde al carácter cerrado de dicha sociedad. Octavio Paz restituye entonces a sor Juana a esta etapa de crisis, pero también de esplendor que es la Nueva España del siglo XVII.

La vida y obra de sor Juana nos restituye a nosotros, sus lectores del siglo XX, la sociedad de la Nueva España en el siglo XVII, considera Paz. Nosotros bien podemos decir: la vida y obra de sor Juana nos restituye a nosotros, mexicanos de hoy, la sociedad de la Nueva España en el siglo XVII, es decir, nos restituye la sociedad mexicana del siglo XVII en la que también tenemos que reconocernos. Es esta última forma de restitución, nos parece, la que en realidad explica el propósito principal de su estudio sobre la vida y obra de la poetisa. *Sor Juana Inés de la Cruz o las trampas de la fe* es una obra informada, erudita, apasionada, vindicativa.

¿Qué denota el juicio de Octavio Paz sobre la historia de México? ¿Se trata acaso de la admiración del poeta ante la cosmovisión simbólica del México precolombino? ¿De la nostalgia del escritor en lengua española por el esplendor cultural novohispano? O, mejor, y también para el poeta, ¿se trata más bien de su desencanto ante la sequedad de las creaciones de la modernidad, modernidad que él interpreta siempre fundamentalmente en términos de ciencia y tecnología, en términos de una racionalidad instrumental? ¿Acaso podemos leer en este juicio sobre la historia mexicana la desesperación del *ciudadano* Paz ante la crisis ya manifiesta del régimen de la revolución? ¿Es el deseo del ciudadano porque su país logre por fin reencontrarse e insertarse en el orden mundial? ¿Y si se tratara además de la angustia de Octavio Paz como testigo de la guerra mundial, testigo de un siglo XX bajo la ley del mercado o del Estado totalitario, secuestrado por una u otra ideología y que parecía obligar a todo ser humano a pronunciarse por alguno de los elementos de esta dicotomía? ¿O es, por último, la expresión de la orfandad del hombre moderno que, sabiéndose inevitablemente libre, anhela el refugio (y reposo) seguro que le ofrece una explicación comprehensiva sobre sí mismo,

---

[4] Paz destaca al respecto a *Primero sueño*, *El divino Narciso* y algunos de sus poemas eróticos (Paz, 1982: 620).

su sociedad y su mundo, explicación además que él cree que le reconcilia *con el universo y sus criaturas*? El pensamiento de Paz parece también abrevar en este conjunto de vivencias personales.

Conviene anotar aquí, no obstante, que la idea de Paz sobre nuestra historia como un "baile de máscaras", como mera "trasposición de ideas ajenas" no parece hacer justicia a, por señalar un ejemplo, la denodada defensa de nuestra soberanía por parte de los liberales del siglo XIX (ante España, Estados Unidos y Francia). La debilidad política interna de esos años se explica también, en buena medida, por ese acoso externo. En el México independiente, además, la decisión de instaurar una República se inscribe desde luego en las experiencias de la Independencia de los Estados Unidos (1776), la Ilustración y la Revolución francesas (1789), pero al mismo tiempo constituye también una decisión en favor de una organización distinta de la heredada después de trescientos años de vida colonial. Luego de romper con la metrópoli, la decisión adoptada —a pesar de los intentos de restauración— fue en favor de un orden jurídico-político de leyes (y no de hombres) entre quienes buscaban asumirse, por fin, como libres e iguales. Entonces, y ahora, ese proyecto político ha encontrado múltiples dificultades, como aquellas que tienen precisamente que ver con la herencia del régimen colonial, pero se ha tratado sin duda de un proyecto político propio.

En la ya citada entrevista de 1991 es posible encontrar un cierto reconocimiento por parte de Paz hacia los liberales mexicanos del siglo XIX. Fue una generación brillante y de inmaculada moral pública —destaca— que tuvo que enfrentar sus ideas a la realidad de un México tradicional, analfabeto, empobrecido. Unas cuantas líneas después, sin embargo, Octavio Paz vuelve a su juicio anterior: *nuestra historia, más exactamente, la de los siglos XIX y XX, ha sido un inmenso fracaso* (Paz, 1993: 200-201).

Cabe decir que es ésta una actitud que podemos encontrar de manera constante en nuestra literatura, en particular, y en la reflexión intelectual en general. Por ejemplo, todavía en 1992 en su obra *El espejo enterrado. Reflexiones sobre España y México* —el título mismo resulta ya significativo, desde luego— Carlos Fuentes afirma: "Pocas culturas del mundo poseen una riqueza y continuidad comparables. En ella, nosotros, los hispanoamericanos, podemos identificarnos e identificar a nuestros hermanos y hermanas en este continente. Por ello resulta tan dramática nuestra incapacidad para establecer una identidad política y económica comparable. Sospecho que esto ha sido así porque, con demasiada frecuencia, hemos buscado o impuesto modelos de desarrollo sin mucha relación con nuestra realidad cultural. Pero es por ello, también, que el redescubrimiento de los valores culturales pueda darnos, quizás, con esfuerzo y un poco de suerte, la visión necesaria de las coincidencias entre la cultura, la economía y la política. Acaso ésta es nuestra misión en el siglo XXI" (Fuentes, 2010: 10).

Una consecuencia importante de la reflexión de Octavio Paz sobre México es que no confronta esta "persistencia" de la máscara que cree encontrar en el desarrollo histórico del país con la propuesta de una identidad asumida con autonomía, para recurrir a un concepto clásico de la filosofía moral y política moderna. Es decir, frente a una identidad negada, que se oculta, que se considera inauténtica porque no se corresponde con lo que somos y hemos sido, Paz no parece proponer una identidad libre y conscientemente asumida.

Ciertamente, México es aún un país en busca de identidad; fundado en dos raíces de cuando en cuando reconocidas, de cuando en cuando negadas, y en realidad hasta ahora nunca plenamente asumidas. Desde nuestro punto de vista, es éste además otro de los elementos que históricamente han marcado nuestra vida política hasta hoy en día siempre dividida, confrontada, fracturada. El encuentro y el paso del tiempo han transformado estas dos raíces originarias hasta dar lugar a una cultura distinta que ahora sí tendría que ser capaz de reconocer su lugar propio en la geografía ya no económica, sino más bien política y sobre todo espiritual del presente. Desde luego, formamos parte de la comunidad del español. Pero se trata de una comunidad que tiene que concebirse en un sentido amplio como una comunidad que, bajo el manto de la misma lengua, es más bien ya de carácter universal en la medida en que ella ha sido recreada desde este lado del Atlántico. Esto es algo que fácilmente podemos constatar a través de los diversos regionalismos que se han desarrollado al interior de América Latina, y, en las décadas recientes, también por la migración hacia los Estados Unidos y la interacción de nuestro idioma con el inglés. Hablando de arte y literatura, desde hace tiempo resulta lugar común defender en el contexto mundial que Latinoamérica tiene un sello y un lugar propios. Por supuesto, Octavio Paz tenía ya clara conciencia de todo lo anterior y en cierta forma su Nobel es también un reconocimiento a esa presencia definida y distintiva que es la cultura latinoamericana.[5] Por cierto que en su discurso de recepción de dicho premio señaló al respecto: nuestras literaturas americanas, fruto de lenguas trasplantadas, pronto dejaron de ser meros reflejos trasatlánticos. El diálogo entre los escritores hispanoamericanos se realiza en el interior de una misma lengua. Y a continuación Paz afirma y se pregunta: *Somos y no somos europeos ¿Qué somos entonces?* He aquí, por lo demás, una frase que desde nuestra perspectiva condensa el impulso vital que alienta la obra de Octavio Paz en su conjunto.[6]

Nuestra identidad (una palabra poco grata a Paz, hay que decirlo) debiera entonces asumir finalmente su vocación americana, lo que supone también —y fundamentalmente— la idea de nuevo mundo y la familia de ideas que la misma conlleva: aquéllas de —por señalar algunas— apertura, libertad, derechos, comienzo, mestizaje. Conviene recordar aquí que América ("los americanos") representa la primera seña de identidad que le permite a José María Morelos distinguir, en sus *Sentimientos de la Nación* de 1813, a la nueva entidad que reclama su independencia frente a la metrópoli; al mismo tiempo, se trataba de la identidad común e igualitaria que identificaba a la diversidad de habitantes de dicha nueva entidad.[7]

---

[5] A JC Lambert, en una de sus cartas le hace ver: "¿Sabes que ningún poeta español ha puesto en duda siquiera que el lenguaje –es decir, el español- no quiera decir lo que dicen que dice? Es una literatura de expresión, por eso barroco, clasicista o expresionista. Un Lewis Carroll o un Mallarmé serían impensables en esa tradición. La experiencia del lenguaje es, en cambio, un rasgo constante en América: Macedonio Fernández … Vallejo, Huidobro, Lezama Lima" (Paz, 2008: 171).

[6] También en "Cómo y por qué escribí *El laberinto de la soledad*" Paz rememora la temprana conciencia que tuvo de la naturaleza propia de la literatura hispanoamericana. En su adolescencia y juventud, la lectura de los escritores y poetas españoles de esos años de fin de la Monarquía e inicio de la República española, dice, "acabó por reconciliarme con España. Me sentí parte de la tradición pero no de una manera pasiva sino activa y, a ratos, polémica. Descubrí que la literatura escrita por nosotros, los hispanoamericanos, es la otra cara de la tradición hispánica. Nuestra literatura comenzó por ser un afluente de la española pero hoy es un río poderoso. Cervantes, Quevedo y Lope se reconocerían en nuestros autores. La disputa entre hispanistas y antihispanistas me pareció un pleito anacrónico y estéril" (Paz, 1993: 25).

[7] "Que la América es libre e independiente de España y de toda otra Nación, Gobierno o Monarquía, y que así se sancione, dando al mundo las razones",

Nuestra identidad tendría que poder ser también por tanto, desde el punto de vista social y político, una identidad libremente asumida, es decir, una identidad que reconozca su historia como una historia propia y no impuesta desde el exterior o por voluntad ajena, como una historia en tanto proyecto común de responsabilidades compartidas. Resulta natural voltear al pasado desde una mirada teñida de presente; frecuentemente desde un presente irresuelto, insatisfecho para nosotros. Y con frecuencia es bajo situaciones de crisis que tendemos a cuestionar nuestro pasado hasta considerarlo como una mera imposición de elementos que en realidad son parte esencial de nuestra cultura. La historia es así también en gran parte proyección del presente.

Desde luego que la pregunta por la identidad no es una pregunta que las sociedades enfrenten y resuelvan de una vez y para siempre. Se trata, por el contrario, de una concepción que inevitablemente va transformándose también conforme las sociedades se desarrollan en la historia. Cuando hablamos de identidad no nos movemos en el terreno de las categorías del mundo natural. Identidad no es igual a herencia. La cuestión, en suma, no puede reducirse a una *ilusión del destino*,[8] pero tampoco puede reducirse —si se nos permite la reformulación— a una *ilusión del origen*. Lo importante al respecto, nos parece, es ese reconocimiento del despliegue histórico como propio, como proyecto autónomamente elaborado. Es decir: la historia también como construcción del futuro posible. La identidad no es nunca tierra firme, pero tampoco puede ser lastre permanente, sino que ante todo debiera ser creación social libre.

El propio Octavio Paz acertadamente reconoció, hacia el final de su *Laberinto de la soledad*, que en esos años de posguerra México atravesaba —junto con el resto del mundo— por una etapa crucial en su historia. Nuestra situación, decía allí, ya no es distinta a la del resto de los países. Luego de la Segunda Guerra Mundial,

---

reza la frase con que se abre el documento. Más adelante se afirma: 5. "Que la Soberanía dimana inmediatamente del Pueblo, el que sólo quiere depositarla en el Supremo Congreso Nacional Americano, compuesto de representantes de las provincias de números" y, 9. "Que los empleos sólo los americanos los obtengan". http://www.inherm.gob.mx/pdf/sentimientos.pdf.

[8] "La ilusión del destino" es el subtítulo del libro de Amartya Sen *Identidad y violencia* (Katz, Madrid, 2007). En este mismo texto puede encontrarse la idea de identidad *reactiva*.

Occidente vive una *coyuntura decisiva y mortal*, la misma para todos en tanto que se trata de una escisión al interior de la propia civilización occidental. De modo que las decisiones y respuestas que algunos tomen con relación a esa circunstancia afectan a los demás. Y las que adopten los mexicanos, precisa, afectan también ya a todos los hombres y a la inversa. Occidente es, así, una "civilización que ya no tiene rivales y que confunde su futuro con el del mundo. El destino de cada hombre no es ya diverso al del Hombre. Por lo tanto, toda tentativa por resolver nuestros conflictos desde la realidad mexicana deberá poseer validez universal o estará condenada de antemano a la esterilidad… La Revolución mexicana ha muerto sin resolver nuestras contradicciones. Después de la segunda Guerra Mundial, nos damos cuenta que esa creación de nosotros mismos que la realidad nos exige no es diversa a la que una realidad semejante reclama a los otros. Vivimos, como el resto del planeta, una coyuntura decisiva y mortal, huérfanos de pasado y con un futuro por inventar. La Historia universal es ya tarea común. Y nuestro laberinto, el de todos los hombres" (Paz, 1994: 187).

Era —y es aún— en todo caso, el laberinto de una soledad compartida, y era —y es aún— sobre todo, la posibilidad finalmente de ser en la historia desde la libertad. En el mundo de hoy, el ejercicio de una identidad puramente *reactiva* que se empeña en definirse en confrontación con lo que *no somos* privilegia las diferencias, nos aleja y nos separa; puede incluso hasta enfrentar. Quizás es ya entonces el tiempo de asumir conscientemente el mestizaje y reconsiderar nuestra historia y nuestra identidad ahora más bien de cara al futuro, con claridad —por supuesto— respecto de nuestro pasado: para reconocer en nuestro presente su legado y alcance. Ni negación ni aceptación acrítica del pasado, reconocimiento, asunción. Pero sobre todo asumiendo el proyecto de nación que queremos ser desde nuestra condición de ciudadanos hispanoamericanos en el contexto de un mundo innegable e inevitablemente globalizado que nos ofrece, justamente por esto mismo, la posibilidad de afirmarnos en ese horizonte de encuentro más amplio que es el *nosotros* de la humanidad.

4. Para pensar nuestra transición política

a. Testigo y protagonista de un siglo que vivió el auge de las ideologías y su derrumbe, a lo largo de su vida Paz insistió en la importancia del pensamiento crítico tanto cuando se trataba de la reflexión intelectual como con relación a la vida pública del país. En esta circunstancia histórica México no sólo se hacía eco de un mundo bipolar, sino que la propia situación política del país de régimen de partido único propiciaba también esa confrontación ante la ausencia de pluralidad. El monopolio de la vida pública enfrentaba al régimen con los ciudadanos y, de esta manera, la dicotomía excluyente a favor/en contra, terminaba por rebasar el ámbito de lo político hasta alcanzar incluso al de carácter cultural, algo que por supuesto terminó también por marcar algunas de las iniciativas culturales que el propio Paz impulsó. En varios de los escritos de su autoría no resulta difícil percibir el tono de defensa que subyace a ellos: de defensa y afirmación de la propia convicción, pero también de defensa ante la crítica.

"Nosotros todavía no aprendemos a pensar con verdadera libertad … Una las razones de nuestra incapacidad para la democracia es nuestra correlativa incapacidad crítica", afirmaba ya en su *Posdata* (Paz, 1994: 239). Y, por recordar una de sus opiniones de madurez, en 1993 insistió en el vínculo indisoluble entre democracia y crítica: "sin la democracia no existiría la crítica. La democracia es su creación y ella es su criatura … Democracia sin libertad de crítica no es democracia" (Paz, 1993: 227). Ahora bien, quizás la crítica se ha vuelto ahora particularmente importante cuando de pensar nuestro pasado se trata. Necesitamos pensar con libertad nuestro pasado.

b. La constante pregunta por México que podemos encontrar en la obra de Octavio Paz resulta el mejor testimonio de su compromiso con el país. Este —si se nos permite— verdadero desvelo de nuestro autor con relación al origen, desarrollo y destino de su patria nos recuerda la importancia de pensar a México desde un proyecto de nación. La necesidad y urgencia de un proyecto de nación (un tema ausente en el debate público actual) es algo que ni la vorágine del día a día, ni la persistencia de la crisis, ni la profunda fractura moral que vivimos debe hacernos olvidar.

Así, ante nuestra transición política fallida en cuanto a la constitución de un auténtico Estado de derecho, resulta también aleccionadora la mirada de Octavio Paz hacia esa esfera más amplia que es la cultura y las costumbres que persisten en el país. Lo anterior resulta sobre todo importante si consideramos el largo proceso —por lo menos desde 1990— de transformación institucional que ha vivido México. Los resultados al respecto son más bien escasos. En muchas ocasiones, cada nueva reforma parece nada más que encaminada a enmendar las deficiencias de la anterior y, así, vivimos reforma tras reforma e incluso la alternancia en los tres niveles de gobierno mientras la violencia, la corrupción y la ausencia de Estado de derecho siguen marcando la vida pública del país. Pero esta mirada hacia la cultura y las costumbres deberá ser también una mirada profundamente crítica con relación a lo que hemos sido, a lo que somos y a nuestras actuales prácticas políticas y sociales. Sólo de esta manera la reforma legal e institucional podrá ir acompañada de la voluntad necesaria para transformar al país, para dar lugar —al fin— a un cambio real en las relaciones sociales. Dada la experiencia política de los últimos años en México, pero también en buena parte del mundo, debiera resultar claro para todos que no existen órdenes institucionales virtuosos en sí mismos.

c. Un último aspecto que nos parece relevante destacar cuando celebramos el centenario de su nacimiento, es que Octavio Paz logró insertarse activamente en el debate intelectual y cultural de su tiempo. Su obra y la recepción de la misma en el mundo, así como la crónica de sus viajes en las que él mismo consigna su participación en los debates en boga (existencialismo, marxismo, surrealismo, estructuralismo, por señalar algunos) testimonian ampliamente lo anterior. El premio Nobel que le fue otorgado en 1990 reconocía *su apasionada escritura de amplios horizontes, caracterizada por su inteligencia sensual y su integridad humanística*. Desde luego, se trataba en primer lugar de un reconocimiento a su obra. Pero para nosotros quizás lo más importante es que el premio reconocía también una voz propia en español más allá del realismo mágico. Hoy en día, lo anterior no ha podido ser alcanzado por otras disciplinas humanísticas. Paz fue, en este sentido, un contemporáneo de su tiempo, algo que hasta ahora como nación nos hemos negado a asumir.

Bibliografía

Brading, David A. (2002). *Octavio Paz y la poética de la historia mexicana*, México, FCE (Obras de historia).

Fuentes, Carlos (2010). *El espejo enterrado. Reflexiones sobre España y América*, México, Alfaguara.

Martínez, José Luis (1992). *El ensayo: siglos XIX y XX, selección de ensayos de los siglos XIX y XX de Justo Sierra a Carlos Monsiváis*, México, FCE.

Paz, Octavio (1982). *Sor Juana Inés de la Cruz o las trampas de la fe*, Barcelona, Seix Barral.

Paz, Octavio (1985). *El ogro filantrópico. Historia y política 1971-1978*, México, Joaquín Mortiz.

Paz, Octavio y Luis Mario Schneider (eds.) (1987). *México en la obra de Octavio Paz*, tomo I: *El peregrino en su patria. Historia y política de México*, México, FCE (Letras mexicanas).

Paz, Octavio (1993). *Itinerario*, México, FCE (Tierra firme).

Paz, Octavio (1994). *El laberinto de la soledad. Posdata. Vuelta a El laberinto de la soledad*, 2ª. edición, México, FCE (Colección Popular, 471).

Paz, Octavio (1998). *Hombres en su siglo y otros ensayos*, México, Seix Barral.

Paz, Octavio (2008). *Jardines errantes. Cartas a J C Lambert 1952-1992*, México, Seix Barral.

Ruy Sánchez, Alberto (2013). *Una introducción a Octavio Paz*, México, FCE (Breviarios, 579).

Sen, Amartya (2007). *Identidad y violencia. La ilusión del destino*, Madrid, Katz.

Fuentes electrónicas

Conferencia Nobel "La búsqueda del presente":
http://www.nobelprize.org/nobel_prizes/literature/laureates/1990/paz-lectures.html.

Sentimientos de la Nación:
http://www.inherm.gob.mx/pdf/sentimientos.pdf.

Octavio Paz y la modernidad política

Jorge Rendón Alarcón[*]

1. La otra voz

Octavio Paz ha sido protagonista fundamental de nuestra vida cultural y pública y lo ha sido porque su obra amplia y erudita hasta merecer el premio Nobel se sustentó, sobre todo, en un profundo afán de comprensión de la condición humana en su sentido más amplio. Es bajo esta perspectiva que exploró, también, nuestra realidad social e histórica. A él le debemos, en este sentido, un renovado diálogo sobre nuestra historia, lo que a nuestro parecer constituye uno de los aportes fundamentales de su obra, ciertamente controversial pues las más de las veces si bien sus posiciones y planteamientos propiamente políticos encontraban su fundamento precisamente en aquella forma de conocimiento que él encontraba en la modernidad literaria y poética a propósito de nuestra realidad social, ese mismo saber no estaba exento de sus propias contradicciones, como intentaremos mostrarlo aquí. Por ello, a la radicalidad de su crítica terminó sumando su rechazo en bloque de la modernidad política. Tal rechazo no era fortuito, sino más bien inherente a una *visión del mundo* que —contrapuesta a cualquier forma de realismo— reclamaba como única realidad la realidad verbal de la poesía y de la lengua. Para Octavio Paz la *visión del mundo* no era una concepción o una idea sino, más bien, *una creación, un "ethos" y un conjunto de obras* (Paz, 1993: 206), concepción que desde luego, trasladada a la política y a la interpretación de nuestra historia, no estaba exenta de agudas contradicciones —como decimos.

Lo que de esta manera Octavio Paz consideraba crítica radical, aquella que se funda en un *ejercicio de imaginación crítica,* en *imaginaciones de lo que somos* (Paz, 1993: 205), se convirtió así en una actitud política profundamente controversial por lo que se refiere a su rechazo de la modernidad, de ahí la ambigüedad y el carácter evasivo de Octavio Paz con cualquier tipo de compromiso que involucrara los fines y contenidos de la

---

[*] Universidad Autónoma Metropolitana (Unidad Iztapalapa).

modernidad política: ni liberalismo ni marxismo, ése fue el sino de la obra de Paz. Por cierto, donde su alegato es tal vez más explícito, a propósito de la historia de México, es con respecto al liberalismo y su reclamo de libertad e igualdad, puesto que para Paz éstos no son más que conceptos vacíos, *ideas sin más contenido histórico concreto que el que le prestan las relaciones sociales, como ha mostrado Marx* (Paz, 1999: 140). Aquí uno no puede dejar de preguntarse qué otro contenido pueden alcanzar las ideas sociales del ser humano sino aquel que se alcanza como resultado de las relaciones sociales que él mismo establece, a partir precisamente de sus propias ideas sobre el orden social.

De lo anterior el rechazo político de que fue objeto desde la perspectiva de la vida política práctica. Hay que decir aquí, sin embargo, que ese rechazo pareció surgir también de la incomprensión de su propia obra en cuanto a sus contenidos y alcances políticos reales, pues su rechazo de la modernidad (modernidad política, insistimos) las más de las veces se confundió con un compromiso con la concepción liberal tan ajena a él como su rechazo del marxismo. Ambos, de la misma manera que el progreso, no eran ya para Paz a finales del siglo XX más que abstracciones (Paz, 1993: 207).

En realidad su visión resultaba ser, en apariencia, tanto más radical cuanto partía de un *mensaje filosófico* contrapuesto a la modernidad política. Se trataba siempre de una radicalidad contrapuesta a los fundamentos filosófico-políticos de la modernidad política: en buena parte bajo el *mensaje filosófico* de Martin Heidegger, como veremos, para Paz el mundo moderno habría convertido al planeta en un depósito de recursos que había que explotar; *ve piedras y en las piedras ve energía; ve agua y en el agua ve energía; todo se convierte en fuerza, en poder para hacer cosas* (Paz, 1993: 195). Para Paz, el problema sin embargo no se encontraba en una cierta forma de organización de la vida social que diera lugar al uso instrumental de las cosas, sino en la fatalidad del mundo moderno en cuanto resultado de la subjetividad humana. Por ello, el remedio y la reconciliación con tal estado de cosas no se encuentran para Paz en el reconocimiento de los derechos humanos y en el acuerdo bajo el que surge el Estado constitucional moderno para asegurar dichos derechos, sino en el redescubrimiento de la fraternidad *con el universo y sus criaturas. No somos* –decía Octavio Paz-, *distintos del resto de los animales y las cosas, algo nos une a las estrellas y a los átomos, a los reptiles y a los pájaros, a los elefantes y a los ratones, a todo* (Paz, 1993: 195).

La exigencia de una vuelta al origen y a la reconciliación del yo y el cosmos —siempre más allá del Estado constitucional moderno— no sólo sembró de dudas y ambigüedad sus posiciones políticas, sino que las fue acercando a una visión tan equívoca y contradictoria como lo fue también en su momento la de Heidegger en Alemania. De ahí la necesidad, podríamos decir, de un intento de esclarecimiento de la relación que él encontró entre poesía, literatura y política. Esta exigencia parte además, en nuestra opinión, de la exigencia de esclarecimiento de lo que ha sido la peculiaridad de nuestra vida pública: la lucha por el poder en detrimento de la prioridad de las normas, es decir, en detrimento de un auténtico Estado de derecho como único recurso para asegurar la equidad y la justicia social y sólo posible a través de una vida pública vinculada a la cultura y a la reflexión. En este sentido, lo que tal vez nos muestra la obra de Octavio Paz es que no podemos permanecer al margen de un debate de alcance universal sobre la política y el orden humano que aliente —de manera efectiva— la realización de los seres humanos.

Que la política no puede ser reducida a un debate de intereses entre los partidos políticos, lo que conduce de manera inevitable a la burocratización de la misma y al control burocrático de las instancias de un poder que, por el contrario, tendría que estar sometido al escrutinio público; que la discusión de la vida pública no puede quedar circunscrita al alegato instrumental de las burocracias políticas y por el contrario la política tiene que atreverse a ser, en todos los casos, una reflexión de la condición humana de cara a la sociedad y a la historia y comprometiendo en ella —de verdad— el saber humano sobre sí mismo y de sus alcances a propósito de su realización (para ello es indispensable el quehacer cultural en gran escala); tal es la lección y el reto que nos deja la obra de Octavio Paz. De lo que se trataba, para él, era de pensar la política en un contexto universal: y ésta es una lección ciertamente ineludible.

Por todo lo anterior, Octavio Paz ha sido las más de las veces un autor a contracorriente y controversial. Su voz, aunque culta e informada, solía despertar la animadversión, sobre todo para quienes —a su propio decir— tras el derrumbe general de la Razón y la Fe, de Dios y la Utopía insistían —según él— en los agotados sistemas intelectuales que las propias realidades habían desmentido (sobre todo en el siglo XX). No constituye entonces un mérito menor de su obra la incidencia que ha tenido en nuestra vida pública y desde luego para un mundo, como el mundo moderno, en el que se ha perdido aceleradamente la certeza de sus referentes políticos hasta el punto en que uno de los mayores retos para afrontar el orden político actual es precisamente la puntual referencia a programas políticos convincentes. En el caso de nuestro país, es precisamente esta inexistencia de programas políticos lo que convierte a la política en un juego de intereses en detrimento de un Estado de derecho democrático capaz de afrontar nuestros grandes retos sociales, pues qué duda cabe que a la permanente gravedad de nuestros problemas se suma ahora la ausencia de propuestas programáticas capaces de afrontar dichos retos. Hay que decir aquí que Octavio Paz se atrevió con una respuesta radical al respecto, no exenta de controversias pero además no fácil de inscribir en el espectro político moderno: la vuelta al origen.

Nuestro propósito en la presente reflexión sobre su obra es, pues, precisamente considerarla en su contenido polémico y al hacerlo reconocer en ella a una voz, sin duda la otra voz de nuestra generación, pues por propia elección Octavio Paz se convirtió en una voz propia y en cierta forma a contracorriente. Él mismo dio cuenta de ello al celebrar el primer lustro de *Vuelta* al afirmar que la misma "no es la revista de una generación". De esta manera, podemos decir que Octavio Paz cultivó de la manera más consciente reconocerse sólo en su propia voz. Para ello, sin embargo, emprendió una concienzuda reflexión con la cultura y con la vida pública, sobre todo de la segunda mitad del siglo veinte. Quedan por ver, sin embargo, como decimos, los referentes de la voz de Octavio Paz, pues sin duda de su esclarecimiento depende el reconocimiento de su alcance y el sentido actual de sus reflexiones sobre nuestro orden público.

2. Modernidad poética y política

La peculiaridad de la reflexión de Octavio Paz, así como su actualidad, obedeció a su reiterada insistencia en que lo hacía nada más y nada menos desde lo que él llamó siempre *el pensamiento crítico moderno,* cuyo testimonio para él, en nuestra vida pública, era, por ejemplo, el caso de *Vuelta* que se habría propuesto crear un *espacio libre* donde se desplegaran, simultáneamente, la imaginación y *el pensamiento crítico moderno en sus distintas manifestaciones: filosofía, arte, literatura, moral,* y *política* (Paz, 1998: 182). Octavio Paz insistió siempre en lo que él juzgaba el indisoluble vínculo entre este último tema: la política y la exigencia del pensamiento crítico. Así, la exigencia del pensamiento crítico resultaba indispensable a propósito del examen de las realidades sobre todo políticas: *el poder y sus mecanismos de dominación, las clases y los intereses, los grupos y los jefes, las ideas y las creencias* (Paz, 1985: 8). ¿Cómo fue entonces posible que su reflexión política resultara tan controversial en el debate político de México y que sus posiciones y opiniones causaran el reclamo y el rechazo, sobre todo de aquellas posturas que se reclamaban igualmente críticas?

La respuesta a las anteriores interrogaciones se encuentra, a nuestro parecer, en el carácter y contenido que él encontró en la literatura moderna que, desde su nacimiento en el siglo XVIII, habría sido una literatura crítica. Resulta así indispensable plantearse el deslinde de ese *pensamiento crítico moderno*, porque es precisamente bajo esta consideración que Octavio Paz se convirtió en *la otra voz*: aquella que insistía tozudamente en aprender a mirar cara a cara la realidad: *Inventar, si es preciso, palabras nuevas e ideas nuevas para estas nuevas y extrañas realidades que nos han salido al paso,* y a renglón seguido insistía: *Pensar es el privilegio de la "inteligencia"* (Paz, 1999: 207).

El pensamiento como privilegio de la inteligencia resultó siempre para Paz un pensamiento situado de cara a la modernidad, de búsqueda del presente y de la realidad real: *Buscaba la puerta de entrada al presente: quería ser de mi tiempo y de mi siglo. Esta obsesión se volvió idea fija: quise ser un poeta moderno. Comenzó mi búsqueda de la modernidad.*[1] La tradición de la modernidad que recupera Octavio Paz surge con el romanticismo alemán y su formulación de la modernidad poética, sobre todo en cuanto una forma de vida en la que se funden la vida, la poesía y la historia y, en ese sentido, en cuanto reconciliación del yo y el cosmos, el instante y la eternidad. En esta tradición habrá de encontrar, finalmente, su propia justificación como poeta.

---

[1] "La búsqueda del presente", conferencia Nobel: http:///www.nobelprize.org /nobel_prizes/literature/laureates/1990/paz-lectures.html.

Jacques Lafaye[2] sostiene al respecto que era idea común de aquella generación a la que se incorporó el entonces joven poeta en Francia el que la filosofía era asunto de griegos y alemanes, como además se lo sugirió el propio José Ortega y Gasset, otra de las referencias de Octavio Paz, al lado —en nuestra opinión— sobre todo de José Gaos, quien introdujo en México al propio Ortega y Gasset, pero sobre todo, y esto es algo que conviene subrayar, Gaos introdujo también a Husserl y a Heidegger. En particular, la traducción de José Gaos de *El ser y el tiempo,* habría de dar lugar, como veremos, a la culminación de la recepción de Heidegger por Octavio Paz como lo testimonia *El arco y la lira* (1956).

Es cierto —como el propio Lafaye insiste— que el pensamiento de Octavio Paz es *un punto de confluencia de las más características corrientes de la modernidad,* como las representadas por Tocqueville, Renan, Nietzsche, Fourier, Durkheim, Bergson, Proust, Unamuno, Freud, Cassirer, Heidegger o Camus (Lafaye, 2013: 85). Pero la verdad es que ninguna terminaría por ser tan decisiva, tal y como lo imponían los nuevos tiempos, como la del propio Heidegger a propósito de la peculiar interpretación que hizo Octavio Paz de la modernidad política. Lo mismo ocurrió incluso con la intelectualidad francesa de esa época que, bajo el magnetismo del filósofo alemán, asumió también su radical crítica de la modernidad. Todo ello hasta el punto tal que la supuesta práctica de la filosofía como asunto de griegos y alemanes sufrió una severa mutilación con la descalificación por parte de Heidegger de la metafísica de la subjetividad en la que habrían incurrido supuestamente Descartes, Kant o Hegel, y con ello la descalificación en bloque de la modernidad filosófico-política.

De esta manera, la exigencia del análisis crítico de la sociedad y de la historia desde el punto de vista de la literatura se convirtió en su proclama política fundamental. Para Octavio Paz la literatura moderna, desde su nacimiento en el siglo XVIII, era precisamente eso: crítica *en lucha constante contra la moral, los poderes y las instituciones sociales* (Paz, 1985: 7). Bajo esta consideración el romanticismo resulta ser *el gran movimiento moderno de rebeldía* (Paz, 1998: 31). Dice también con razón Lafaye que lo que fue en Europa la aspiración de su generación al terminar la pesadilla de la Segunda Guerra Mundial, fue también la

---

[2] Cfr. al respecto su obra: *Octavio Paz en la deriva de la modernidad. Siete ensayos*, México, FCE, 2013.

exigencia original de Octavio Paz (Lafaye, 2013: 38). No hay que olvidar aquí sin embargo, como por lo demás el propio Lafaye lo apunta, que la tradición de la modernidad, en cuanto ruptura con el clasicismo y el racionalismo, surgió con el romanticismo.

Para Octavio Paz, la literatura moderna habrá de ser un saber *peculiar* porque *no demuestra ni predica ni razona; sus métodos son otros: describe, expresa, revela, descubre, expone, es decir, pone a la vista las realidades reales y las no menos reales irrealidades de que están hechos el mundo y los hombres*. De ahí la tarea de demolición crítica que él encuentra inherente a la literatura moderna al enfrentar lo que Paz llama la realidad real: el interés, la pasión, el deseo y —precisamente a tono con Heidegger— la muerte (Paz, 1985: 7-8). Al descubrir en el sentido al sinsentido la literatura ha hecho, según Paz, una suerte de reducción al absurdo de las ideologías con que se enmascaran los poderes sociales.

Se trata de la reivindicación de la literatura política contrapuesta a la literatura al servicio de una causa y que por el contrario surgía del libre examen de las realidades políticas: *el poder y sus mecanismos de dominación, las clases y los intereses, los grupos y los jefes, las ideas y las creencias*. Lo anterior le da además la oportunidad a Octavio Paz de buscar situarse en lo que él llama una larga tradición de la literatura mexicana. Paz se reconoce así en la tradición de la literatura política que va desde Fray Servando Teresa de Mier y Lorenzo de Zavala hasta Luis Cabrera y Daniel Cosío Villegas. A esa tradición mexicana —dice Octavio Paz— pertenece su reflexión política, en particular *El ogro filantrópico* (1979). No obstante, como hemos insistido aquí, el contenido del mensaje filosófico del poeta acusa cada vez más la impronta de la filosofía de Heidegger.

Ahora bien, al situar sus consideraciones políticas de acuerdo con su propia interpretación de la literatura moderna, Paz habrá de incorporar una importante novedad que, desde nuestro punto de vista, habrá de dar a su obra su propia peculiaridad política. Nos referimos aquí a la reducción que hace de la modernidad política a lo que en *El ogro filantrópico* él llama, de la manera más elocuente y bajo la influencia del rechazo absoluto a la modernidad, el *cáncer del estatismo* en cuanto *fenómeno universal y amenazante* (Paz, 1985: 9). Octavio Paz no logró ver en el Estado constitucional moderno más que una amenaza universal y no la capacidad y posibilidad de despliegue de los derechos humanos. La gran realidad del siglo XX es el Estado y su sombra —dice—

cubre todo el planeta. La consideración unidimensional del Estado moderno como una pura *amenaza universal* conlleva otra novedad y otro rasgo distintivo de su consideración sobre el Estado: la descalificación tanto de las democracias liberales como de aquellos países llamados del socialismo real, y con ello también la descalificación de la modernidad política en su conjunto.

Para Octavio Paz, la pregunta sobre *la naturaleza del Estado* constituye la pregunta central de nuestra época. Y desde la perspectiva de lo que para Paz es *el pensamiento crítico moderno,* ninguna de las que él llama *ideologías dominantes* —la liberal y la marxista— *contiene elementos suficientes que permitan articular una respuesta coherente* (Paz, 1985: 10). Aquí se asienta otro de los elementos del debate propuesto por Paz: la descalificación de lo que él llama las ideologías de la época moderna equiparando sin más tales ideologías con las realidades del mundo político, y pasando así por alto las críticas internas que desde luego y de manera legítima era posible llevar a cabo al respecto. Es decir, como si las realidades políticas de la modernidad pudiesen reducirse, además, a la controversia ideológica de ambas ideologías encubriendo el hecho de que el Estado constitucional moderno no puede recortarse a sus contenidos liberales (precisamente frente a ello se debatió ya el siglo XVIII de Jean-Jacques Rousseau con la exigencia de la salvaguarda de los derechos políticos en cuanto derechos humanos).

En todo caso, Paz pone en cuestión a lo que él llama una sociedad acostumbrada a pensar con conceptos aprehendidos en Europa y los Estados Unidos, como él mismo decía, lo que parecía convertirse en un reto difícil de afrontar, sobre todo cuando ponía en la mesa de discusión el surgimiento del nuevo estado burocrático y en el que los rasgos que podrían haberse llamado revolucionarios, como la desaparición de la propiedad privada y *la economía dirigida, son indistinguibles de otros arcaicos: el carácter sagrado del Estado y la divinización de los jefes* (Paz, 1999: 205). Es claro que el diagnóstico sobre las nuevas realidades de los llamados Estados socialistas no sólo resultaba a contracorriente en una sociedad —como la nuestra—, mucho más proclive a las lealtades políticas personales que a la justificación reflexiva y crítica de las prácticas políticas. Su erudición en este sentido —aunque no exenta desde luego de sus propios contenidos políticos, como hemos dicho—, se convirtió en un referente fundamental de nuestra vida pública, en un medio además donde lo que privaba eran la ortodoxia y, en el peor de los casos, la mera sumisión al poder. Por todo ello, vale la pena entonces reconsiderar a partir de la situación actual en qué medida su reflexión contribuyó a uno de los grandes pendientes de nuestra vida pública: la discusión y la reflexión política informada, capaz, por ello, de convertirse en verdaderos programas políticos.

3. La *vuelta* al origen

El propósito de Octavio Paz como poeta fue afrontar el problema del poder y del Estado como un acto de libertad: *Mis reflexiones sobre el Estado no son sistemáticas y deben verse más bien como una invitación a los especialistas para que estudien el tema* (Paz, 1985: 9). En nada quizá fue tan vehemente como al insistir en ello. La libertad del escritor, sin embargo, no es para Paz algo dado y susceptible de definición. La libertad no es *un concepto ni una creencia.* La prueba de la libertad —y esto para Paz es fundamental— no puede ser de índole filosófica *sino existencial.* En este sentido, la libertad del poeta supone sobre todo un ejercicio de la misma, es decir, la libertad *no se define: se ejerce* (Paz, 1985: 13).

El oficio de escritor supone, sin embargo, la puesta al día de su propio saber, es decir y como dice Octavio Paz, ser de su propio *tiempo* y de su propio *siglo*; en su caso, situarse en la modernidad y de cara a ella: en la modernidad poética pero también, como él lo hace, en las filosofías de Ortega y Gasset, José Gaos y sobre todo cada vez más —como lo veremos aquí— en la de Heidegger. La literatura moderna se inicia, para Octavio Paz, cuando alguien se pregunta: *¿quién habla en mí cuando hablo? El poeta y el novelista proyectan esa duda sobre el lenguaje... La poesía es revelación porque es crítica: abre, descubre, pone a la vista lo escondido —las pasiones ocultas, la vertiente nocturna de las cosas, el reverso de los signos* (Paz, 1985: 307). Es precisamente en su auto-comprensión como creador, como poeta, donde se encuentra el fundamento último —en nuestra opinión y como intentaremos demostrar—, la razón misma de su *literatura política.*

Paz mismo dejó constancia, al respecto, de la influencia que tuvo en él Ortega y Gasset (quien además dio a conocer en lengua castellana a Dilthey y a Simmel) a propósito de la consideración de la vida como historicidad, lo que se habría reflejado en sus lecturas y conversaciones de San Ildefonso, en México, en este último caso con Jorge Cuesta. Para Octavio Paz, tal y como lo recoge en *El laberinto de la soledad,* su concepción de la historia acusó siempre una particular influencia filosófica. De esta manera, conforme a sus propias lecturas suscribe que la palabra *historia* designa *ante todo a un proceso, y quien dice proceso dice* —y esto es lo que subraya Paz— *búsqueda* (Paz, 1993: 21). Bajo esta particular concepción de la historia el conflicto de la existencia es trasladado a la historia. Así, su personal e íntima meditación acabó convirtiéndose *en una reflexión sobre la historia de México. La reflexión asumió la forma de una pregunta no sólo acerca de los orígenes sino también sobre el sentido de la búsqueda que es la historia de México (y la de todos los hombres)* (Paz, 1993: 22).

La pregunta del yo sobre su origen y el sentido de su búsqueda no puede circunscribirse, sin embargo, a las influencias que el propio Paz reconoce explícitamente. Habría que añadir también, nos parece, su propia época y el *aire de los tiempos* que privó en ella, así como la peculiaridad con que esas influencias fueron integradas en el pensamiento de nuestro autor. Sin duda, la idea de que el hombre carece de naturaleza y de que es precisamente la historia la que en él la sustituye, así como que al no poseer un ser dado y permanente es libre porque tiene que ir a buscarlo, todo ello es desde luego un referente en la obra de Octavio Paz. Pero lo que resultó tan decisivo como lo anterior fue también el ambiente cultural y político en el que Paz situó estas influencias. De esta manera, toda conceptualización filosófica sobre el ser humano buscaba, frente al colapso de lo que se interpretaba como su propia modernidad, nuevos asideros a los que aferrarse y, con ello, reencontrar el sentido de la existencia. El tránsito de Ortega y Gasset a Heidegger —pasando por José Gaos— no sólo se habría de hacer cada vez más manifiesto, en nuestra opinión, sino también inevitable. No sólo la búsqueda del yo en la historia, sino también el desasosiego ante ella así como la restitución radical, interpretada como la reconciliación del yo y del todo, habrían de marcar la obra de Octavio Paz en su conjunto.

La libertad en cuanto ejercicio central de la literatura moderna y el particular mensaje filosófico que acusó la obra de Paz dieron lugar así no a la búsqueda de la realización política de esa libertad y, con ello, la del ciudadano, sino a la exigencia de su realización existencial. De lo que terminó tratándose —para él— no era ya de la libertad que se consigue en una sociedad gestionada en común, sino de la autenticidad como interpretación del yo y de su realización en el todo de la existencia. De esta manera, ya *El laberinto de la soledad* en cuanto "ejercicio de la imaginación crítica" conduce a Octavio Paz a una concepción del orden político donde lo que cuenta no es la emancipación política del orden humano, sino nada más y nada menos que su realización *ultra-terrena*. La historia, habría dicho él además, es conocimiento que se sitúa entre la ciencia y la poesía: *El historiador describe como el hombre de ciencia y tiene visiones como el poeta* (Paz, 1985: 21).

Así, a tono con el desamparo como aire de los tiempos y de la tensión hacia la reconciliación entre el yo y el todo sugerida por la modernidad poética, Octavio Paz concibe la historia de México como aquella experiencia existencial que tiene lugar a partir del desasosiego del yo frente a su origen. Pero esa historia resulta ser no la historia política de México, es decir, no la historia de sus prácticas e instituciones a propósito de la resolución de sus in-gentes problemas sociales, sino la historia *del hombre que busca su filiación, su origen* y, en este sentido, la *soledad tiene las mismas raíces que el sentimiento religioso*: se trata de una orfandad, de la *oscura conciencia de que hemos sido arrancados del Todo* (Paz, 1999: 23). A partir de esta visión existencial respecto de la orfan-dad del mexicano y de la búsqueda de las raíces que le devuelvan a su destino, Octavio Paz hace una reconsideración, desde su oficio de poeta, del orden novohispano para situar en él no el absolutismo monárquico y la *desigualdad* que Humboldt en su *Ensayo político sobre el reino de la Nueva España* reconoce como característica histórica y política del mismo, sino *un orden abierto* —dice— con el que *México nace en el siglo XVI*.

En la perspectiva de la tensión hacia la reconciliación entre el yo y el cosmos, Octavio Paz encuentra en el Estado fundado por los españoles un orden *abierto* porque de lo que se trata —para él— no es de la realización del orden humano en cuanto orden político, sino en cuanto *participación de los vencidos en la actividad central de la nueva sociedad: la religión* (Paz, 1999: 110). Se trataba de un mundo, la sociedad colonial, que establecía —según él— una relación viva y armónica entre las partes y el todo, y en ese sentido se trataba de un orden hecho para durar. Para que no quede duda alguna de lo enfatizado, Octavio Paz subraya que *esa aspiración ultraterrena no era un simple añadido, sino una fe viva y que sustentaba, como la raíz al árbol, fatal y necesariamente, otras formas culturales y económicas* (Paz, 1999: 111). Por todo ello, la sociedad colonial —dice Octavio Paz— era un orden hecho para durar.

De esta manera, Paz se sitúa más allá de la realidad de un orden político despótico y de sus profundas contradicciones sociales para encontrar en la dimensión espiritual del mismo las claves de su naturaleza social e histórica: *Gracias a la religión el orden colonial no es una mera superposición de nuevas formas históricas, sino un organismo viviente. Con la llave del bautismo el catolicismo abre las puertas de la sociedad y la convierte en un orden universal, abierto a todos los pobladores* (Paz, 1999: 111). Como se puede ver hay ya, aquí, una plena desconsideración de la modernidad política en cuanto proceso de emancipación humana fincada en las instituciones políticas y el derecho del Estado constitucional moderno en favor de lo que se considera la emancipación espiritual de los seres humanos.

De lo anterior que Paz considere que la Revolución mexicana fue, en realidad, un conjunto de varios y contradictorios movimientos, pero también *una tentativa por recuperar nuestro pasado y por elaborar al fin un proyecto nacional que no fuese la negación de lo que habíamos sido* (Paz, 1985: 64). Es en ese sentido que la Revolución mexicana es *un hecho que irrumpe en nuestra historia como una verdadera revelación de nuestro ser* (Paz, 1999: 148). Lo verdaderamente relevante, al respecto, es el *regreso a los orígenes*. Por todo ello el movimiento zapatista habría de dar lugar, para Paz, a una rectificación de la historia de México y del sentido mismo de la nación, *que ya no será el proyecto histórico del liberalismo. México no se concibe como un futuro que realizar, sino como un regreso a los orígenes* (Paz, 1999: 157). Estamos aquí en presencia de uno de los rasgos distintivos de quien ha encontrado en la literatura y en la modernidad poética la interpretación que nos provee de la comprensión de nuestro *verdadero ser* y, con ello, de las condiciones de su realización histórica, de forma tal que para Octavio Paz la originalidad del Plan de Ayala habría consistido en prever el reparto de tierras *para extender los beneficios de una situación tradicional* (Paz, 1999: 157).

No se trata pues para Paz de una revolución política porque la misma —a tono con su rechazo de la modernidad política— no tendría más alcances que la reivindicación de derechos meramente abstractos. En ese sentido, para Paz el "eterno retorno" es uno de los supuestos implícitos de casi toda teoría revolucionaria. Por el contrario, la originalidad del Plan de Ayala habría consistido en que *esa "edad de oro" no es una simple creación de la razón, ni una hipótesis* (Paz, 1999: 156). El zapatismo habría sido, así, *una vuelta a la más antigua y permanente de nuestras tradiciones* (Paz, 1999: 157). De lo que se trata es, en suma, de la realización de la condición humana más allá de su realización política, de ahí que no haya nada ya que realizar en cuanto futuro político y sí, más bien, la necesidad de un regreso a los *orígenes.*

De lo anterior el juicio, también, sobre aquello que ha de constituir el punto de partida de la modernidad política de México. En efecto, Octavio Paz no ve en la Reforma sino una negación de nuestro pasado hispánico. En ese sentido, romper con la tradición es una manera de romper con uno mismo: *puede adelantarse que la Reforma liberal de mediados del siglo pasado parece ser el momento en que el mexicano se decide a romper con su tradición, que es una manera de romper con uno mismo... la Reforma niega que la nación mexicana, en tanto que proyecto histórico, continúe la tradición colonial* —precisamente aquello que Octavio Paz reivindica (Paz, 1999: 96). Lo que en realidad niega Octavio Paz, en la perspectiva de su propia concepción de la modernidad, es la imposibilidad de la realización política del orden moderno, es decir, la imposibilidad de que el ser humano sea capaz de tomar decisiones en común a propósito de su realización en el orden social, todo ello en el marco del quehacer político propiamente dicho, es decir, conforme a la realización de la voluntad humana en el orden social.

Al respecto, habría que decir que el propio orden liberal constituye —ya en el siglo XVII— un testimonio histórico de la puesta en cuestión de un orden despótico subordinado a la voluntad arbitraria del monarca absoluto en favor de una cierta concepción de la libertad humana gestionada en la vida social, aunque ciertamente subordinada a los derechos privados como resultado del impulso social y económico que alcanza la burguesía inglesa en ese siglo. Como resultado del conflicto que se gesta con la concepción liberal respecto de la configuración del orden social y económico, para la tradición política que se remonta a Rousseau lo inherente a la propia condición humana no sería ya, sin embargo, sino su capacidad de realización política, y en ese sentido ni la naturaleza y ni siquiera su propia historia constituyen códigos dados: "la obediencia a la ley que uno se ha prescrito —dice Rousseau, a propósito de la configuración del orden político, en el *Contrato social*— es libertad" (Rousseau, 1998: 44).

Es necesario subrayar aquí que la afirmación política de los seres humanos en la historia moderna es el resultado, como lo buscamos sugerir, de la comprensión que los seres humanos tienen de sí mismos en función del complejo medio social en el que viven. La autonomía del ser humano tal y como es entendida por Kant, por ejemplo, es el resultado del proceso de emancipación social y política de los siglos XVII y XVIII y en manera alguna de un proceso abstracto que en algún sentido pudiera dar lugar a una metafísica de la subjetividad de un yo igualmente abstracto. En este sentido Kant en realidad —y a propósito del problema de la libertad humana— es el intérprete de una época y del conflicto social inherente a ella. El rechazo a la modernidad política en cuanto un supuesto proceso de emancipación por el que de manera abstracta nos reconoceríamos los seres humanos como igualmente libres significa, en realidad, el desconocimiento del conflicto social que supone la vida en común y que da lugar a la comprensión tanto de nosotros mismos, como de la complejidad social e histórica en que nos tocó vivir. Es de esta manera en que tiene lugar la emancipación del yo y que desde el punto de vista político sólo puede tener lugar en el conflicto del nosotros. Con su rechazo a reconocer la modernidad política, lo que realmente pone en cuestión Octavio Paz es la configuración social de la conciencia humana en cuanto a su capacidad de decidir por sí mismo en medio del conflicto social, como de hecho ocurre en la historia política. El liberalismo, incluso, no puede ser considerado en manera alguna como una mera abstracción y sí, en cambio, más bien como la configuración social e histórica de una cierta forma de conciencia social.

Sin embargo, para Paz aun Juárez y su generación, aquella que establece los pilares constitucionales de la República y que la defiende como proyecto político —incluso frente al exterior— como un orden constitucional de ciudadanos libres e iguales, no habrían reclamado sino una pura abstracción política, pues con todo ello el Estado mexicano no habría sino proclamado *una concepción universal y abstracta del hombre: la República* —dice Octavio Paz con desencanto—, *no está compuesta por criollos, indios y mestizos, como con gran amor por los matices y respeto por la naturaleza heteróclita del mundo colonial especificaban las Leyes de Indias, sino por hombres, a secas. Y a solas* (Paz, 1999:

96). Así pues, lo que recrimina Paz a la modernidad política de México es la soledad y el vacío a la que condena la Reforma liberal al mexicano al convertirlo en mero sujeto político y, por ello, abstracto. Aquí la contradicción entre modernidad poética y modernidad política se vuelve irreconciliable: *los liberales* —dice Octavio Paz, refiriéndose a Juárez y su generación—, *postularon una universalidad abstracta, hecha de las ideologías progresistas de la época* (Paz, 1985: 61).

Por otra parte, particularmente significativa sobre su interpretación de la historia de México es, nos parece, la distinción en la que insistió siempre Octavio Paz entre revolución, revuelta y rebelión, así como su diatriba en contra de las revoluciones en cuanto *hijas del concepto de tiempo lineal y progresivo,* por cuanto *significan el cambio violento y definitivo de un sistema por otro.* Las revoluciones serían pues —y contra ello manifiesta su escepticismo Paz— la consecuencia del desarrollo. Las rebeliones, precisa, son actos de grupos e individuos marginales y en ese sentido su pretensión no es cambiar el orden, como el revolucionario, sino destronar al tirano. Finalmente las revueltas, dice Paz con aprobación, *son hijas del tiempo cíclico: son levantamientos populares contra un sistema reputado injusto y que se proponen restaurar el tiempo original, el momento inaugural del pacto entre los iguales* (Paz, 1985: 26). El tiempo original del pacto entre iguales no es sin embargo aquel que se inscribe históricamente en el Estado constitucional moderno sino el de un ser humano que, como tal, se encuentra en la orfandad y con *una oscura conciencia* de que ha sido arrancado del *Todo.* Paz reivindica al zapatismo sin condiciones precisamente porque se trataba de una revuelta y, como tal, de *un regreso al principio,* es decir, lo que se busca es *crear una comunidad en la cual las jerarquías no fuesen de orden económico sino tradicional y espiritual* (Paz, 1985: 26-27).

El crítico literario elude así la reflexión desde las realidades políticas de la historia de México para refugiarse en la crítica *radical* del mundo moderno, como ocurre con su crítica del liberalismo mexicano. Para él, el liberalismo tampoco podía consistir en la reivindicación de un nuevo orden frente al despotismo monárquico, sino que sólo consistía en el reclamo de *una minoría nativa, aunque de formación intelectual francesa, después de una guerra civil* (Paz, 1999: 139). Otra cosa es por cierto, como ocurre en América Latina y en México, el carácter no moderno de nuestra sociedad y de nuestras instituciones atrapadas como estaban en la herencia de ese despotismo monárquico por lo que la propia demanda liberal en realidad se convierte también, incluso con el Porfiriato como el propio Octavio Paz dice, en una vuelta a ese pasado autoritario y jerárquico. Lo que hacía inviable la reivindicación de los derechos privados en México en el siglo XIX era la peculiaridad, en ese momento, de nuestro orden social inserto todavía en la estructura jerárquica y autoritaria del pasado novohispano. Todo ello a diferencia de lo que ocurrió, por ejemplo, en Inglaterra en el siglo XVII, donde la burguesía fue capaz de sobreponerse al absolutismo monárquico haciendo valer sus propios intereses en función precisamente de su desarrollo económico y social.

Se trataba en nuestro caso, podríamos decir, de la reivindicación de un orden que no podía, efectivamente, corresponder sin más con nuestra propia realidad social por cuanto la misma se encontraba inserta en una cultura autoritaria y sin un desarrollo económico y social que impulsara el deseo de cambio social. De esta manera, sin embargo, si la mentira política se instala en nuestros pueblos *casi constitucionalmente* como dice Paz (Paz, 1999: 134), no es porque se tratara de una *noción general del Hombre* (Paz, 1999: 140) y, por lo tanto, como él supone, porque la libertad y la igualdad resultaran ser una mera abstracción, sino porque el sometimiento de la vida social a las viejas estructuras jerárquicas y autoritarias del orden novohispano seguían impidiendo la constitución de una ciudadanía activa. Es claro en este sentido que la reivindicación de libertad e igualdad, como hechos concretos de la vida social, discurren de manera paralela al desarrollo político inherente al complejo proceso de emancipación social de la modernidad política.

En todo caso, la querella de México por su modernidad política, por la realización política de la libertad y la igualdad tiene que ser, por sobre todo, la realización efectiva de dichos principios como referentes de la vida pública. No se trata pues de mascaradas de la modernidad, sino más bien de referentes concretos de la emancipación de la vida social. Herederos del despotismo del absolutismo monárquico español, nuestra reivindicación política supuso siempre, en ese sentido, una batalla mucho más ardua y radical puesto que se trata de la querella de una sociedad atrapada en su pasado autoritario y, por ello, en la corrupción de los poderes públicos y en la perversión de la vida pública, lo que da lugar a la exigencia de una transformación que involucre al conjunto de las estructuras de la propia sociedad mexicana. Todo ello, sin embargo, no solamente no es ajeno a la modernidad política sino que, por el contrario, sólo en el marco de ella es posible una salida a nuestra actual encrucijada, pues sólo en efecto bajo la acción decidida de una ciudadanía activa, en el marco de un Estado de derecho democrático, es posible una salida institucional en favor de aquello que podemos ser y decidir en común, lo que sólo puede alcanzarse a través de la construcción de las instituciones jurídicas y políticas que permitan el procesamiento efectivo de los derechos humanos.

En la obra de Octavio Paz, la cuestión crucial es que al privilegiar la idea de la modernidad poética Paz pasa por alto que la modernidad política es el resultado de un largo proceso de emancipación humana situado en el conflicto de su existencia y en las formas de organización de la vida en común que son precisamente consecuencia de ese conflicto. Es en este sentido que el orden público tiene lugar como resultado de una cierta relación social decidida por los propios seres humanos. La modernidad política es así indisociable de la puesta al día de los derechos humanos que se derivan de esa historia política. Paz cree encontrar una salida política radical con su adhesión al zapatismo, pero en realidad en cuanto demanda económica y política resultaba ser sólo el reclamo de una sociedad campesina y, como tal, contrapuesta a la complejidad de la emancipación social inherente a las sociedades modernas: *El radicalismo de la Revolución mexicana* —dice— *consiste en su originalidad, esto es, en volver a nuestra raíz, único fundamento de nuestras instituciones* (Paz, 1999: 157).

La Revolución mexicana se proponía en realidad, por el contrario, la construcción de un país políticamente moderno, como claramente se establece en los artículos respectivos de la Constitución de 1917, y el carácter fallido del mismo tuvo lugar por la burocratización del régimen y la manipulación de la demanda campesina. Es claro, no obstante, que la viabilidad y alcance de la misma sólo podía encontrar justificación en el proceso de emancipación política a que diera lugar y no en su "radicalidad" en cuanto a una vuelta al pasado prehispánico, como sostiene Paz: *Al hacer del calpulli el elemento básico de nuestra organización económica y social, el zapatismo no sólo rescataba la parte válida de la tradición colonial, sino que afirmaba que toda construcción política de veras fecunda debería partir de la porción más antigua, estable y duradera de nuestra nación: el pasado indígena* (Paz,

1999: 157). Paz contrasta esta demanda que él hace suya por su contenido supuestamente radical con la de los intelectuales de la época.

En suma, la construcción de la modernidad política de México, como aquella sugerida por el programa liberal, habría fracasado en sus demandas sociales —según Octavio Paz— no por la herencia persistente del despotismo político novohispano y la burocratización del régimen de la Revolución, sino porque ocultaba y oprimía *nuestro verdadero ser* (Paz, 1999: 159). Con la reivindicación del zapatismo como expresión radical de la Revolución mexicana y en consecuencia con lo que Octavio Paz considera *único fundamento de nuestras instituciones,* respecto de lo que él llama *nuestro verdadero ser*, y con su interpretación de la República liberal como una pura abstracción política, Paz expresó no sólo su interpretación sobre la historia de México sino también su rechazo a la modernidad política y, en realidad, con ello no sólo al liberalismo sino a cualquier reclamo democrático en su contenido moderno: *Las ideas que constituyen a la modernidad desde hace más de doscientos años y que integran lo que puede llamarse la tradición del futuro han perdido no sólo gran parte de su prestigio universal sino que incluso muchos dudan de su coherencia y de su valor* (Paz, 1985: 66).

Con su peculiar interpretación sobre la historia de México y de la crítica de las ideas *que constituyen la modernidad*, Octavio Paz, y por paradójico que pudiera parecer, termina postulando una suerte de filosofía de la historia por la que la propia Revolución alcanzaría su verdadero sentido en cuanto habría significado la reconciliación con nuestra historia y con nuestro origen. Si se contempla la Revolución mexicana desde las ideas esbozadas en este ensayo, dice Octavio Paz en *El laberinto de la soledad, se advierte que consiste en un movimiento tendiente a reconquistar nuestro pasado, asimilarlo y hacerlo vivo en el presente.* Más aún, Paz incluso insiste en una dialéctica histórica de la soledad hacia la comunión: *Y esta voluntad de regreso, fruto de la soledad y de la desesperación, es una de las fases de esa dialéctica de soledad y comunión, de reunión y separación que parece presidir toda nuestra vida histórica* (Paz, 1999: 160).

La vuelta hacia nuestro verdadero ser discurre ya así en confrontación con la modernidad política y, como tal, tiene que confrontarse también, como por lo demás lo hace abiertamente, con los fundamentos filosófico-políticos de la misma: es decir, su negativa a aceptar cualquier forma de afirmación de los sujetos individuales en su existencia social en cuanto sujetos políticos, esto es, en cuanto sujetos capaces de decidir y actuar por voluntad propia respecto de la configuración de su orden social, y sí, en cambio, a aceptar sólo su realización existencial en una comunidad espiritual originaria. La modernidad política carece de sentido porque la historia no tiene sino dos dimensiones: la de autenticidad y la de inautenticidad. De lo que se trata, en realidad, es del rechazo filosófico-político de la modernidad en cuanto a que los seres humanos sean capaces de actuar conforme a sus propias determinaciones, así como de las elecciones que puedan hacer en común a propósito de su realización en el orden político. Tal concepción de las cosas habrá de ser confirmada puntualmente por Octavio Paz en *El arco y la lira* (1956). De lo que se trata aquí, como hemos dicho, es de suscribir el mensaje filosófico de Heidegger y, en consecuencia, de aprender a vencer la subjetividad inherente a las ideologías modernas, pues ya nadie ignora, dice Paz, *que la metafísica occidental termina en un solipsismo* (Paz, 2013: 101).

Para ello resulta imprescindible, a propósito de la comprensión de *nuestro verdadero ser,* desprenderse de la verdad como mera conformidad con el conocimiento subjetivo, racional. La tentativa de Heidegger por encontrar el ser en la existencia habría tropezado —según Paz— con un muro, de ahí su vuelta a la poesía. Bajo esta misma consideración, Emmanuel Lévinas dice por ejemplo: "El poema o la obra de arte guardan el silencio, *dejan de ser la esencia del ser*, como el pastor guarda sus rebaños. *Como una patria o un suelo requieren a sus autóctonos, el ser requiere al hombre*" (Lévinas, 2013: 119). El olvido del ser, como problema medular de *El ser y el tiempo,* consiste ya en la caída del *ser ahí* que tiene lugar con el desplazamiento de la originaria comprensión del ser hacia el ser como *ser ante los ojos* (Heidegger, 2000: 227).

El ser y el tiempo se centra, de esta manera, en una desconstrucción crítica del mundo moderno en cuanto mundo de la técnica. La época moderna se caracterizaría, conforme a lo anterior, por la forma en que busca poner a su alcance la totalidad de los entes y adquirir sobre esa totalidad el mayor poder posible gracias al dominio de todas las energías naturales: "La forma de ser de estos entes es el 'ser a la mano'" (Heidegger, 2000: 85). La relación técnica con el mundo que, por lo demás, define la propia condición del hombre moderno por su subordinación a la técnica, constituye para Heidegger la consumación de la metafísica moderna como *metafísica de la subjetividad* por cuanto la esencia de la subjetividad como voluntad consistiría precisamente en no representarse a los entes sino como objetos para la voluntad. Lo que en realidad Heidegger busca establecer, de esta manera, es que con la constitución de la subjetividad moderna el mundo instrumental de la técnica se vuelve inevitable. Octavio Paz suscribe lo anterior para enfatizar por su parte que la historia de Occidente puede verse como la historia de un error, de un extravío en el doble sentido de la palabra: *nos hemos alejado de nosotros mismos al perdernos en el mundo* (Paz, 2013: 102).

Bien puede decirse que en *El arco y la lira* Octavio Paz incluso busca transcribir a Heidegger como intérprete y crítico de la modernidad. En efecto, en dicha obra Paz consigna: la modernidad signada por la técnica supone la renuncia del hombre moderno a su ser. La técnica, para Octavio Paz, se interpone entre nosotros y el mundo porque lo concibe *como algo más o menos maleable para la voluntad humana. Para la técnica el mundo se presenta como resistencia, no como arquetipo: tiene realidad, no figura. Esa realidad no se puede reducir a ninguna imagen y es, al pie de la letra, inimaginable. El saber antiguo tenía por fin último la contemplación de la realidad, fuese presencia sensible o forma ideal; el saber de la técnica aspira substituir la realidad real por un universo de mecanismos. Los artefactos y utensilios del pasado estaban en el espacio; los mecanismos modernos lo alteran radicalmente* (Paz, 2013: 262). En definitiva, señala Octavio Paz, *la técnica se funda en una negación del mundo como imagen*. Y agrega: *No es la técnica la que niega a la imagen del mundo; es la desaparición de la imagen lo que hace posible la técnica* (Paz, 2013: 262).

Las realizaciones técnicas, bajo esta consideración, no son *obras* sino *instrumentos* y en ese sentido carecen de *significado*. Las realizaciones de la técnica dependen de su funcionamiento y no poseen más significación que la de su eficacia, carecen por ello de un significado permanente y como tal no constituyen un lenguaje, *un sistema de significados permanentes fundado en una visión del mundo* (Paz, 2013: 263). Es bajo este mismo enfoque filosófico que se pone en cuestión el mito inhumano del progreso por el progreso como *un culto más cruel que los de los aztecas y babilonios* (Paz, 1985: 167) y se reclama, por el contrario, la consideración del lenguaje como acto creador. La poesía como ámbito de reencuentro de nuestra orfandad: la prioridad de la palabra.

De ahí la pregunta que se formula y en la que se resuelve su punto de vista sobre el lenguaje y la modernidad: ¿Qué o quién puede nombrar hoy la palabra? En la respuesta a esta pregunta se vislumbra y se condensa su propia consideración de sí mismo y de su propia época, así como también la particular recepción que hace aquí de la filosofía de Heidegger, pues para Octavio Paz es la poesía en tanto afirmación del lenguaje como acto creador —y en ese sentido liberador— lo que constituye la recuperación de lo otro y contradictorio. Conviene entonces subrayar un vez más que, por sobre todo, Octavio Paz es un poeta y como tal se inscribe, como dijimos, dentro de la tradición romántica. No tenemos que insistir aquí lo que todo ello significó en su obra literaria, acaso sólo subrayar la vital reformulación del mismo a que dio lugar el surrealismo francés y su repudio común a la modernidad. El surrealismo no sólo aclimató la inspiración entre nosotros —dice Octavio Paz—, como idea del mundo, *sino que, por la misma y confesada insuficiencia de la explicación psicológica adoptada, hizo visible el centro mismo del problema: la "otredad". En ella y no en la ausencia de premeditación radica acaso la respuesta* (Paz, 2013: 176).

Conforme a lo anterior la historia de la poesía moderna, dice Octavio Paz en *El arco y la lira,* es *la del continuo desgarramiento del poeta, dividido entre la moderna concepción del mundo y la presencia a veces intolerable de la inspiración* (Paz, 2013: 165). De esta manera Paz reconoce que los primeros en padecer este conflicto son los románticos alemanes que no se limitan a sufrirlo sino que, como ocurre posteriormente con el movimiento surrealista, intentan trascenderlo. De tal manera que cuando Novalis proclama que "destruir el principio de contradicción es quizá la tarea más alta de la lógica superior" *¿no alude,* —dice Paz—, *en su forma más general, a la necesidad de suprimir la dualidad entre sujeto y objeto que desgarra al hombre moderno y así resolver de una vez por todas el problema de la inspiración?* (Paz, 2013: 166). La poesía, para Paz, da lugar pues a la restauración de la comunión perdida, de ahí que con la prioridad de la palabra el poema se convierte en interrogación. No es el hombre el que pregunta —dice Octavio Paz——, es el lenguaje el que ños interroga y esa pregunta nos engloba a todos. La soledad ahora del poeta es distinta, no está solo frente a sus contemporáneos sino frente al porvenir. El sentimiento de incertidumbre lo comparte con todos los hombres. La libertad y la poética se presentan así indisolublemente unidas como experiencia de la "otredad". La "otredad" de Machado, como la temporalidad de Heidegger, resultan —para Paz— *un deseo de ser*.

Es, pues, como interrogación que el poema se convierte en recuperación de la *otredad* y con ello termina la separación del poeta; su palabra brota de una situación común a todos los hombres y no funda ni establece nada, salvo su interrogación: *Ayer, quizá, su misión fue dar un sentido más puro a las palabras de la tribu; hoy es una pregunta sobre ese sentido. Esa pregunta no es una duda sino una búsqueda* (Paz, 2013: 284). El poema es el signo del ir más allá de sí del hombre, de la trascendencia de este antiguo y perpetuo desgarramiento del ser, siempre separado de sí, siempre en busca de sí: *Nuestra poesía es conciencia de la separación y tentativa por reunir lo que fue separado.*

Evodio Escalante sugiere que el argumento *maestro* de Paz en *El arco y la lira* gira en torno a la idea de inspiración. De esta manera nos hace notar que conforme a la lectura de Heidegger para Octavio Paz la *inspiración es una manifestación de la "otredad" constitutiva del hombre. No está adentro, en nuestro interior, ni atrás, como algo que de pronto surgiera del limo del pasado, sino que está, por decirlo así, adelante: es algo (o mejor: alguien) que nos llama a ser nosotros mismos. Y ese alguien es nuestro ser mismo. Y en verdad la inspiración no está en ninguna parte, simplemente no está, ni es algo: es una aspiración, un ir, un movimiento hacia adelante: hacia eso que somos nosotros mismos.* La frase siguiente en este párrafo de *El arco y la lira* —justamente destacada por Escalante— subraya el contenido del pensamiento de Heidegger: *Así, la creación poética es ejercicio de nuestra libertad, de nuestra decisión de ser* y, en seguida, *Libertad y trascendencia son expresiones, movimientos de la temporalidad* (Paz, 2013: 179).

Conforme a esta línea de pensamiento, el poema —dice Paz— el ser y el deseo de ser pactan por un instante; al asumir lo otro y lo contradictorio el ser solitario se reconcilia. Tal es el eje sobre el que gira el pensamiento de Octavio Paz acerca de su poesía, desde luego, pero también acerca de su consideración de la modernidad a la que el lenguaje y la poesía parecen brindarle, según él, respuesta definitiva. Las últimas líneas de *El arco y la lira* subrayan y condensan su concepción del lenguaje y de la poesía y sellan su vínculo con Heidegger: *Poesía, momentánea reconciliación: ayer, hoy, mañana; aquí y allá; tú, yo, él, nosotros. Todo está presente: será presencia* (Paz, 2013: 284). Por lo demás, aunque más bien escasas las referencias a *El ser y el tiempo* dada la envergadura de su influencia en la obra de Octavio Paz, la última de ellas a propósito de los poetas contemporáneos es de lo más elocuente: *Heidegger lo ha expresado de una manera admirable: Llegamos tarde para los dioses y muy pronto para el ser; y* agrega: *cuyo iniciado poema es el ser* (Paz, 2013: 268).

En la filosofía de Heidegger, Octavio Paz encuentra en definitiva más que *un mensaje filosófico* la justificación a su propio quehacer literario. En primer lugar, la afirmación del lenguaje como acto creador: la palabra —insiste Paz en *El arco y la lira*— *distingue la actividad poética de cualquier otra. Poetizar es crear con palabras: hacer poemas. Lo poético no es algo dado, que esté en el hombre desde su nacimiento, sino algo que el hombre hace y que, recíprocamente, hace al hombre* (Paz, 2013: 167); y en segundo lugar, encuentra en ese mensaje la liberación del pensamiento del dualismo de sujeto y objeto. En este sentido la poesía, para Paz, es *pensamiento no-dirigido* (Paz, 2013: 174). De manera exultante Paz proclama: *La separación del poeta ha terminado: su palabra brota de una situación común a todos.* La ambición del poeta Octavio Paz es, pues, rescatarnos de nuestra orfandad existencial, liberarnos a través de la palabra. Lo que su mirada habría encontrado en la historia de México es *el laberinto de la soledad*, es decir, la soledad y la tensión del yo y su exigencia de conciliación en el todo; de esta manera, poesía, historia y existencia se vuelven para él indisolubles. Las palabras del poeta *se reúnen o desgranan*, son signos en *el tiempo que entre todos hacemos*, su configuración es una prefiguración, *inminencia de presencia.* La poesía en cuanto acto creador libera al pensamiento del monismo al asumir lo otro y lo contradictorio y, como tal, el sentido de la *otredad.*

Debemos subrayar, finalmente, que al suscribir tal concepción de su propio quehacer como poeta Paz también se comprometió, como hemos visto, con aquello que en Heidegger viene por añadidura: su diatriba contra la subjetividad y el universo de la técnica. En efecto conviene insistir, una vez más, en que la pretensión de crítica radical se resuelve en Heidegger, como ocurre también con Octavio Paz, en la desconstrucción de la subjetividad y que es precisamente esa puesta en cuestión del sujeto respecto a la posibilidad de que sean los seres humanos los autores de sus elecciones en común la que conlleva la puesta en cuestión de la modernidad política: ¿Cómo concebir la idea del Estado constitucional moderno como instrumento de regulación de la vida en común y como instrumento para procesar los fines y valores de un Estado de derecho democrático sin reconocer la actividad consciente y voluntaria del ser humano a propósito de la comprensión y realización de su orden social? ¿Cómo concebir la idea del Estado constitucional moderno si, como dice el mensaje filosófico de Heidegger puntualmente asumido en *El arco y la lira,* voluntad y dominio supondrían ya de por sí el mundo instrumental de la técnica lo que da lugar —como reconoce Octavio Paz— a la renuncia del hombre moderno a su ser?

Bibliografía

Brading, David A. (2002). *Octavio Paz y la poética de la historia mexicana*, México, FCE (Obras de historia).

Escalante, Evodio (2013). *Las sendas perdidas de Octavio Paz*, México, UAM-Ediciones sin nombre.

Heidegger, Martin (2000). *El ser y el tiempo*, 2ª. edición, México, FCE (Obras de Filosofía).

Humboldt, Alexander von (2004). *Ensayo político sobre el reino de la Nueva España*, 4ª. edición, México, Porrúa (Sepan Cuantos, 39).

Lafaye, Jacques (2013). *Octavio Paz en la deriva de la modernidad. Siete ensayos*, México, FCE (Vida y pensamiento de México).

Lévinas, Emmanuel (2013). *Humanismo del otro hombre*, 4ª. edición, México, Siglo XXI editores.

Paz, Octavio (1982). *Sor Juana Inés de la Cruz o las trampas de la fe*, Barcelona, Seix Barral.

Paz, Octavio (1985). *El ogro filantrópico. Historia y política 1971-1978*, México, Joaquín Mortiz.

Paz, Octavio (1993). *Itinerario*, México, FCE.

Paz, Octavio (1998). *Hombres en su siglo y otros ensayos*, México, Seix Barral (Biblioteca de bolsillo).

Paz, Octavio (1999). *El laberinto de la soledad. Posdata. Vuelta a El laberinto de la soledad*, 3ª. edición, México, FCE (Colección Popular, 471).

Paz, Octavio (2013). *El arco y la lira. El poema. La revelación poética. Poesía e historia*, 4ª. edición, México, FCE (Lengua y estudios literarios).

Rousseau, Jean-Jacques (1998). *Del contrato social*, Madrid, Alianza Editorial (Libro de Bolsillo).

Fuente electrónica

Conferencia Nobel "La búsqueda del presente":
http://www.nobelprize.org/nobel_prizes/literature/laureates/1990/paz-lectures.html

Los autores

Gustavo Leyva Martínez:
Doctor en Filosofía por la Universidad de Tübingen (1996). Estancia posdoctoral como becario de la Fundación Alexander von Humboldt en la Universidad de Heidelberg con estancia en la Universidad de Frankfurt (2001-2003). Profesor Titular en el Departamento de Filosofía de la UAM-Iztapalapa. Estancia académica y de investigación en la Universidade Federal do ABC (São Paulo, Brasil). Entre sus publicaciones recientes se encuentra el libro *Intersubjetividad y gusto* (México: Miguel Ángel Porrúa, 2002) y su edición de los libros *Política, identidad y narración* (México: UAM, 2003), *La Teoría Crítica y las tareas actuales de la crítica* (Barcelona: Anthropos, 2006), *La filosofía de la acción. Un análisis histórico-sistemático de la acción y la racionalidad práctica en los clásicos de la filosofía* (Madrid: Síntesis, 2008), *Cosmopolitismo. Democracia en la era de la globalización* (coeditado con Dulce María Granja: Barcelona: Anthropos-UAM, 2009), *¿Existe el orden? La norma, la ley y la transgresión* (coeditado con Ramón Alvarado y Sergio Pérez Cortés: Barcelona: Anthropos-UAM, 2010), *Independencia y Revolución: pasado, presente y futuro* (coeditado con Brian Connaughton, Rodrigo Díaz, Néstor García Canclini y Carlos Illades: México: FCE-UAM, 2010), *Tratado de metodología de las ciencias sociales* (coeditado con Enrique de la Garza, México: FCE-UAM, 2012) y (coeditado con Sergio Pérez Cortés, Jorge Rendón Alarcón y Gabriel Vargas Lozano) *Raíces en otra tierra. El legado de Adolfo Sánchez Vázquez*. México: ERA, 2013. Colabora en diversas revistas nacionales e internacionales. Fue director de la revista *Signos Filosóficos* editada por el Departamento de Filosofía de la UAM-I (2005-2006). Es miembro del Comité Editorial de la Biblioteca Immanuel Kant editada por el FCE y la UAM. Ha sido editor y traductor al español de obras de pensadores alemanes como Reinhard Brandt, Wolfgang Kersting, Hans Joas, Alfons Söllner, Helmut Dubiel, Manfred Riedel, Otfried Höffe, Rüdiger Bubner, Axel Honneth, Albrecht Wellmer y Christoph Menke. Sus áreas de especialidad son la filosofía clásica alemana, la teoría crítica y la hermenéutica.

Jesús Rodríguez Zepeda:
Es Doctor en Filosofía Moral y Política y Profesor-Investigador del Departamento de Filosofía de la UAM-Iztapalapa. Es Coordinador general de la Maestría y Doctorado en Humanidades de esta universidad y Coordinador de la línea de Filosofía Moral y Política del mismo posgrado. Es Investigador Nacional, nivel II, en el Sistema Nacional de Investigadores y Presidente

ejecutivo del Comité académico de la Cátedra UNESCO: "Igualdad y no discriminación" (2010-2014), auspiciada por la Universidad de Guadalajara y por el Consejo Nacional para Prevenir la Discriminación. Entre sus libros destacan: *La política del consenso. Una lectura crítica de El liberalismo político de John Rawls*, (Barcelona, Anthropos, 2003), *¿Qué es la discriminación y cómo combatirla?* (México, Conapred, 2004), *Estado y transparencia: un paseo por la filosofía política* (México, IFAI, 2004), *Un marco teórico para la discriminación* (México, Conapred, 2006); *El igualitarismo liberal de John Rawls. Estudio de la Teoría de la justicia* (México, Miguel Ángel Porrúa-UAM, 2010), *Iguales y diferentes. La discriminación y los retos de la democracia incluyente* (México, TEPJF, 2011); *Democracia, educación y no discriminación* (México, Cal y Arena, 2011), y (con Tatiana Rincón Covelli), *La justicia y las atrocidades del pasado: teoría y análisis de la justicia transicional* (México, Miguel Ángel Porrúa-UAM, 2012).

Guillermo Flores Miller:
Doctor en Filosofía Moral y Política por la UAM-Iztapalapa. Maestro en Filosofía Política por la misma Universidad. Maestro en Ética Aplicada por el Instituto Tecnológico y de Estudios Superiores de Monterrey. Ha realizado estancias de investigación en la Universidad Autónoma de Madrid, en dos ocasiones, y en la Universidad de las Islas Baleares. Obtuvo la medalla al mérito universitario de la UAM-I por sus estudios de posgrado. Ha sido becario de excelencia académica del Estado de Tamaulipas. Actualmente es becario posdoctoral de Conacyt en el extranjero. Ha publicado diversos capítulos en libros y artículos en revistas académicas arbitradas, entre los que destacan: "El concepto de la voluntad libre en la Introducción a los *Principios de la filosofía del derecho* de G.W.F. Hegel" (en *Pensamiento y cultura, Revista de filosofía*, vol. 16-1, pp. 18-40), y "Las críticas de Karl-Otto Apel a *Facticidad y validez* de Jürgen Habermas" (en *Iztapalapa, Revista de Ciencias Sociales y Humanidades*, núm. 74, pp. 157-188). También ha participado en congresos internacionales de filosofía, coordinado seminarios de filosofía e impartido conferencias sobre temas de filosofía. Sus líneas de investigación actuales son: filosofía práctica, teorías del reconocimiento, ontología social, antropología filosófica, filosofía mexicana, entre otras.

Suzanne Islas Azaïs:
Doctora en Humanidades (Filosofía Política) por la UAM-Iztapalapa. Autora del libro *Estados Unidos, la experiencia de la libertad. Una reflexión filosófico-política* (México, Fontamara, 2009). Otras de sus publicaciones

son: "John Rawls y la prioridad de la justicia" en Gustavo Leyva (ed.), *Política, identidad y narración*, México, UAM-Porrúa-Conacyt, 2003 (Biblioteca de Signos, 26); "Treinta años de *Teoría de la justicia*" en *Signos filosóficos*, núm. 9, ene-jun. 2003, México, UAM; "Kant hoy" en *Casa del Tiempo*, vol. VI, núms. 71-72, dic. 2004-ene. 2005, México, UAM; "El descubrimiento del problema de la libertad en el proyecto filosófico de Kant" en *Studia Kantiana. Revista da sociedade Kant Brasileira*, vol. 6/7, marzo 2008, Santa María RS.

Jorge Rendón Alarcón:
Doctor en Ciencias Sociales. Profesor-Investigador en el Departamento de Filosofía de la UAM-Iztapalapa. Es Investigador Nacional nivel I en el Sistema Nacional de Investigadores (Conacyt). Entre sus publicaciones destacan los libros: *El litigio por la democracia* (México, Ediciones de la noche, 1998), *Sociedad y conflicto en el estado de Guerrero* (México, Plaza y Valdés, 2003), *Filosofía política: sus clásicos y sus problemas actuales* (México, UAM-Juan Pablos, 2007), así como *La sociedad dividida. La sociedad política en Hegel* (México, Ediciones Coyoacán, 2008) y (con Sergio Pérez Cortés, Gustavo Leyva Martínez y Gabriel Vargas Lozano) *Raíces en otra tierra. El legado de Adolfo Sánchez Vázquez* (México, ERA, 2013). Capítulos de libros: "Entre el poder y la política: el individuo y la libertad", en *La categoría del poder en la filosofía política de nuestros días*, Sergio Pérez Cortés (coord.), México, UAM-Ediciones del lirio, 2009, pp. 53-75; "Hegel, crítica del Estado moderno", en *Itinerarios de la razón en la modernidad*, Sergio Pérez Cortés (coord.), México, UAM-Siglo XX editores, 2012, pp. 39-60.